U0103710

罗马三千年

地图上的城市史

The Eternal City A History of Rome in Maps

Jessica Maier

[美] 杰西卡·迈尔 著

熊宸 译

九州出版社
JIUZHOUPRESS

目录

现在让我们插上想象的翅膀，设想罗马不仅仅是人的居住之地，
还是经历漫长时间，具有丰富过往的精神实体；
也就是说，在这个实体之中存在过的任何事物都不会消逝，
所有早期阶段的发展都会与较晚的发展并存。

——弗洛伊德（Freud），《文明与缺憾》（*Civilization and Its Discontents*），1930 年

序言 概念与现实中的罗马

如今前往罗马的游客往往喜欢造访那些从古代和文艺复兴时期留存下来的地标性建筑，比如古罗马广场（Roman Forum）、罗马斗兽场（Colosseum）、圣彼得大教堂（St. Peter's Basilica）和西斯廷教堂（Sistine Chapel）。但和这些单个景点相比，让罗马如此震撼人心的还是它那绵延不断的历史，是那融入城市风光中的诸时代印迹。就罗马的坚韧与其三千年来的不断再造而言，鲜有其他地方能与之相提并论。

任何想要在某个单独景点感受罗马精髓的游客，都最好绕过万神殿（Pantheon）或特莱维喷泉（Trevi Fountain）这类热门景点，直接前往圣克莱门特教堂（San Clemente Basilica）。这座不那么起眼的小教堂坐落于城市东南部的拉特兰山（Lateran Hill）脚下。地面入口部分的建筑可追溯至 12 世纪，是中世纪基督教建筑的经典之作。不过，这座教堂还只是冰山一角。通过礼品店里的某扇门，你可以穿越这座建筑的不同层级，

沿着楼梯向下，来到一座 4 世纪时期的教堂，再往下还有一座 2 世纪时期的异教神殿，以及可追溯至 1 世纪甚至更早时期的建筑结构。这座建筑最古老的部分有着近两千年历史，深埋于地下十八米处。

爬回地面，重新融入现代罗马的喧嚣熙攘之中，看身边的轻轨、出租车与行人来来往往，你便从这段令人迷失方向的时空穿梭之旅回到了原点。圣克莱门特教堂所包含的这种纵向时代分层正是罗马的典型特征：它不只是一座单一的城市，而是层层叠覆，各个层级至今依然清晰可见。

与此同时，罗马也不仅存在于这些砖块和砂浆建造的实体，它还处于概念之中：处于历史、神话和象征的领域。所有这些因素反过来又由人类所塑造。从诸神到皇帝，从异教文明到基督教，从教皇到总理，从朝圣者到游客，对于不同的人群，罗马有着不同的含义。本书试图通过艺术家和地图绘制者的视角来观察这座城市，几个世纪以来，他们成功捕捉了其本质所在。对于他们而言，关键问题在于展示罗马的哪一个层面。有一本 20 世纪晚期介绍该城的发展历程的书籍，它的封面试图将罗马两千七百年的历史压缩进一幅二维图画中，看上去令人眼花，却是对这个问题的绝佳概括（图 1）。或许是为了显得全面，这幅封面包含了太多元素，就像一份选项过多的菜单。又或许是绘图者明白终究无法将罗马的多面性融合为一幅单独的图像，所以刻意营造了这种迷惑感。

相较之下，本书精心挑选的地图所展现的图解历史不是属于某一个，而是属于十重“罗马”，它们各自反映了一个核心的主题或时代。本书的目的不在于对历史上所有时期的罗马地图提供百科全书式的概览，而是聚焦于那些经过审慎选择的地图，以展示这座永恒之城真正重要的各个层面。全书章节按照时间顺序进行编排，地图亦随之依次展现。各章节将以历史介绍开始，描述相关的文化背景，以帮助我们更好地理解地图，并加深我们对罗马本身的理解。之后部分便是对单幅地图的描述和解读，本书力求提供对它们最详尽的研究。

总体而言，本书所选取的地图将引领我们进入“不同”的罗马，它们在不同时代的同一地区繁荣发展，在其更早版本的基础上进行累加重叠——例如，法西斯时代的城市规划者试图为这座古城寻找新的建设灵感，正如四百年前其文艺复兴时期的同行们做过的那样。就此而言，中世纪时期圣克莱门特教堂的建造者们选择在其古老的地基上打造一座新的教堂，也是同样的道理。看来，罗马几乎总会回归自身。

这座城市自古以来就在不断变形，至今依旧如此。强大的适应力使其得以存续，并在长久以来发挥重要作用。罗马早期的风貌在很大程度上流传至今，从不曾完全消逝。本书中的图片将会生动展现它的丰富过往。从质朴到恢宏，既包括那些独具美感的不朽之作，比如绘画和大型版画，也包括一些更日常和更具实用性的物品，比如旅行图册、地质和考古

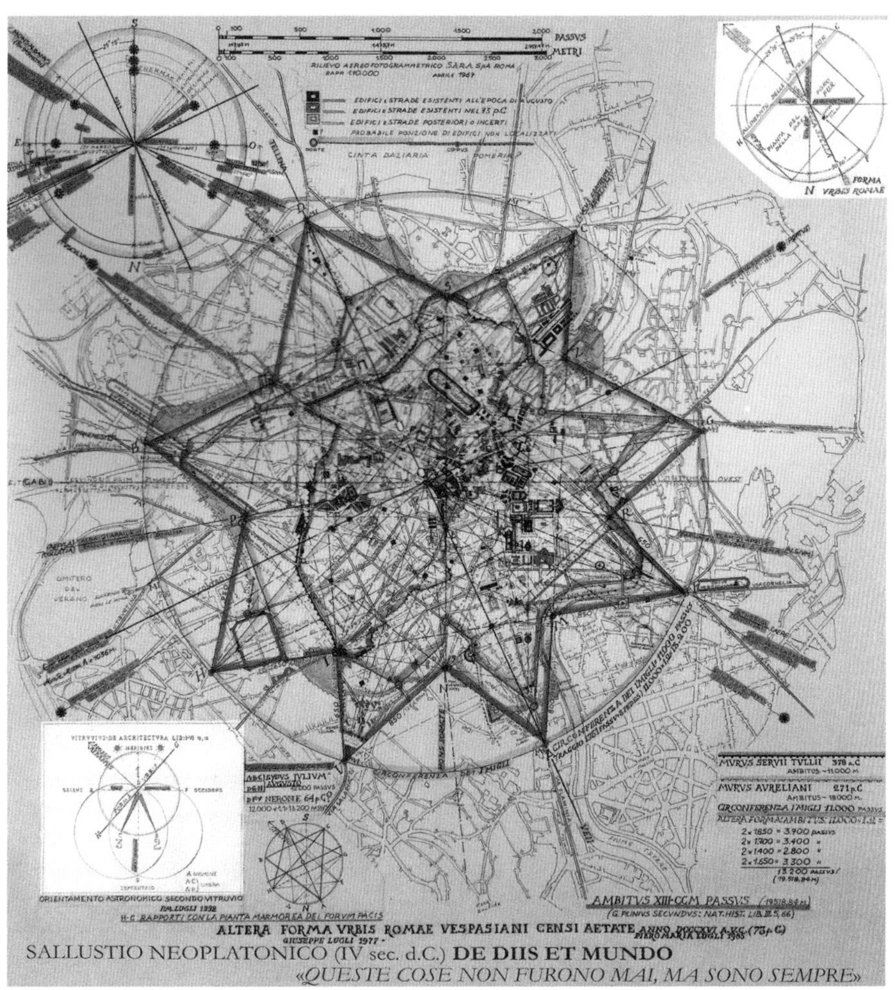

图1
封面，皮耶罗·玛利亚·卢利（Piero Maria Lugli），《罗马的城市规划：三千年历史的三十份规划图》（*Urbanistica di Roma: Trenta planimetrie per trenta secoli di storia*），罗马：巴迪出版社（Bardi Editore），1998年

发现以及数字化模型。这座城市最具标志性、最重要和最美的景象，会与那些相较而言更加晦涩和低调的事物一起出现，共同讲述这座永恒之城的故事。

相传，罗马于公元前753年由罗慕路斯（Romulus）建于帕拉丁山（Palatine Hill）上。这是这座城市最著名的七丘之首，考古工作者正是在这里挖掘出了有关那个时期的简易人类居所的相关证据（图2）。同一时期，附近的其他山丘之上很可能也存在着零星的人类居所。而罗马占据地利，或许在更早时期就已经吸引了人类定居。这里土地肥沃，利于农业发展，河流与山丘提供了天然屏障，台伯河上的岛屿是具有战略优势的瞭望之地，可用于监测河流交通。尽管如此，此地的劣势也很明显。由于洪灾泛滥，许多地方都成为沼泽平原。从罗马的所在之地来看，几乎没有人预料到它在未来会成长为那样一座伟大的城市。

根据古代作家记载，罗马人民由几个族群随着时间的流逝逐渐融合而来，包括萨宾人（Sabines）、拉丁人（Latins）和埃特鲁里亚人（Etruscans）。王政时代，他们曾由几代国王统治。从公元前500年直到公元前1世纪，这座城邦则是共和体制。这段时期内，罗马城的建筑与基础设施发展迅速，统治范围扩展到周边的拉丁姆（Latium）地区，并逐渐覆盖至更广阔的意大利半岛，最终掌控整个地中海世界。公元前1世纪，当这座城邦成为罗马帝国首都之时，它已拥有了一百万至两百万的居民。帝制时期，罗马城发展繁荣。到君士坦丁一世（Constantine Ⅰ）于公元4世纪早期在君士坦丁堡另立新都，此地陷入权力真空，在之后的几百年内饱受劫掠之乱与异族入侵。彼时的罗马已成为一个高度基督化的世界，异教衰落，圣祠遍布各地。而教皇，即该城的主教，则最终担任了暂时的领导者。

中世纪是一个动荡不安的千年，既有权力内斗，又兼异族外患。但整体而言，中世纪的教皇充分利用这座城市作为朝圣之地的优势，获得

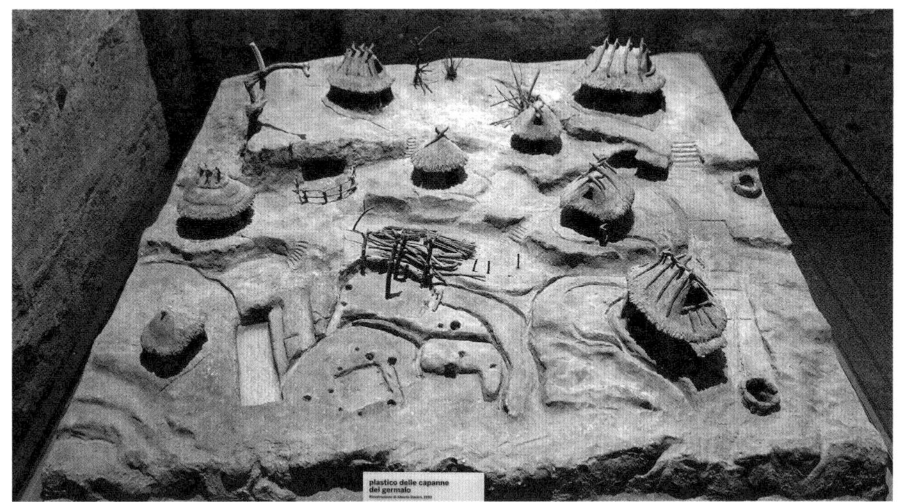

图2
帕拉丁山上的古代人类定居点模型，帕拉丁博物馆，罗马。照片：塞尔科（Sailko）/ 维基共享资源，CC BY 3.0: https://creativecommons.org/licenses/by/3.0/legalcode

了新的权力与影响力。14 世纪时，随着教廷迁往阿维尼翁，罗马跌入了命运的低谷，城市人口骤降至不足两万人。但这种时期毕竟短暂。公元 15 世纪，教皇重返罗马，该城进入一段持续的复苏期，开始了数百年的政治和宗教巨变：1527 年神圣罗马帝国军队洗劫罗马，宗教改革及随之而来的反宗教改革，巴洛克时代的显赫荣耀，以及作为旅行胜地的新城市身份。

1871 年，罗马历史进入了新的篇章。这座城市被选为统一的意大利的首都，并自此成为一座法西斯城市、时髦之都、世界文化遗产、运作困难的政府（或好几届政府）所在地，甚至连前卫建筑和设计都能在此地寻得归宿。

其中一个极具标志性的景点是理查德·迈耶（Richard Meier）设计的一座现代建筑——用以收藏建于公元前 13 年至公元前 9 年的奥古斯都和平祭坛（Ara Pacis Augustae，图 3）。迈耶的这座博物馆于 2006 年完工，与馆中所藏的那座祭坛相隔两千年之久。博物馆呈四方形，由水泥、钢铁、玻璃和石灰华建成，其形状与大理石祭坛本身的方正之形相呼应。无论迈耶的建筑及其中收藏的祭坛遭受了多少争议，它都和圣克莱门特教堂一样，几乎是对罗马的一种隐喻：在这座城市里，两千五百年来，变化即常态，新旧事物呼应，衰败与新生相随。

本书的一个潜在预设即认为通过理解罗马，或至少尝试这一点，我们也能对这座城市及其模式有一些整体理解。我们如今生活在一个高度城市化的时代，这一说法早已是老生常谈。随着人口集中化增强，居民逾千万的超大城市——比如东京、上海、北京、卡拉奇、德里、拉各斯、伊斯坦布尔、纽约、墨西哥城和圣保罗——还在不断增加。罗马永远不可能像这些城市一样人口稠密，但在某些方面，它却是所有城市的母邦。其他一些城市（比如开罗、布拉格和麦加）或许在不同年代，出于不同缘由，也同样获此头衔。但它们都不像罗马一样拥有如此悠久而不间断的历史，并顽强地保持着影响力。

一直以来，罗马都以其变革能力以及对新环境的适应能力而著称。这两种能力或许有些自相矛盾。说其完好无损，多少带有吹嘘的成分，但无论罗马在进入现代社会时遭遇了多少曲折，它都不失为典范，让我们看到了城市如何保持价值并长期发挥作用。由于其卓越的生存能力，罗马也为我们界定普遍意义上的城市中心提供了参考：它应由自然和人为因素所决定，但其中最重要的是创造、占据、形塑和再造它的那些人类群体。而罗马的人类群体类型尤为繁多。从早期开始，该城的常住人口中就不断有各种外来群体加入，其中包括商人、朝圣者、牧师、驻扎军队、游客和外交人员。

本书的第二个基本预设与写作材料的特点相关，也就是那些讲述罗马故事的地图和观点。这部分内容并不总是客观且事实。在我们这个充斥着“反转”和“假新闻”的时代，地图可以告诉我们很多消息。但它们必然是具选择性的，因为相较于能够承载的信息，还有更多信息必须被舍弃。到底要囊括进哪些要素、街道、区域和地标，又要遗漏掉哪些，仿佛它们不曾存在过？这类删减或极具偏向性，背后暗含某种支持或否定的立场，显示道德准则或者社会评判。地图的绘制可以由某项议程驱动，牺牲其他需求来支持某种观点。它们可用于提出观点，散播谎言，

图3
理查德·迈耶（建筑师），和平祭坛博物馆，罗马，2006年。照片：让-皮埃尔·达尔贝拉（Jean-Pierre Dalbéra）/维基共享资源，CC BY 2.0: https://creativecommons.org/licenses/by/2.0/legalcode

或者参与宣传。总之，它们有能力具现理想和信仰，以及（或面对）既有现实。

多卷本的《制图学史》（*History of Cartography*）是自1987年以来就被不断编撰的权威著作，它为地图设立了一个包罗万象的定义，即“促进对人世间事物、概念、环境、进程或事件的空间性理解的图示”，为我们揭示了地图所包含的无限可能。尽管空间构成是地图的关键所在，但其他因素也不应被视作理所当然而受到忽视，比如其中涉及真实性、对物理特征的关注以及中立性的问题。像罗马这样的地方，象征与记忆这类无形之物与物理特征同等重要，绘图或许是对这座城市最公正的展示方式。通过这一策略，我们得以为一个拒绝定义的地方提供最符合其身份的定义。这一观点将贯穿以下十个章节的内容。

延伸阅读

Bevilacqua, Mario, and Marcello Fagiolo, ed. *Piante di Roma dal Rinascimento ai Catasti*. Rome: Artemide, 2012.

Bogen, Steffen, and Felix Thürlemann. *Rom: Eine Stadt in Karten von der Antike bis heute*. Darmstadt: WBG, 2009.

Frutaz, Amato Pietro. *Le piante di Roma*. 3 vols. Rome: Istituto di studi romani, 1962.

Gori Sassoli, Mario, ed. *Roma veduta: Disegni e stampe panoramiche dal XV al XIX secolo*. Rome: Artemide, 2000.

Harley, J. B. "Deconstructing the Map." *Cartographica* 26, no. 2 (1989): 1–20.

Harley, J. B. "Silences and Secrecy: The Hidden Agenda of Cartography in Early Modern Europe." *Imago Mundi* 40 (1988): 57–76.

Harley, J. B., David Woodward, Matthew Edney, et al., ed. *The History of Cartography*. 6 vols. Chicago: University of Chicago Press, 1987–.

Maier, Jessica. *Rome Measured and Imagined: Early Modern Maps of the Eternal City*. Chicago: University of Chicago Press, 2015.

Marigliani, Clemente, ed. *Le piante di Roma delle collezioni private*. Rome: Provincia di Roma, 2007.

Taylor, Rabun, and Katherine W. Rinne. *Rome: An Urban History from Antiquity to the Present*. New York: Cambridge University Press, 2016.

罗马始于一个弱势而渺小的开端，
后来成长为如此的体量，以至于被其庞大所拖累。
——李维（Livy），《罗马史》（*History of Rome*），公元前1世纪

第一章
罗马建城

罗马城中有一处令人难忘且保存完好，却很难引起游人注意的古代遗迹：公元3世纪的奥勒利安城墙（Aurelian Wall）。没有了城墙，罗马还能称其为罗马吗？这引发了一个更基本的问题：如何界定一座城市？是其天际线和地标，还是历史或神话？是其居民的特征，还是城市的地形地貌、自然或人造的城市轮廓？我们如今对于城市身份的理解基于一系列有形和无形因素，但人为规定的边界线却通常无法占据主要地位。如果没有一些明确的界线标志，比如河流，或者写明"入口X""出口Y"的路标，人们出入城市时很难意识到自己到底是何时跨越了城界。想想看，拉斯维加斯、菲尼克斯或者休斯敦：形态不定的城市通常没有清晰的边界，只能看到杂乱无序的扩展区域。

但是这类模糊的边界只是近来才产生的现象。仅仅在几个世纪以前，许多城市都是依靠防御城墙来界定其形态和身份的。这些表面上强调实

用价值的建筑通常都是最含深意且最为突出的城市象征：它们相当于界限，分割里外，区分自我与他者。在过去几个世纪，它们逐渐淡出人们的视野。随着围城战时代让位于汽车时代，许多历史悠久的欧洲城市都用环城公路取代了防御工事，维也纳或许是最有名的案例。相比之下，罗马的边界却在一千八百年的大部分时间里都保存完好。

我们将在本章看到不同时代的地图，它们将揭示罗马城墙的现实意义和象征意义，使我们得以追溯该城的早期历史与发展。第一幅图（图 8）由地理学家乔万尼·巴蒂斯塔·布罗基（Giovanni Battista Brocchi）于 19 世纪初期所绘制，它将带领我们领略罗马长久以来的自然特征和史前历史：换言之，在我们已知的那段历史之前，罗马曾是什么模样。然后是保卢斯·梅鲁拉（Paulus Merula）的 16 世纪地图（图 10），涵盖罗马（在不同时期）的演变过程。其中包括最早期被围墙包围的山顶村落形态；作为共和国的首都，罗马如何向外扩展；此后作为帝国首都，罗马的发展随着奥勒利安城墙的修建达至巅峰（这座城墙至今界定着罗马城的核心

图 4
卡皮托林山上的母狼。照片：贾斯特罗（Jastrow）/ 维基共享资源

区域）。最后一幅地图（图 11）是海因里希·基佩特（Heinrich Kiepert）在 19 世纪时对罗马不同时期围墙形制的历史性重构，展现了行政区划如何将这些物理界线转变为官僚单位（罗马和意大利至今依然在行政事务上深受繁文缛节的困扰，或许就是以此为开端的）。

不过，罗马城中意义最为深远的建筑还是奥勒利安城墙，两千年来它一直是衡量这座城市命运兴衰的标志。城墙存在的意义不仅仅在于其物理实用性，它在罗马的历史和形象塑造中同样至关重要，就连传说中的罗马建城也与城墙有关。

依据李维、普鲁塔克（Plutarch）和瓦罗（Varro）等古代作家所述，这个故事大致如此：特洛伊王子埃涅阿斯（Aeneas）在家乡被烧毁后逃亡至古代的拉丁姆地区，其后代与战神马尔斯生下了罗慕路斯与雷穆斯（Remus）这对孪生子。罗马就是在这两兄弟发生龃龉后，以雷穆斯之死为结局而建造起来的。他们有些类似异教版的该隐与亚伯。在孩童时代，罗慕路斯和雷穆斯被扔在台伯河边等待命运的安排。一头凶残的母狼在那里发现了这对孪生子，并哺育和保护了他们，直到这对兄弟被一对牧羊人夫妇收养（图 4）。长大后，两兄弟决定要建立一座新城，却因为选址问题而争执不休——罗慕路斯选择帕拉丁山，而雷穆斯却希望建在阿文丁山（Aventine Hill）。最后他们决定用占卜的方式来解决争端，即通过观察鸟的飞行状态来获取神谕，结果二人又因为对结果的不同解读产生了争执。根据李维的版本，雷穆斯对他的兄弟冷嘲热讽，甚至越过了罗慕路斯在帕拉丁山上为划定城界而砌起的临时城墙，二人的矛盾因此迅速升级。为了报复这一冒犯之举，罗慕路斯杀死了自己的兄弟，以自己之名为新城命名，并自立为王。

这一系列命运大事被认为发生在同一天：公元前 753 年 4 月 21 日。至于这个故事中是否含有一丁点的史实成分，学界仍有争论。但毫无疑问的是，城墙在罗马的神话起源中扮演了重要角色。当罗慕路斯为他的领地划定界线时，实际上制造了神圣城界：任何来犯之人都将后果自负。据说罗慕路斯为其新城设定的形状为四边形，后世称之为“罗马方城”（Roma Quadrata）。虽然这个传说中的边界缺少确凿的实物证据作为支撑，但它一直以来都被视为早期罗马作为一个独立城邦存在的证明。

图5
罗马中央火车站的塞维乌斯城墙。照片：杰夫·波多诺（Jeff Bondono），www.JeffBondono.com

罗马后来的历史同样可依据其城墙的情况加以追溯。李维和其他史学家提及，罗马在公元前509年之前为王政时代，随后公民起义推翻统治者建立了共和政体。在诞生后的最初几个世纪，这座城邦与其他山顶聚落相融合，逐渐巩固了对拉丁姆周边地区的统治，在人口、面积和基础设施方面都得以发展壮大。随着罗马的势力范围从帕拉丁山上扩展，最初的城墙也一并被抛在身后。

罗马的第二个大型防御工事是建于公元前4世纪的塞维乌斯城墙（Servian Wall），不过其得名和原始轮廓可追溯至公元前6世纪塞维乌斯·图利乌斯国王（Servius Tullius）统治时期。根据李维记载，塞维乌斯城墙建于公元前390年高卢人洗劫罗马之后。这个事件揭示了这座城邦在面对外族入侵时是多么不堪一击。这座城墙由本地凝灰岩（一种坚硬而轻质量的火山岩，易于采集，在罗马建筑工事中运用广泛）所建造，绵延近十一千米，将罗马的七座山丘全部包围在内。罗慕路斯时代的城墙在当今的罗马几乎踪迹难觅，塞维乌斯城墙则不然。它有着确定无疑的考古证据作为支撑，我们至今能在罗马的东部和南部区域见到它那令人叹为观止的遗迹。值得注意的是，在罗马中央火车站的麦当劳里还能看到其中一部分，古代石头与现代快餐梦幻般地结合在一起（图 5）。

塞维乌斯城墙之后，距离罗马第三座也是最后一座城墙的修建，还要再过五个多世纪。在这期间，罗马已经发生了翻天覆地的变化。早在公元前 3 世纪时，罗马作为首都所在的这个共和国就已经统治了意大利半岛，且正在将其统治领域扩展至整个地中海地区。当尤利乌斯・恺撒（Julius Caesar）在两百年之后建立起帝国统治时，罗马已是世上最大的城市之一，具有高度组织性与功能性，拥有的人口逾百万。

奥古斯都（Augustus），即屋大维（Octavius）自公元前 27 年统治罗马，直至公元 14 年去世。他曾声称自己接手罗马时它还是一座砖瓦之城，而他留给后人的却是一座大理石之城。在他漫长而稳固的统治期间，这座城市逐渐获得了足以匹配其国际地位的显赫声誉。那个黄金时代的痕迹至今还存在于历史古迹之中，例如和平祭坛和奥古斯都陵墓，以及散落于城市各地的方尖碑——这位皇帝将它们从埃及搜刮而来装饰他的首都。在奥古斯都这些装点城市的建筑物中，唯独缺少一座全新并更坚固的城墙，这一点值得注意。塞维乌斯城墙已成为前一个时代的遗迹，失去了它作为象征性边界的功用。自它修建以来，这座城市的范围早已扩张至台伯河两岸区域，人口数量也增长逾二十五倍。尽管城市的发展速度如此迅猛，却一直没有新的城墙来替代塞维乌斯城墙，这一情形一直持续到 3 世纪晚期罗马帝国没落的时代。

何以如此？简而言之，不堪一击的城市才需要城墙。数世纪以来，保障罗马安全的并不是任何有形的防御工事，而是帝国那些广袤的缓冲边区。一方面有其征服的领土作为屏障，另一方面又有强大的军队日夜警备，罗马的统治稳定、繁荣、牢不可破。哪里还需要城墙？只有在眼看着内忧外患将要结束长久以来的罗马和平（Pax Romana）时，新的防御工事才开始变得必要。

罗马的第三座也是最后一座城墙由奥勒利安皇帝（Aurelian）在公元 3 世纪 70 年代修建；公元 5 世纪早期，霍诺里乌斯（Honorius）又将其进一步加固。这座宏伟的城墙由一系列砖饰面混凝土墙组成，间隔设有城门和瞭望塔，总计近十八千米长，十五米高（图 6）。然而，奥勒利安城墙并非强大的象征，而是衰弱的代表，被修建的原因在于罗马开始不断遭受北方蛮族的入侵。

另外 层威胁来自内部。镇压了一帮城市工人组织的叛乱后，奥勒利安皇帝或许是打算利用防御城墙这类大型建筑工事让他们忙碌起来，并起到安抚作用，同时向那些不安分的公民宣示统治者的威势。就象征层面而言，作为帝国力量的象征，奥勒利安城墙既要对内，也要对外——它那绵延的阴影不只笼罩着躁动的罗马人，还有那些喧嚣的外来者。

无论最初修建这座城墙的动机何在，它都经历了一段漫长的历史，而且处于不断变化中。有些变化十分重大，例如 9 世纪时在梵蒂冈围绕教皇飞地修建的狮墙（Leonine Wall）；此外还有不计其数的其他干预性修复，以保证奥勒利安城墙屹立不倒。长久以来，它不断被破坏、修葺、扩建，个别地方有所添加，各处时不时被翻新加固，以应对不断进步的军事科技。就和这座城市一样，它也经历了时间的考验。事实上，在这样一个充满动乱的地方，奥勒利安城墙是为数不多的恒久事物之一。它需要，也

图 6
罗马圣塞巴斯蒂亚诺门附近的奥勒利安城墙。照片：拉鲁帕（Lalupa）/ 维基共享资源

图7
典型的罗马井盖。照片：DeveshT/维基共享资源，CC0 1.0: https://creativecommons.org/publicdomain/zero/1.0/legalcode

得到了人们的持续关注与保养，这也成为衡量罗马城本身状态的一个晴雨表：城市本身也在经历这样一个不断发展的过程。

罗马城在中世纪时期不断萎缩，范围退至奥勒利安城墙之内，而在现代又呈爆炸式扩张，远远超出城墙界限，以至于奥勒利安城墙不再能像以前一样界定罗马与非罗马。尽管不再执行防御功用，但它始终是罗马城的标志性印记。就和随处可见的代表着“元老院与罗马人民”（Senatus PopulusQue Romanus）的“SPQR”一样——这几个字母至今仍装饰着罗马的井盖、路灯和喷泉，但实际上自公元前1世纪罗马共和国灭亡起就不再有任何实际影响（图7）——作为这座永恒之城的象征，奥勒利安城墙同样从未退出罗马的舞台。

在成为罗马之前

在一部1820年出版、介绍罗马城基底地形和地貌的巨著中，有一幅乔万尼·巴蒂斯塔·布罗基绘制的地图（图8）。这幅地图描绘了此城"建立之初"的地面情况和地形特征。布罗基试图进行一项开创性的地质考古学研究：重塑罗马在公元前8世纪神话起源时期的地表特征（海拔、平原、湿地、斜坡等）。他参考了1748年詹巴蒂斯塔·诺利（Giambattista Nolli）为绘制地图而设计的高精度测量方式，结合自己的地质样本数据，并观测罗马地层下的基底累积状况，从而得以回溯过去。

这类测量有什么意义？我们倾向于认为山丘和山谷这类自然地貌是相对固定的，或者说只有在"地理时间"，即数百、数千，甚至百万年间才会有所改变。但实际上，不到三千年间，罗马的地平面上升了不少，个别地方甚至上升了好几米。这一变化是自然现象和人为干预的共同结果：前者例如泥沙淤积与侵蚀，后者例如罗马人习惯在旧建筑物的基础上增建新建筑，以及制造巨型垃圾堆，比如陶片山（Monte Testaccio）就是由废弃的双耳罐堆积而成，并最终成为城市地貌的一部分。布罗基的地图描绘了这座城市作为人类久居之地的自然环境，这一环境本身并不固定，它在岁月中不断演变。

此外，这幅地图还清晰展现了即将成形的罗马。在成为一座名为"罗马"的城市之前，这个地方就已经存在：它正等待着演员和剧本。许多关于此地的书籍都在探究这个平平无奇之地何以孕育一段如此非凡的历史。在地图中心，台伯河蜿蜒流过，转弯处河道变宽，出现了一座河心小岛——这座岛屿被认为可能是该城的首个人类聚居地。在台伯河的北部河曲有一片地势低洼的冲积平原，那里后来成为战神广场（Campus Martius）。这片区域位于布罗基地图靠近底端的地方，地图底部指向北方。而在这片区域上方，台伯河的另一边，即河流南部河曲则包含了后来被称为"跨台伯河"（Transtiberim）的那片地区，即如今繁华的特拉斯提弗列区（Trastevere）。

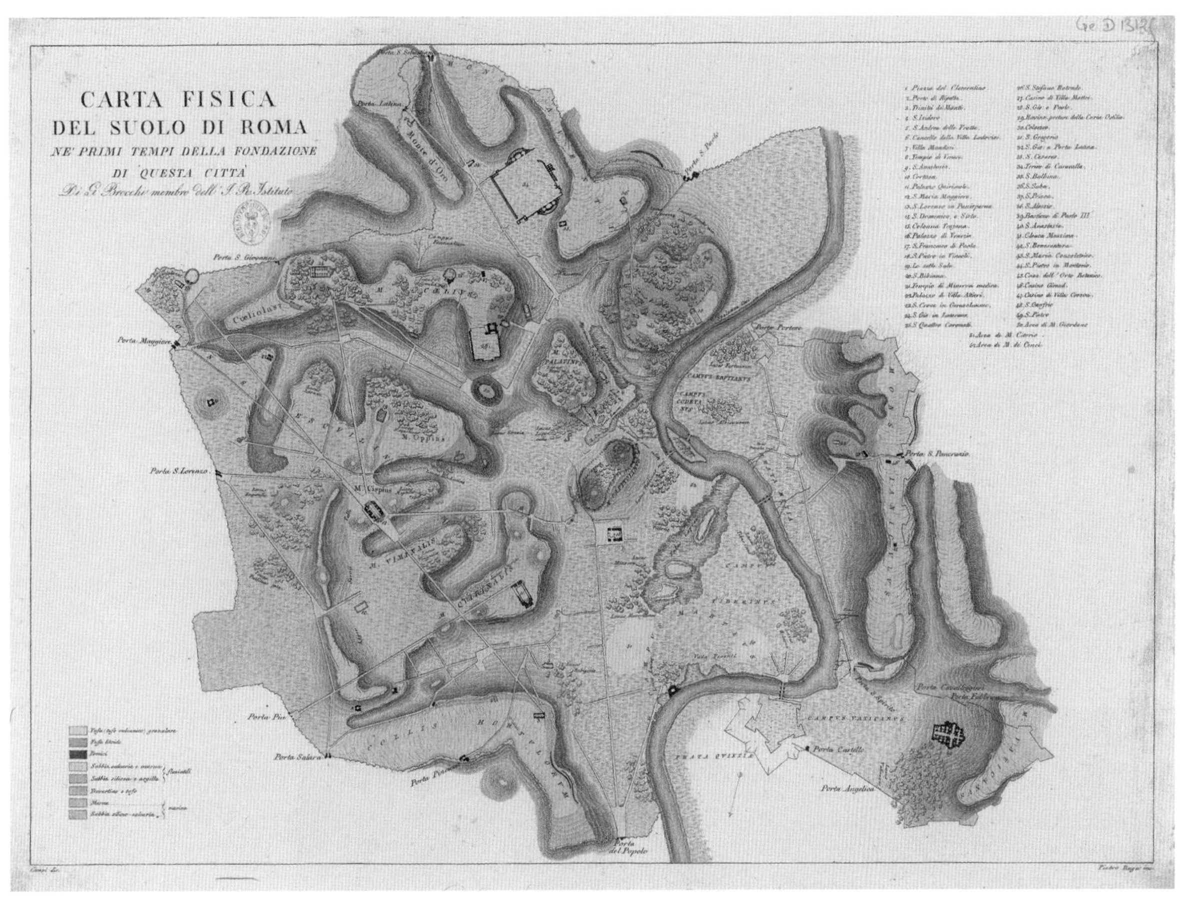

图 8*

乔万尼·巴蒂斯塔·布罗基，《罗马早期地基土壤图》(*Carta fisica del suolo di Roma ne' primi tempi della fondazione di questa città*)，罗马，1820 年，法国国家图书馆，巴黎

河流四周坐落着罗马的山丘。其中大多数都在台伯河东岸，也就是布罗基地图的左边。这里原本是一大片位于河谷上方的高原，随着时间的流逝逐渐被冲蚀成为单个的山脊。其中包括两个相对较小但坡度较陡的山丘，后人称之为帕拉丁山和卡皮托林山（Capitoline Hill）。两山比邻而立，非常靠近河流弯曲处，就在河左岸之上，与台伯河岛相距不远。这两座山丘由一道山谷隔开，后来成为这座古代城市的核心部分。在它们南边，同样靠近河流的地方是较大的阿文丁山，也是早期居民的聚居地之一。离河较远的东北方向（布罗基地图的左下部分）还坐落着其他三座山丘，即奎利纳尔山（Quirinal Hill）、埃斯奎林山（Esquiline Hill）以及较小的维米纳尔山（Viminal Hill）。在这三丘之外，即帕拉丁山东南方向是卡伊利乌斯山（Caelian Hill）。这七座山丘成为该城的最初诞生之地。

* 书中地图系原文插附地图。——编者注

罗马最终囊括了更多远离台伯河的山丘，它们也同样出现在了布罗基的地图中。位于地图左下方的是苹丘（Pincian），布罗基按照古人习惯称之为“花园之丘”（Collis Hortulorum）。在地图边缘，台伯河的右岸还有另外两座山丘：下方的是梵蒂冈，而上方呈南北走向的则是海拔更高、范围更广阔的贾尼科洛山（Janiculum Hill）。

任何对罗马稍有了解的人，在看到布罗基地图里的这些空白时，几乎都会忍不住在脑海中填补出后世的建筑物。例如现在的博尔盖塞别墅公园（Villa Borghese Park）就坐落在苹丘；梵蒂冈则是世界天主教之都；古罗马广场正位于卡皮托林山、帕拉丁山和埃斯奎林山之间的山谷；凡此种种，不一而足。如果你仔细观察布罗基的地图，就会看到他同样忍不住在其中插入了后来的历史，因为他在地图中加入了许多文艺复兴时期的街道和地标、各种古迹以及中世纪以来的教堂（图 9）。此外还

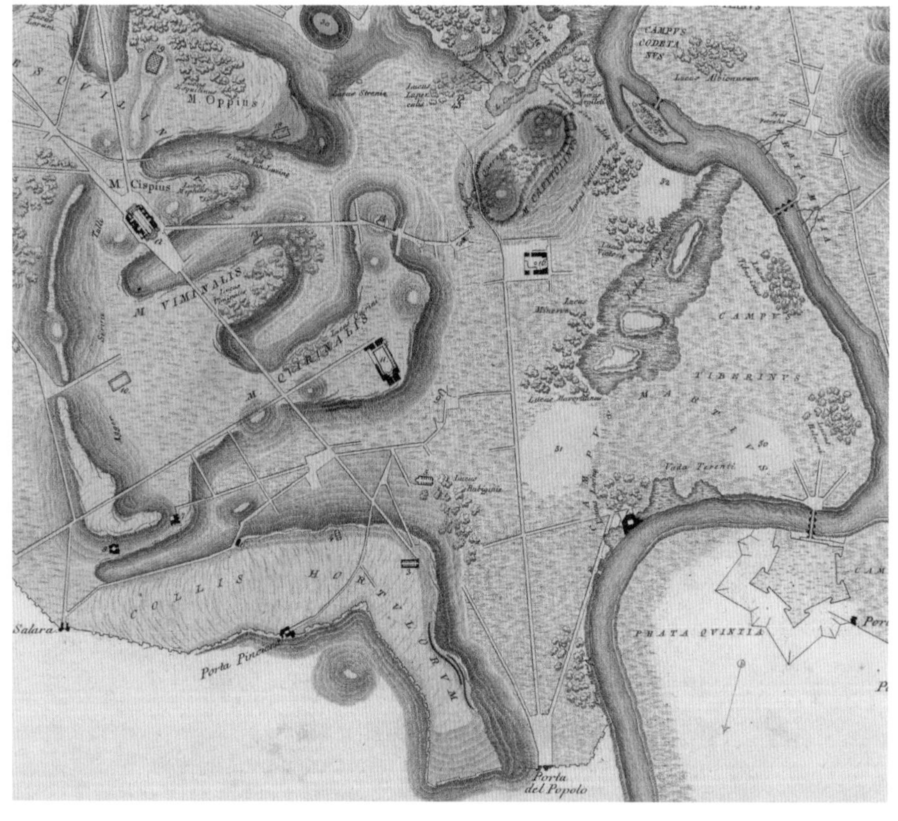

图 9
布罗基，《罗马早期地基土壤图》，细节部分展示了以下方边缘处的人民广场 (Piazza del Popolo) 为中心向外辐射的文艺复兴时期的街道、位于左上方的圣母大殿（Santa Maria Maggiore）、上部的罗马斗兽场以及右下方的圣天使城堡（Castel Sant' Angelo）的 16 世纪堡垒

有许多后来的人造地表特征，例如左下方的“塞维乌斯·图利乌斯大道”（Agger Servii Tulli）——公元前 4 世纪为塞维乌斯城墙建立的堤防。这些地表元素显然并非城市建立之初就存在的。

尤其值得注意的是，这幅地图以奥勒利安城墙为框架，展示了城墙内的景象。作为定义了罗马的人造边界，它仿佛一直存在于那里：这就是罗马版的“命定论”。这座城墙和其他元素一样不属于罗马的起源时代，但布罗基也将它作为关键参考点加进了地图。毕竟，如果没有了奥勒利安城墙那别具特点的轮廓，这就是一幅平平无奇的由山丘、平原与河流组合的地图。奥勒利安城墙的轮廓被轻描淡写地勾勒了出来，表明这并不是某个任意的地形图：这里正是罗马。

被城墙包围的城市

这幅 16 世纪晚期的朴素地图（图 10）以迷你画的形式展现了城墙自罗马起源时代开始就扮演的核心角色。这幅地图由荷兰地理学家保卢斯·梅鲁拉设计，在一定程度上以古物学家皮罗·利戈里奥（Pirro Ligorio）于更早时期绘制的地图为基础，通过层层嵌套的方式区分了罗马历史的不同层面。这座城市不同时代的风貌自中心辐射开来，由城墙勾勒的同心圆所标示。梅鲁拉剔除了大多数元素，只保留极少的地形特征、少数街道和几座历史遗迹。如此一来，这座城市的漫长历史几乎完全通过城墙的水平扩展来展现。

这幅地图的绘制充满巧思，多少带些合理推测。因为梅鲁拉的地图绘制于文艺复兴时期，与他想要表现的那个时代已相隔数个世纪，甚至千年之久。在他那个时代，学界普遍关注古代世界，尤其是罗马的古代城市风光。然而现代考古技术尚处于起步阶段，证据也常常缺乏。当缺少遗迹这类实体证据时，学者们就会查询古典文献作为参考，了解何时、何地发生了什么。如果还是不行，学者们就只有依靠想象力来重构城市，想象它在遥远过去可能呈现的景象。这种对学术能力和创造力的挑战既令人沮丧又充满刺激，我们将在第五章中继续这个话题。

与此同时，梅鲁拉的地图还体现了这类创造性方式存在的陷阱与可能性。画面左侧指向北方，在 18 世纪指北成为制图学黄金准则之前，这种朝向在罗马地图中最为常见。地图中心是一个四边形城墙，表示罗马最早期的形制。罗慕路斯的城墙并无已知遗迹存留，因此想要重构其形制和范围并不容易。梅鲁拉和其他人只有求助于古代文本中的含混记载。某种程度来说，具体数据的缺乏反而为他们的想象力创造了参与的空间。

梅鲁拉眼中的罗慕路斯之城比其他大多数地图中的都要大一些。后来的大多数考古平面图都将罗马方城置于帕拉丁山顶那块地方，而梅鲁

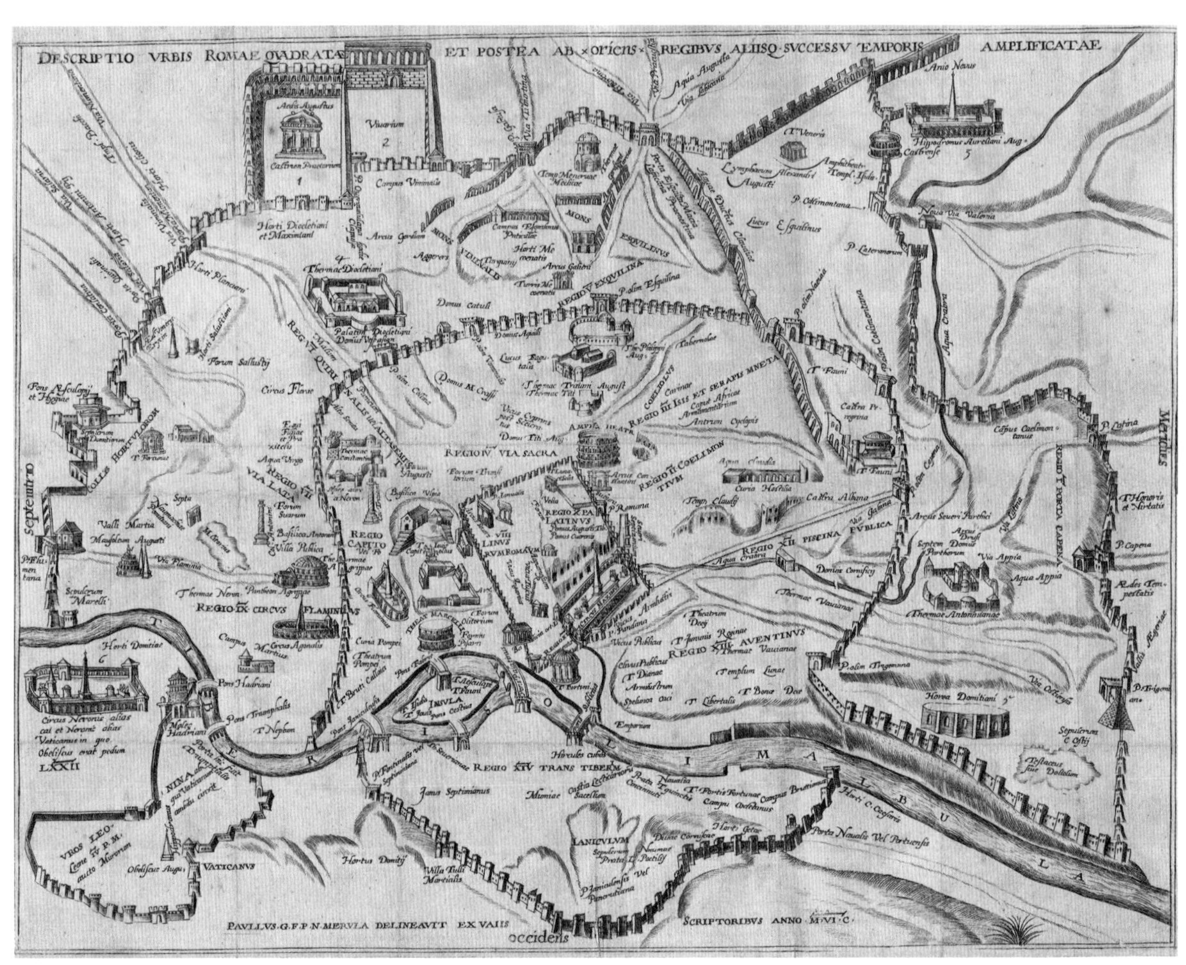

图10
保卢斯·梅鲁拉，《罗马方城及后世的城市地图》（*Descriptio urbis Romae quadratae et postea*），雕版画，罗马，约 1594 年。芝加哥大学图书馆，特殊藏品研究中心

拉则让城墙环绕了整个帕拉丁山山脚，同时蜿蜒向下，包围了南边的山谷——这里将罗慕路斯的聚居地与阿文丁山分隔开来，后来也成为罗马最大的大众娱乐场所“大竞技场”（Circus Maximus）的所在地——此外，北边后来成为古罗马广场的那片平原也有一部分被包围了进去。

在文艺复兴时代，人们所知的塞维乌斯城墙遗迹比如今的更少，但梅鲁拉却对它的部分实物遗迹十分熟悉。他将其描绘为围绕着早期核心区域的环形城墙。梅鲁拉的做法与后来逐渐形成的普遍认知有些出入。他极大简化了塞维乌斯城墙的轮廓，而如今的考古学家认为它应该是更加曲折的长方形。此外，梅鲁拉笔下的塞维乌斯城墙并没有在台伯河西岸封闭，开放的两端隔河相望。我们无法确知他是打算将台伯河本身作为封闭城墙环路的第四道边，还是将河对岸那面包围了特拉斯提弗列大部分区域的城墙当作了第四道边。据说塞维乌斯城墙的确有一部分延伸到了台伯河对岸，但梅鲁拉所勾勒的该城墙轨迹却与后世的奥勒利安城墙的环路相对应。总体而言，梅鲁拉表现出一丝混乱，甚至捏造了部分证据，但考虑到当时可资利用的信息十分有限，这也情有可原。

最后，梅鲁拉笔下的塞维乌斯城墙并未将罗马最早的七座山丘都包围进去。维米纳尔山和埃斯奎林山的大部分区域都位于城墙之外，部分古代遗迹——比如戴克里先浴场（Baths of Diocletian）——在梅鲁拉地图上的位置也存在这样的问题，它们可能原本都是建在塞维乌斯城墙界限之内的（不过它们的建造时代更晚：梅鲁拉地图的一个奇特之处在于它将不同历史时代合而为一，让从未同时共存过的历史遗迹比邻而立）。仿佛是出于补偿一般，梅鲁拉还把一些实际上在塞维乌斯城墙之外的遗迹绘制在了墙内，比如庞贝剧院（Theater of Pompey）——这也是后世的建筑，但它的方位确知无疑。

在梅鲁拉的地图上，奥勒利安城墙展示了这座城市在古代的成长边界。在他那个时代，即便是这座“新”墙也已经有了1300年的历史（而在这期间罗马实际上“缩水”了不少）。梅鲁拉还在地图左下方加入了围绕着梵蒂冈的那道防御墙，它于9世纪时由教皇利奥四世（Pope Leo Ⅳ）主持修建。奇怪的是，在其界限内没有圣彼得大教堂的痕迹，而这才是利奥四世修建防御工事的根本动机。除了奥勒利安城墙的这一延伸部分，梅鲁拉所绘制的这些城墙中，实际上没有哪一个曾以这种方式并存。这是一个没有时间维度的罗马，所有事物都同时在场。

梅鲁拉将这座城市的悠久历史压缩进了一片小小的二维空间中：仅约二十二厘米宽，约三十一厘米长。显然，这幅图对罗马的发展史进行了大幅缩减，是专门为“懂行的”专业学者所准备的，因为只有他们才能利用丰富的外源知识来填补空缺。这幅地图并不适合门外汉。

城市分区

这幅 19 世纪晚期的地图（图 11）专为学生设计，通过描绘不同时代的城墙，清晰而直观地展现了罗马的发展历程。尽管以 21 世纪的考古学知识和数字化技术标准（可参考第二章的 mappingrome.com）来看已经有些过时，但它显示了自梅鲁拉时代以来的三个世纪里，绘图技术已经取得了多大的进步。尽管某些细节仍有不准确之处，但这幅地图实际上展现出了这座城市在早期发展历程中，是如何逐渐被有形和无形的边界分割开来的。就此而言，它生动说明了这样一条定律，即随着时间的推移，城市发展中形成的行政组织和实体结构网络会日益复杂。

图 11
对页：海因里希·基佩特，《罗马城》（*Roma urbs*），收录于《古代地图集：给中学生和大学生的十二幅古代世界地图》，柏林：迪特里希·赖默尔（Dietrich Reimer）出版社，1876 年。大卫·拉姆齐地图收藏，www.davidrumsey. com

和梅鲁拉一样，海因里希·基佩特也是历史地理学领域的一位重要开拓者。这幅地图出自他那本极具指导意义的著作《古代地图集：给中学生和大学生的十二幅古代世界地图》（*Atlas Antiquus: Twelve Maps of the Ancient World for Schools and Colleges*）。该书于 1854 年在德国出版，1876 年出版于柏林的这个版本则是原版的英译本，后来还在芝加哥由兰德·麦克纳利（Rand McNally）出版公司发行过。基佩特的时代已经有了许多更加成熟的考古学复原成果，例如路易吉·卡尼纳（Luigi Canina）的杰作（见第二章），但它们更倾向于面向专业的观众。接下来的这幅地图值得关注，因为它广泛运用于教育领域，从而塑造了大众对于罗马早期城市史的看法。

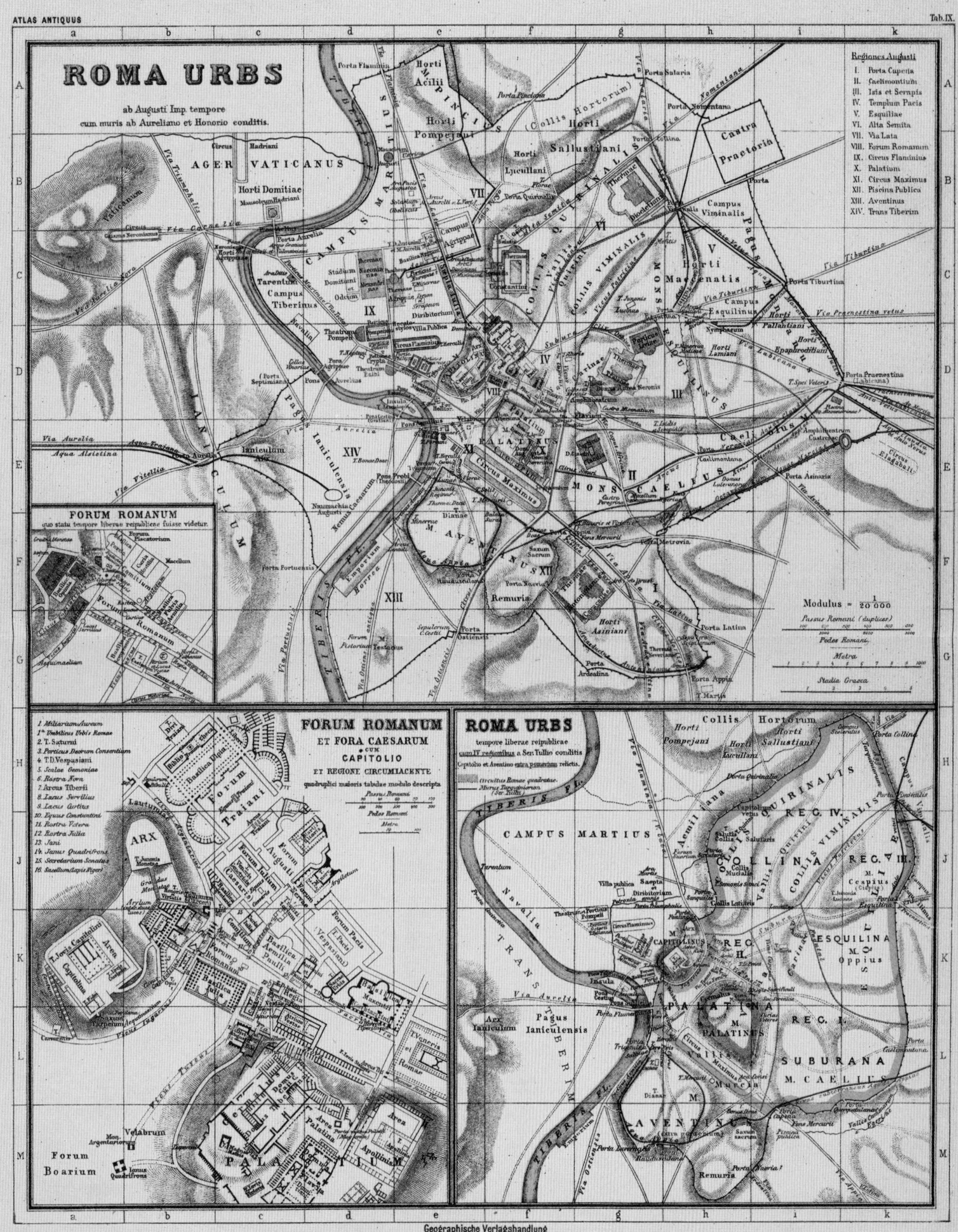

Geographische Verlagshandlung
Dietrich Reimer (Ernst Vohsen) Berlin
Wilhelmstr. 29.

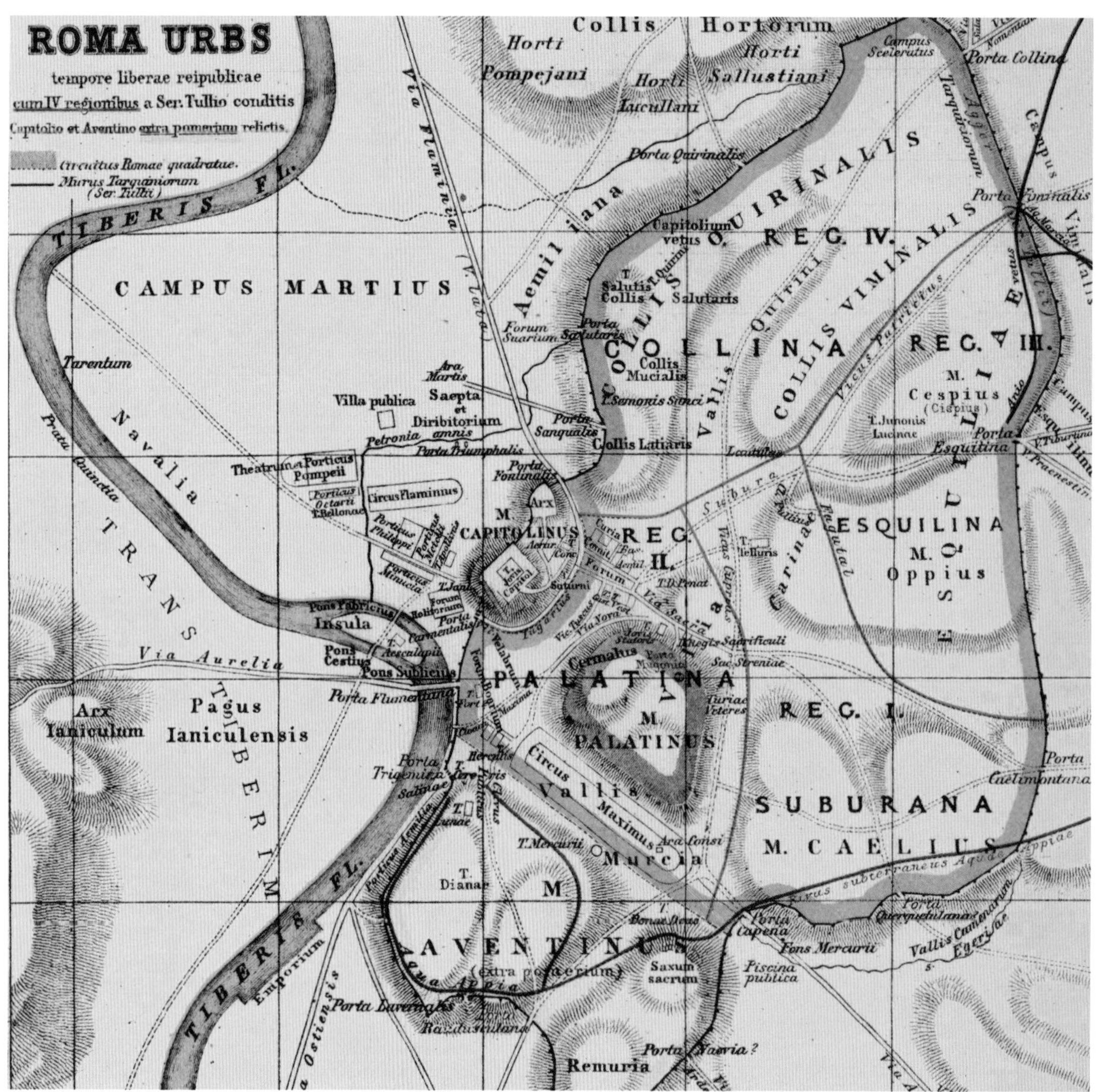

这幅图将三张地图集于一身，以罗马的城墙扩展和地理变化为基础，描绘了这座城市的不同成长阶段。右下方展示了罗慕路斯时期的罗马，绿色线条勾勒出帕拉丁山上的罗马方城，塞维乌斯城墙则是围绕它的那段粉色线条（图 12）。尽管不像梅鲁拉地图那般夸张，但基佩特试图通过假想将塞维乌斯城墙的已知遗迹连接起来，围成一个完整的环路。

图 12
基佩特，《罗马城》细节，绿色线条表示罗马方城，粉色为塞维乌斯城墙，黄色部分为卡皮托林山和阿文丁山

在罗马共和国时代，塞维乌斯时期的罗马被进一步划分为四个行政区域，在图中以红色细线表示。塞维乌斯城墙旁边的卡皮托林山和阿文丁山由黄色线条标出，表明它们是城界的一部分。作为缓冲区，城界围绕城墙延展开来，标志着罗马的宗教和领土边界。

左下方的地图则向后跨越了几百年，展示了罗马城帝国议事广场（Imperial Fora）的细节：这是城市居民日常生活、进行政务和商业活动的区域。它的南边是帕拉丁山上的诸宫殿，西边是卡皮托林山的神庙，也就是这座城市宗教生活的中心区域。第三幅地图占据了整幅图的上半部分，这个占地更大的罗马城在奥古斯都时期被分为十四个部分，四周被奥勒利安城墙环绕。这幅地图同样混合了自然界限和人工界限，展现了这些不断增加的建筑如何在城市内抢占空间。

延伸阅读

Beard, Mary. *SPQR: A History of Ancient Rome*. New York: Liverlight Publishing Corporation, 2016.

Caputo, Claudio, and Renato Funiciello. "Giovanni Battista Brocchi: La geologia di Roma e la carta del Nolli." In *Roma nel settecento: Immagini e realtà di una capitale attraverso la pianta di G.B. Nolli*, 2 vols., ed. Carlo M. Travaglini and Keti Lelo, 1:43–49. Rome: CROMA—Università degli studi Roma Tre, 2013.

Carandini, Andrea. *Rome: Day One*. Princeton, NJ: Princeton University Press, 2011.

Claridge, Amanda. *Rome: An Oxford Archaeological Guide*. 2nd ed. Oxford: Oxford University Press, 2010.

Coarelli, Filippo. *Rome and Environs: An Archaeological Guide*. Trans. James J. Clauss and Daniel P. Harmon. Berkeley: University of California Press, 2014.

Dey, Hendrik. *The Aurelian Wall and the Refashioning of Imperial Rome, AD 271–855*. Cambridge: Cambridge University Press, 2011.

Funiciello, Renato, and Claudio Caputo. "Giovan Battista Brocchi's Rome: A Pioneering Study in Urban Geology." In *The Origins of Geology in Italy*, ed. Gian Battista Vai and W. Glen E. Caldwell, 199–210. Boulder, CO:

Geological Society of America, 2006.

Heiken, Grant, Renato Funiciello, and Donatella De Rita. *The Seven Hills of Rome: A Geological Tour of the Eternal City*. Princeton: Princeton University Press, 2005.

Kiepert, Heinrich, Adriano La Regina, and Richard J. A. Talbert. *Formae orbis antiqui*. Rome: Quasar, 1996.

Kostof, Spiro. *The City Assembled: The Elements of Urban Form through History*. Boston: Little, Brown, 1992.

Zögner, Lothar, ed. *Antike Welten, neue Regionen: Heinrich Kiepert, 1818–1899*. Berlin: Kiepert, 1999.

罗马为我们提供了无尽的素材来感慨命运的无常，
无论是对人还是其最骄傲的工程，
它都毫无恻隐之心，把帝国和城市埋葬在同一座坟墓里。

——爱德华·吉本（Edward Gibbon），
《罗马帝国衰亡史》（*The Decline and Fall of the Roman Empire*），1776—1789 年

第二章
恺撒之罗马

在皇帝们的统治下，罗马经历了近五百年的动乱。后世或许会觉得这是段黄金岁月，也堪为史鉴。本章中的地图将展示这座城市在成为现代旅行胜地之前是如何不断构建自身的。这个地方原本只有山丘上的一些零星土屋，却逐渐将触角延伸至世界各地，搭建起一个强有力的政治与行政网络，覆盖范围之广与跨越文化类型之多，令人叹为观止。《波伊廷格地图》（*Peutinger Table*）以道路图的形式将这个网络可视化；《古罗马城图志》（*Forma urbis Romae*）从行政角度出发，将城市结构雕刻在大理石板上。即便在罗马衰落了几个世纪后，也还有不少人试图通过图像来重构这座伟大的都城。这些地图既表达了有关罗马帝国及其衰败的概念，也展现了一座真实的城市及其历史。

公元前 1 世纪时，罗马共和国在尤利乌斯·恺撒的影响下开始发生转变。在经历了一系列权力斗争后，终于在其继任者奥古斯都治下重新

完成统一。在于公元 14 年去世时，奥古斯都统治了罗马四十余载。奥古斯都开启了一段长达两个世纪的繁荣稳定时期，史称“罗马和平”。他修复了道路系统，将罗马与帝国的其他广阔领土连接起来。他还发动了一系列战争，使得帝国疆域急剧扩张，覆盖了北非、南欧、伊比利亚半岛、达尔马提亚和小亚细亚的大片地区。

奥古斯都将罗马变成了一座伟大的国际都市。根据古代史家苏维托尼乌斯（Suetonius）的记载，奥古斯都曾宣称自己将罗马从一座砖瓦之城变成一座大理石之城。这句宣言或许有些夸张，但他的确修复了不少古代遗迹，并建造了新的纪念性建筑——它们如今依然是西方世界的杰出之作，例如奥古斯都和平祭坛和奥古斯都广场（Forum of Augustus）。后世的皇帝也将这座城市视为帝国展厅，在其中建造了许多恢宏的公共建筑，在提升自己名声的同时，也服务于所有罗马居民。这些建筑将个人

图 13
帕拉丁山上金宫的八边形房间。照片：乔纳森·罗马（Jonathan Rome），https://romeonrome.com/，CC BY-NC-ND 3.0: https://creativecommons.org/licenses/by-nc-nd/3.0/legalcode

纪念性和公共用途紧密相连，共同推动了城市的发展。帝国议事广场就是一个典型例子：尤利乌斯·恺撒、奥古斯都、韦斯巴芗（Vespasian）、图密善（Domitian）和图拉真（Trajan）都在最初的罗马广场附近增添了大型多功能场地。

不过，也有一些皇帝的艺术和建筑杰作仅服务于个人享乐，与公共用途无涉。尼禄（Nero）那座庞大而富丽堂皇的"金宫"（Domus Aurea，公元 64—68 年）就是最著名的例子。公元 64 年那场大火之后，罗马的不少大型建筑都被烧毁殆尽。尼禄以这场灾难为契机，将一些空地连接起来，建造了一座奢华的宫殿，其占地面积甚至可与不少古代城市的面积相匹敌。这座建筑独具特色，包含一片人工湖、一座葡萄园和一个八边形庭院——据说其上覆以旋转圆顶（显然由奴隶们推动），客人来访时便会沐浴在落下的玫瑰花瓣与芬芳之中（图 13）。这样的房间成百上千，它们往往饰以大理石、灰泥、拼花砖、浮雕和金叶，异常华美。尽管当今的游客只能看到它洗净铅华后的朴素样子，难以感受到当时的奢华，但至少其占地面积之广是毋庸置疑的。和尼禄的华丽金宫相比，就连路易十四的凡尔赛宫也要略逊一筹。

在那位备受鄙夷的皇帝（尼禄）于公元 68 年自杀后，愤怒的民众将这座宫殿斥为堕落和滥用职权的象征。人们用碎石将其掩埋，并在此基础上建起一座公共浴场，表明他们鲜明的立场。毕竟在古罗马，公共沐浴是一种常见的活动，受到几乎所有社会阶层的喜爱。提图斯浴场（Baths of Titus，公元 79—81 年修建）是在此修建的第一座，后来又修建了一座规模更大的图拉真浴场（Baths of Trajan，104—109 年修建）。罗马斗兽场也在附近，公元 80 年落成时它曾轰动一时，这座巨型剧院同样是人民的娱乐场所。

工程建造对于罗马的城市发展而言至关重要，其在后世的衰落自然也与城市本身的衰败有着千丝万缕的关联。罗马人充分发挥了拱券的潜能，得以修建更高、更长和更为牢固的桥梁和水道。他们还改进了混凝土的配方，因而修建了万神殿、罗马斗兽场和皇室浴场这类建筑奇观（最著名的当属这些建筑的穹顶）。这些建造技术使得罗马人实现了对水力的控制：这或许是该城市空前发展中最为关键的因素。在公元前 4 世纪至

图14
骑在马背上的人们在罗马引水道旁，19世纪60年代，蛋白照片，阿尔托贝利（Altobelli）与莫林斯（Molins）所有。大都会艺术博物馆，吉尔曼藏品（博物馆购买），2005年

公元3世纪之间，罗马人修建了十一条水道，将数千米之外的山丘中的天然水源引入罗马（图14）。

直至今日，罗马地面上还能看到几条引水道，其拱顶越过街道和城门，但靠近城墙位置的部分结构被埋藏在地面之下。在城市里，这种高度复杂的水道网络注满了罗马的喷泉，为千家万户提供水源，还要给公共浴场、厕所和污水管道供水。大多数引水道的终点位于大引水道（Cloaca Maxima，位于台伯岛以南），然后从这里排入附近的台伯河里。总体而言，引水道为罗马提供了至今无与伦比的管道和卫生系统。当然，这需要技术娴熟的维修工人长年累月地对其进行维护。当罗马陷入危机时，水道也不再受人重视，它们不久后就因失修而破损，同整个城市一起陷入衰败之中。

公元 2 世纪时，罗马帝国的权力和疆域都达至巅峰，此后便逐渐江河日下。对罗马而言，奥勒利安皇帝所修建的最后那道城墙就是国力衰微的显著象征（事实证明用这种对策来抵御外敌收获甚微）。这座城市的确延续了一段时间的繁荣，在君士坦丁时代又进入了盛世。然而当这位皇帝于 4 世纪初期离开这里，去君士坦丁堡寻找他的“新罗马”之后，这座城市又逐渐衰落下去。从那时起，罗马帝国开始分裂为东、西两个部分，并最终依据希腊语和拉丁语这两种语言区的划分而完全割裂开来。公元 395 年，最后一位统治东、西两个部分的皇帝狄奥多西一世（Theodosius Ⅰ）逝世。公元 5 世纪时，西罗马首都迁至米兰，后又迁至拉韦纳。

罗马历经多次洗劫，410 年的那场劫难最为惨烈，455 年灾难重演。476 年时，蛮族首领奥多亚塞（Odoacer）废除了最后一任皇帝，自立为王：这一事件通常被视为西罗马帝国正式终结的标志。罗马仍在苟延残喘，但公元 1 世纪时的百万人口到 6 世纪早期时已减少九成之多。无论是地域面积还是影响力，这座城市都已不及许多其他地方。罗马史上的一个传奇篇章即将走向终结，而新的篇章正缓缓拉开序幕。

作为终点的罗马

从很早时候开始，罗马就不只为罗马人存在。罗马往往是行程的终点，城中最著名的神殿可以为此作证。这座神殿于公元前 6 世纪建于卡皮托林山，敬献给最伟大的神朱庇特（Jupiter Optimus Maximus）。宏伟的神殿被反复修葺，矗立在山丘上的众多神殿之中，其规模令人惊叹。这也表明罗马并不仅是商业和政治中心：早在基督教朝圣热潮兴起之前，这里就已经吸引了不少宗教访客。这种情况持续了数世纪，几乎从未中断。著名的《波伊廷格地图》（图 15）可以印证这一事实。

这份地图以其 16 世纪时的收藏者——德国人类学家康拉德 · 波伊廷格（Konrad Peutinger）的名字命名，一般被认为诞生于 13 世纪早期，是公元 4 世纪的一幅地图的摹本。部分学者认为原本诞生于公元 9 世纪，而

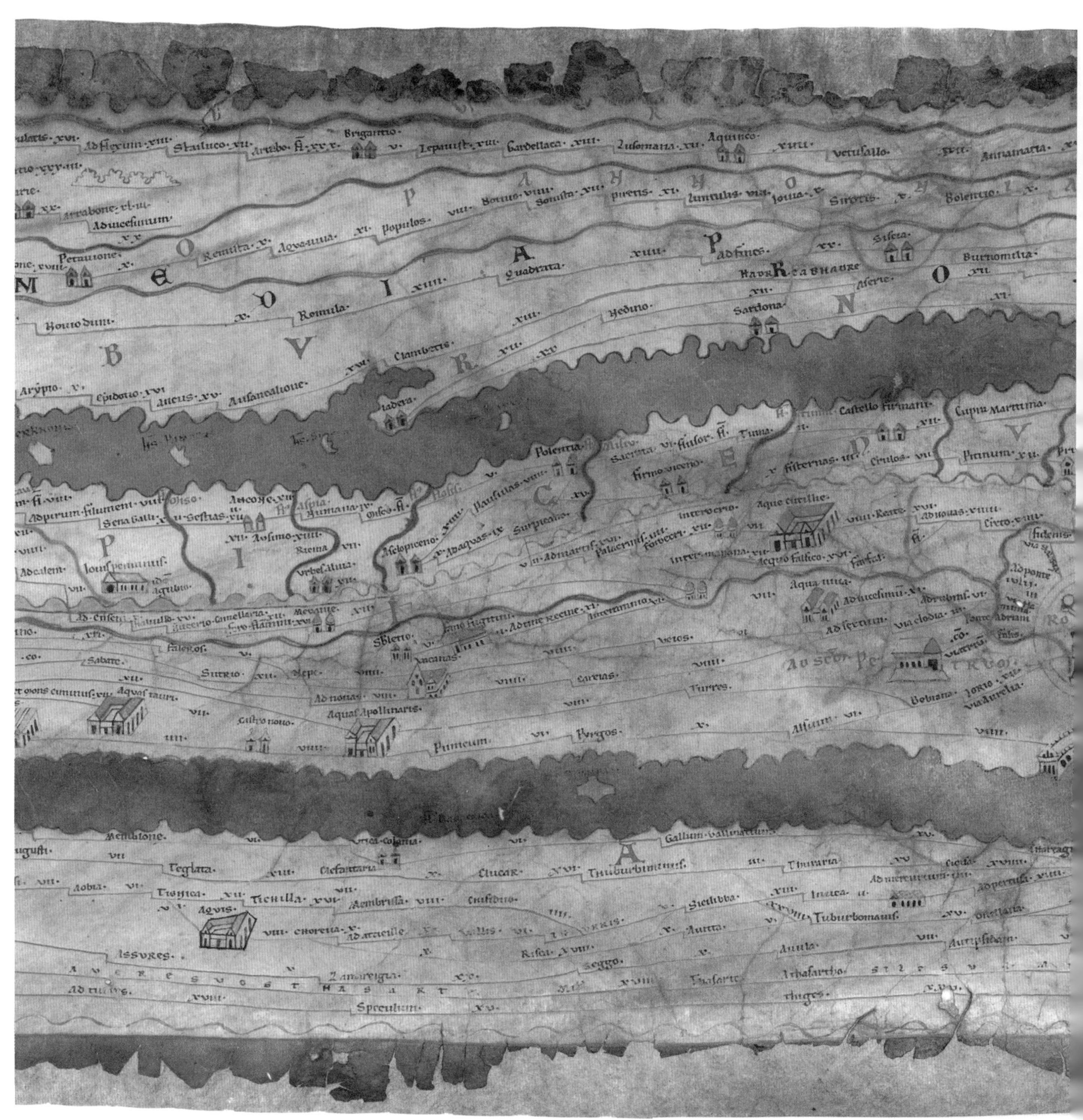

图15

《波伊廷格地图》，13世纪，原本诞生自4世纪，具体不可考。奥地利国家图书馆，经欧洲数字图书馆（europeana.eu）所查

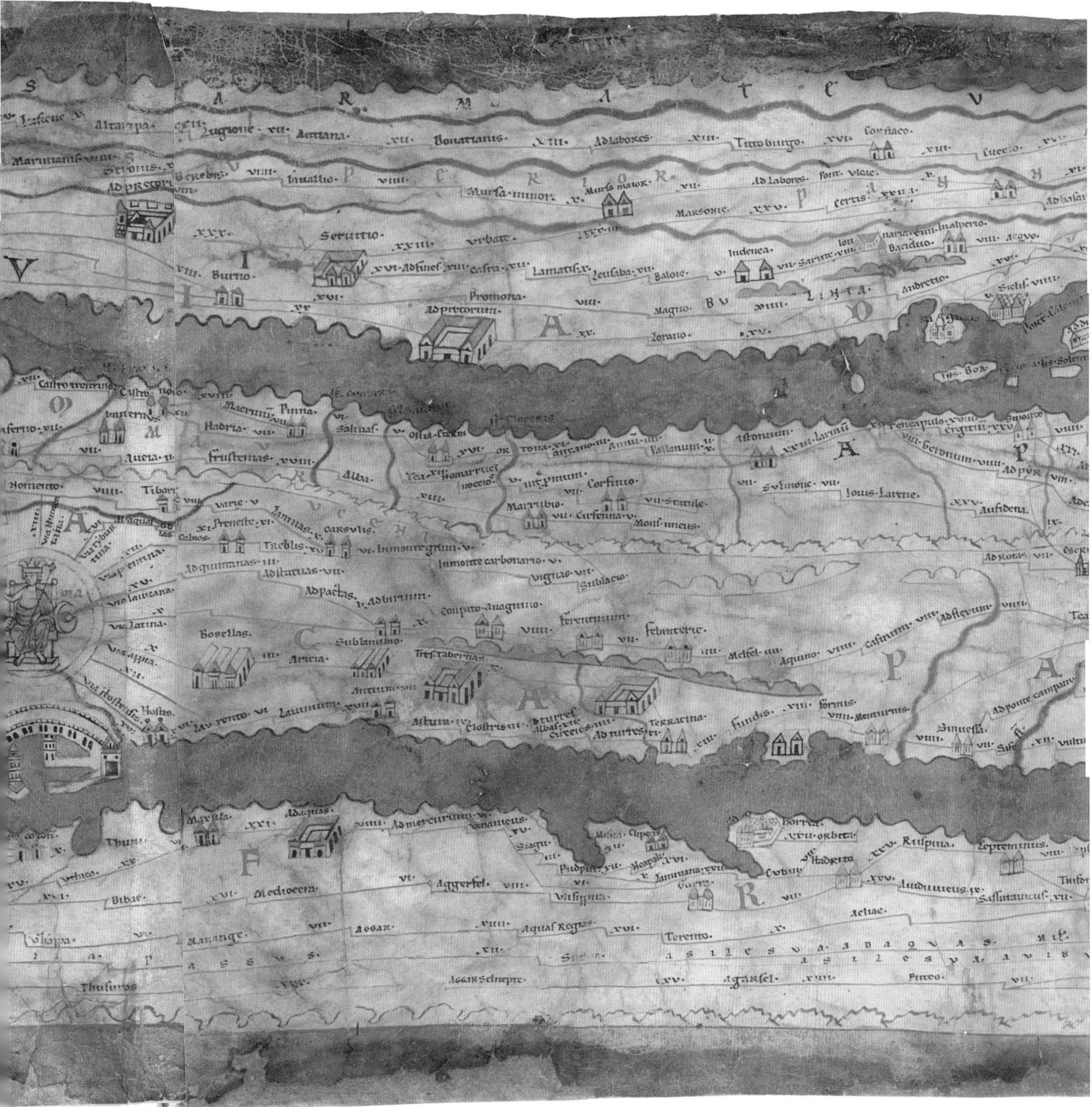

Bonatianis
Adlabores
Tittoburgo
Cornaco
Mursa minor
Mursa maior
Marsonie
Servitio
Urbate
Indenea
Promona
Adpretorium
Burnio
Magno
Iorano
Hadria
Pinna
Frustenas
Alba
Corfinio
Sulmone
Iovis Larene
Aufidena
Marrubio
Preneste
Treblis
Inmonte carbonario
Sublacio
Conpito Anagnino
Ferentinum
Aquino
Tres Tabernas
Aricia
Bovellas
Sublanubio
Antium
Terracina
Fundis
Formis
Minturnis
Sinuessa
Adponte campanu
Lavinium
Adturres
Adaquas
Admercurium
Aggersel
Mediocera
Bibae
Aquas Regias
Orbita
Horrea
Ruspina
Hadrito
Leptiminus
Aeliae
Thusuros

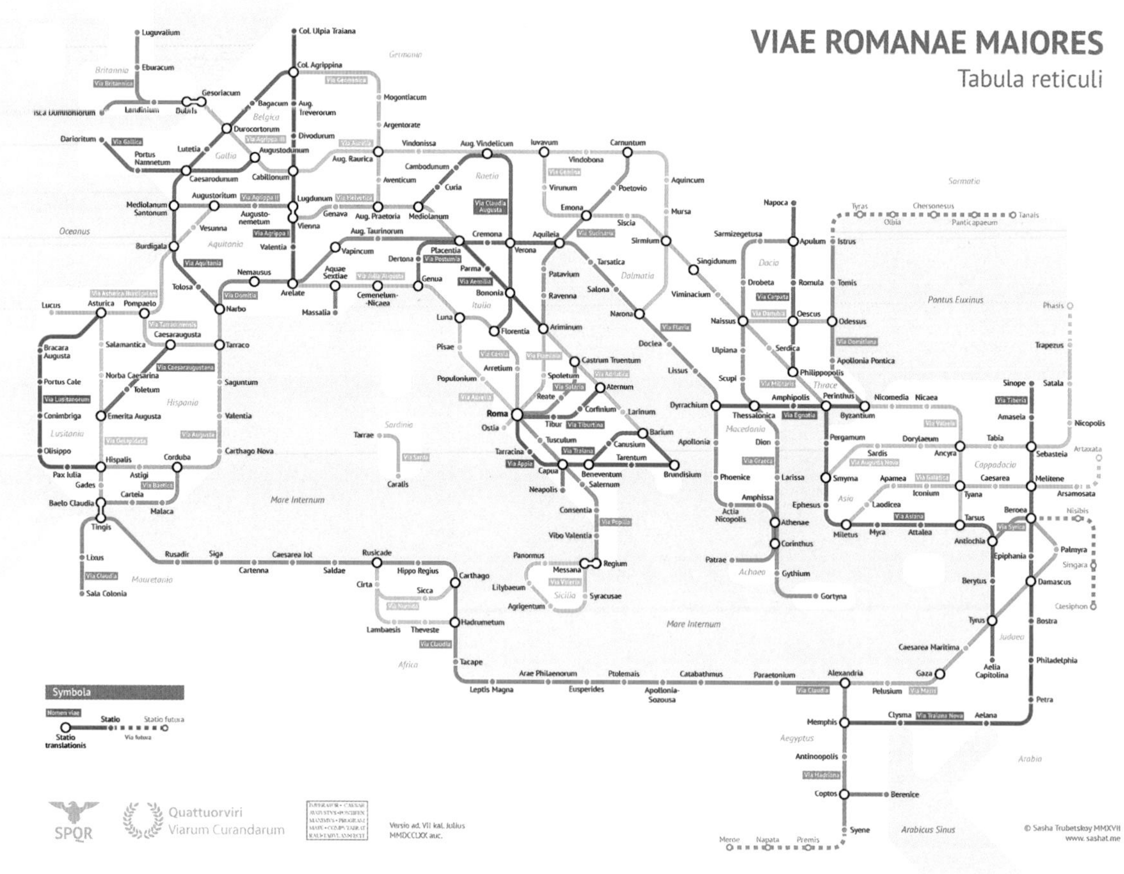

图 16
萨沙·特鲁别兹科伊，《罗马大道》（*Viae Romanae Maiores*），2017 年，©Sasha Trubetskoy，https://sashat.me/

另有学者认为原版的完成时间更接近公元 300 年，后人在此基础上进行了增改。目前我们只需知道这幅地图主要描绘了古代晚期的罗马世界。具体而言，它绘制了联系整个罗马帝国的道路网络，且显然以首都罗马为中心。

这幅地图长逾六米，高约零点三米，将整个欧洲地区和部分亚洲地区压缩进条状画幅，图中以绿色表示水道，以红色表示道路。由于其水平方向的形制，人们通常视其为带状地图，或是一幅路线图，因为它主要展示道路，且包含了许多可能对旅行者有用的信息，比如建议停靠的驿站及其之间的距离（虽然地图中没有明确测量单位）。不过，与大多数此类地图一样，相比方向和空间分布这类可量化信息，这幅地图更加重视不同地点之间的顺序和排列。就此而言，它与现代地铁图更加相似［见图 16，由制图家萨沙·特鲁别兹科伊（Sasha Trubetskoy）所绘制的这幅精美的现代地图就是用这种方式描绘了罗马通向欧洲各地的道路]。

《波伊廷格地图》或者说其原版的绘制目的和具体绘制时代一样受到争议。它到底是服务于实践活动，还是用于象征目的——是被用作航行工具，还是对罗马帝国势力范围的抽象展示，学界对此争论不休。前去罗马的旅行者不会像现代旅行者一样使用地图，所以第二种解释似乎更为可信。但毋庸置疑，这幅地图刻意将罗马城置于显要地位，使其看起来就像道路网那搏动的心脏（图 17）。

这幅地图没有刻意展现罗马的城市风光。相反，罗马城被抽象化为一个登上王位、头戴王冠、手握象征权柄的宝球的人。这个拟人像还拥有

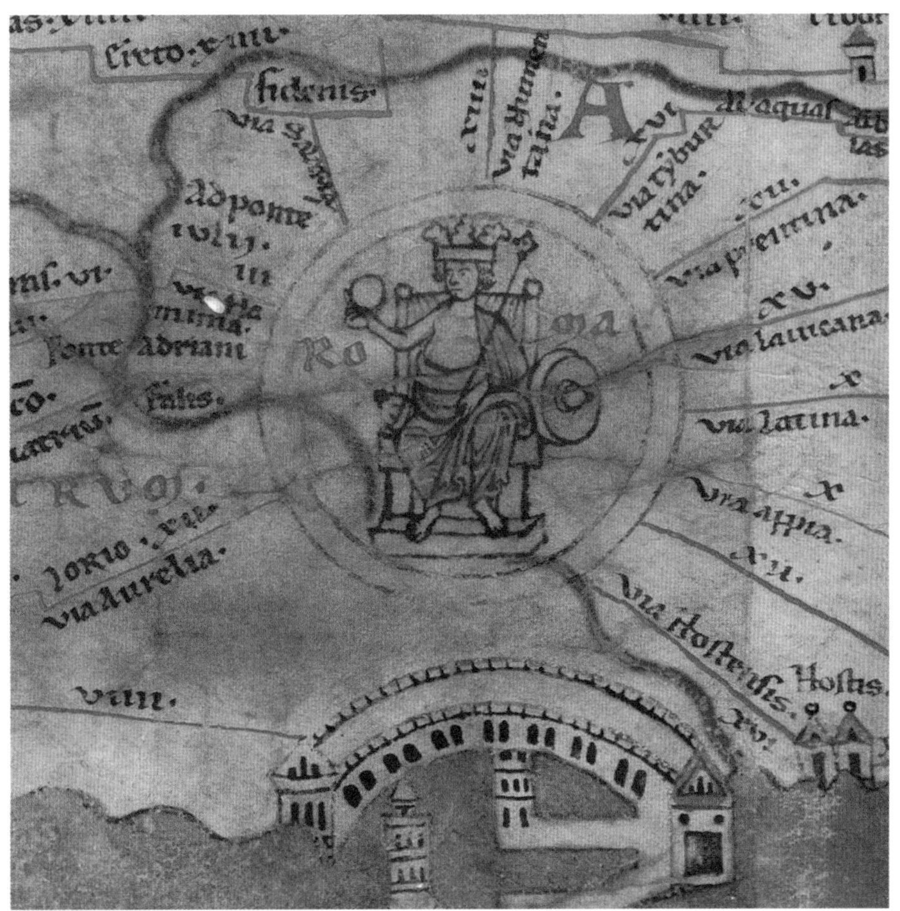

图 17
《波伊廷格地图》细节，展示罗马

权杖和盾牌，其外形特征在某些方面和中世纪的国王十分相似（这也提示了这份复制品的绘制时代）。此外它还与罗马女神的塑像有些相似，这位神祇居于卡皮托林山上，象征着这座城市及其势力。这个人像周围的图案同样富含寓意，各种元素象征着罗马的地形地貌。其下靠近海岸的弓形建筑代表着古罗马的奥斯蒂亚（Ostia）港口。与此同时，人像被一个黄色的圆圈环绕，台伯河跨越其上，这或许就是奥勒利安城墙。许多被标记的道路从此向外辐射，向已知世界的尽头延展而去。当然，这些道路也逐渐汇聚，最终集合的重心就是罗马城。

不完整的拼图

有一个让考古学家和学者们困惑了五百多年、《波伊廷格地图》也没法回答的问题：在罗马帝国的鼎盛时期，这座城市究竟是什么样的？最早的图形重建尝试可以追溯至文艺复兴时期，彼时距离罗马的辉煌岁月

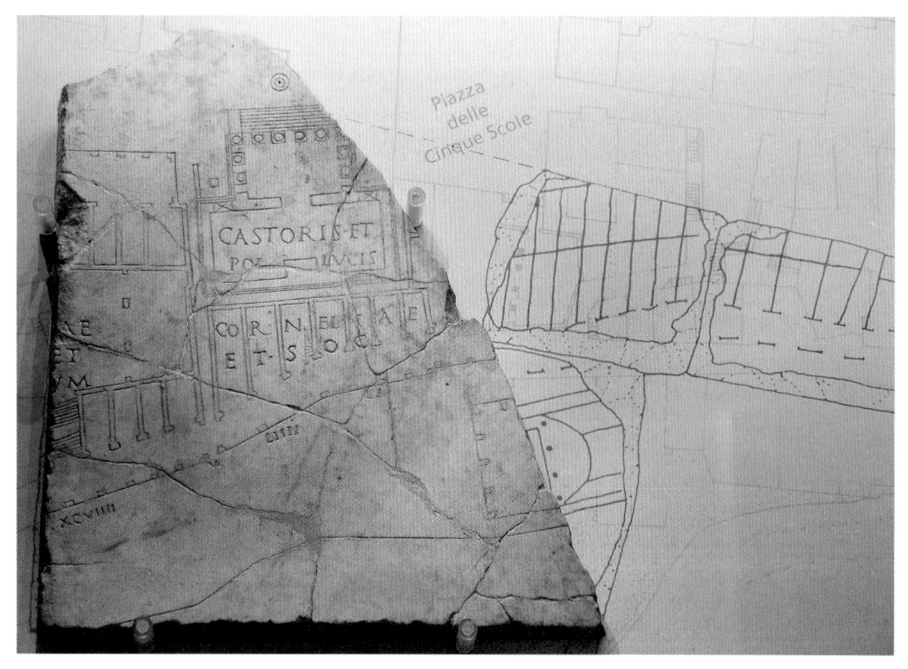

图18
《古罗马城图志》残片，203–11。照片：卡罗尔·拉达多（Carole Raddato）/维基共享资源，CC BY SA 2.0: https://creativecommons.org/licenses/by-sa/2.0/legalcode

图19

《古罗马城图志》原本所在位置，出自罗伯特·梅内吉尼（Roberto Meneghini），《帝国议事广场和图拉真广场：以最近研究和发掘为依据的遗迹历史和描述》（*I Fori imperiali e i Mercati di Traiano: Storia e descrizione dei monumenti alla luce degli studi e degli scavi recenti*），罗马：国家图书馆，2009 年

已过去了千年之久。这座古城的大部分区域已在漫长的时光中被掩埋、毁损、遗忘，逐渐淡出人们的视线。不过，一项宝贵的证据提供了关于古代罗马城形态和特征的线索。《塞维鲁大理石规划图》（*Severan Marble Plan*）——又被称作《古罗马城图志》，这是目前已知最早的罗马地图，也是罗马帝国时代遗留下来的唯一一幅地图（图 18）。

令人痛心不已的是，尽管这幅地图的内容极为详尽，但它已过于破碎。这幅规划图原本制作于塞普蒂米乌斯·塞维鲁（Septimius Severus）统治期间，用于装饰韦斯巴芗广场（Forum of Vespasian）上的和平神庙（Temple of Peace）的墙面（图 19）。这幅地图规模巨大，被刻画在一百五十块大理石板上，这些石板被排成十一行，总宽十三米，长达十八米。和《波伊廷格地图》一样，学界也对这幅地图的作用抱有争议。有学者认为这幅地图被

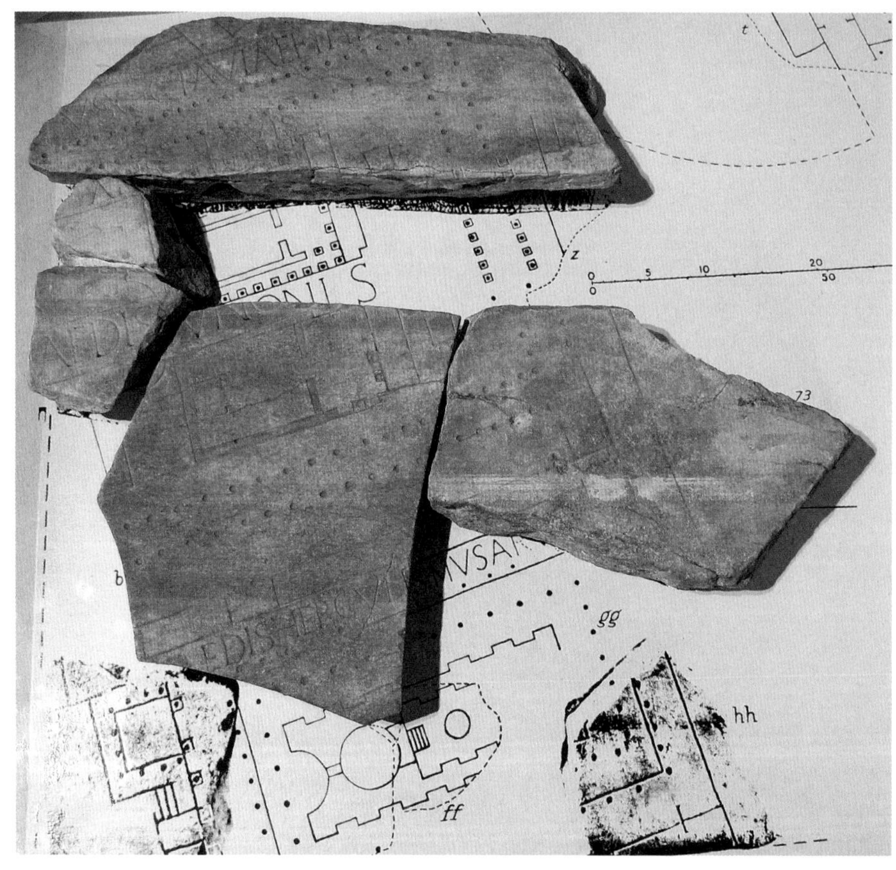

图 20
《古罗马城图志》残片。照片：塞尔科 / 维基共享资源，CC BY-SA 3.0: https://creativecommons.org/license/by-sa/3.0/legalcode

用于辅助行政管理，主要是协助进行大型收税调查，也有学者坚持认为它仅仅用于展示。无论出于何种用途，《古罗马城图志》都以平面图的形式详尽地展现了罗马全貌，包含了城市的所有建筑、街道，以及关键地形特点。这幅地图以 1 ∶ 240 的比例绘制：这是罗马人的勘测技能的杰出展示。这幅地图若是能完好无损地保存下来，势必会帮助解决无数谜团和争论，让人们对两千年前罗马及其组成部分的情况更为了解。

可惜这幅地图太不完整（图 20）。中世纪时期，这幅地图要么被遗弃，要么被人当作建筑材料洗劫。其中大多数石板都已破碎，并分散在城市各个角落，成为新城墙和地基的一部分。迄今为止，它的原始表面只有 10% 至 15% 的部分得到了恢复。其中第一批碎片于 16 世纪晚期被发掘，这一部分在全图中占比不大，却包含了一千二百块大理石碎片，学者们历经千辛万苦才将其整理清楚。尽管经常有其他碎片突然出现，但要切实推进罗马城重构工作的进行，还缺乏足够信息。这幅地图部分碎片被勉强拼在一起后展示出了部分单个建筑及附近的情况，但就整体而言，它仍是一个令人好奇的谜团，是制图史上一幅再难以复原的拼图。《古罗马城图志》不仅是信息的载体，更是一个充满遗憾的奥秘，同时象征着这座城市的辉煌历史已无法挽回。

认识支离破碎的过去

这幅大理石地图与我们之间存在不可逾越的历史距离。后人以可视化方式修复这幅破损的地图，展示它所描绘的这个城市的尝试清晰地表明了这一点。17 世纪的伟大版画家乔万尼 · 巴蒂斯塔 · 皮拉内西（Giovanni Battista Piranesi）被这幅大理石图深深吸引，并将其碎片内容融入了他的不少作品中。七十五年后，先锋考古学家路易吉 · 卡尼纳同样被这幅破损的地图所吸引，他一边通过考古挖掘发现新的实物证据，一边竭力将其碎片整合起来。皮拉内西和卡尼纳都接受过建筑师的训练，所以他们会对这幅精确展现了古代建筑环境的古地图感兴趣也不足为奇。

不过，他们回应这一灵感的方式倒是截然不同。

1756 年，皮拉内西创作了一幅古代罗马地图（图 21）。地图中的主体为一块依据当时罗马范围切割的仿大理石板。其中的城墙轮廓直接借鉴了詹巴蒂斯塔·诺利于 1748 年所作的地图（参见第七章），而城市内部情况则几乎和我们在第一章里见到的布罗基所作的《罗马早期地基土壤图》一样匮乏。围绕着地图主体的是皮拉内西精选的一些《古罗马城图志》大理石残片。残片上面是一些他认为可以识别的古罗马遗迹，尤其是皮拉内西知晓的且在他那个时代还能看到的那些。但皮拉内西并没有对这些遗迹加以重构（我们将在第五章看到，这一行为并不寻常）。相反，

图 21
乔万尼·巴蒂斯塔·皮拉内西，《绘制有古代遗迹情况的罗马地图……》（*Pianta di Roma disegnata colla situazione di tutti i Monumenti antichi . . .*），蚀刻版画，罗马，1756 年。大都会艺术博物馆，乔治安娜·W. 萨金特（Georgiana W. Sargent）赠送，纪念约翰·奥斯本·萨金特（John Osborne Sargent），1924 年

他抹去了所有后世的建筑，仅展示那些存留下来的少量古代遗迹。作为这座城市的考古图，这幅地图被大片留白，仿佛是在等待后人为其添加内容。换言之，尽管《古罗马城图志》残片为这座古代城市的形制提供了线索，却没能填补皮拉内西知识上的空缺。在后者的地图上，《古罗马城图志》残片退化成了一种艺术装饰。

近一个世纪后，卡尼纳以一种不那么浪漫的方式对罗马城及《古罗马城图志》大理石残片进行了再次处理。他的《古代罗马地形规划图》（*Pianta topografica di Roma antica*，图 22）更加科学严谨，而不仅是一幅创造性图画。和皮拉内西一样，卡尼纳也在地图边缘放置了部分《古罗

图 22
路易吉·卡尼纳，《古代罗马地形规划图》，罗马，1850 年。大卫·拉姆齐地图收藏，www.davidrumsey.com

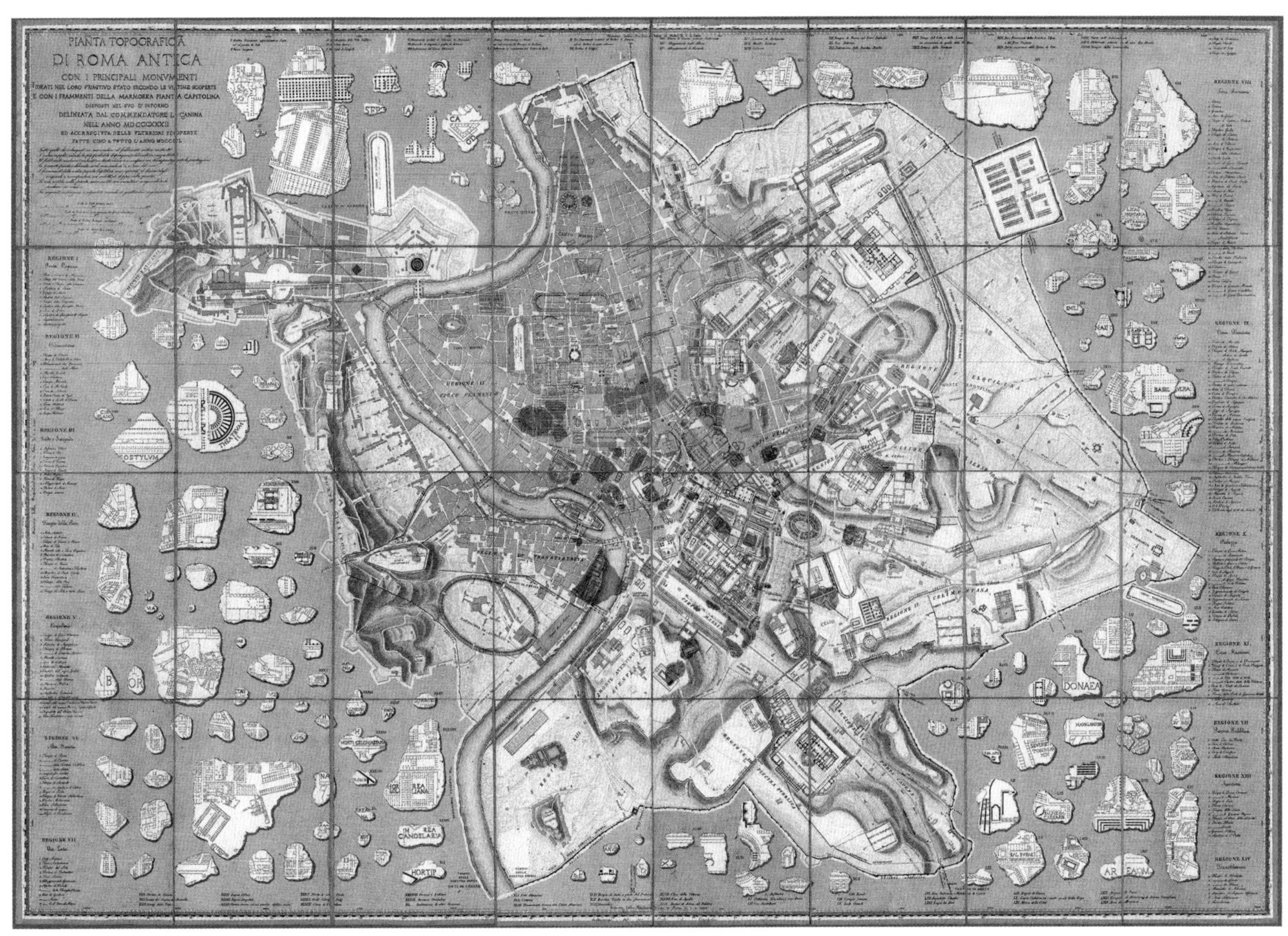

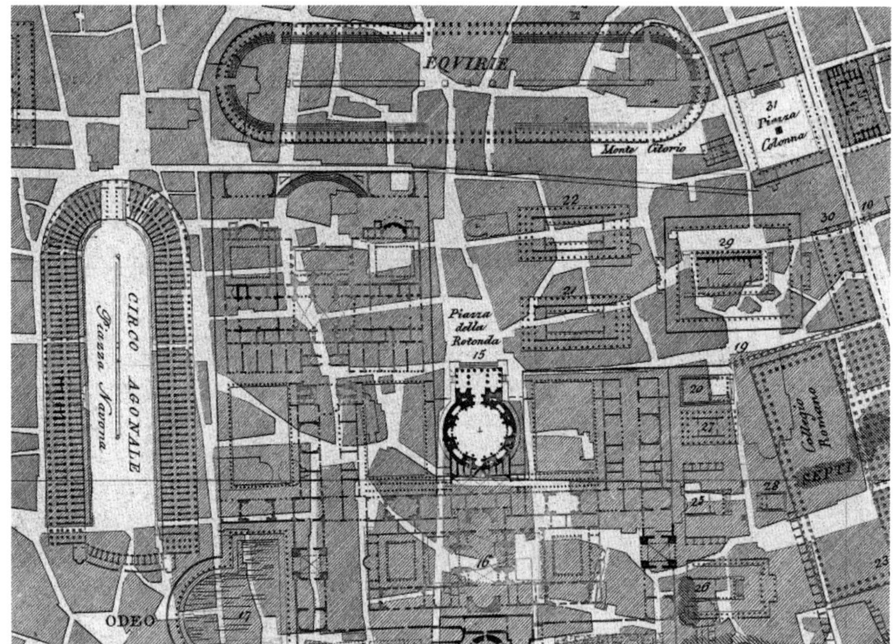

图23
卡尼纳，《古代罗马地形规划图》，万神殿（中心）和纳沃纳广场（左边）附近区域细节

马城图志》的残片，但他没有刻意追求某种夸张的效果，而对这些碎片进行了整齐排布，使其看起来更加清晰。如此一来，皮拉内西对那些大理石残片看似随意的巧妙排布、令人信服而带有冲击性的展示、明暗光线的强烈对比、使人眼花缭乱的绘图方式和蚀刻技艺，也都不复存在。

卡尼纳对遗迹进行了大胆重构，其工作基于考古学证据以及对遗迹原始形制的合理设想。在地图中，他以紧密的淡灰色平行线条勾勒出罗马当时的城市肌理。在此基础上，卡尼纳叠加了古代遗迹，仍然存在的部分建筑（或其残骸）以粗重的黑色线条绘制，而较细的线条则表示他推断的重构部分（图23）。这种绘制方式使得观者能够一眼看清这座他们所熟知的城市和过去之间有何空间联系，并准确分辨确实信息和假设猜想。卡尼纳还在自己的城市规划图上标示出了他从《古罗马城图志》中获取到的信息，并用阴影表示了那些他认为与《古罗马城图志》残片有关系的区域。整体而言，尽管卡尼纳的这幅地图不像皮拉内西的地图那样具有视觉冲击力并富有情感，但它信息丰富、独具匠心，以理性的方式对这座城市的过去和现状予以了清晰描摹。

填补空白

从1893年到1901年，罗马最具盛名的考古学家之一鲁道夫·阿梅迪奥·兰恰尼（Rodolfo Amedeo Lanciani）陆续完成了他的巨著：一幅重构罗马城的细致平面图（图24）。他将其命名为《罗马城图志》（*Forma Urbis Romae*），直截了当地指向那幅同名的前人之作，且同样对罗马城全部建筑肌理进行了水平空间的展示。从某种意义上来说，兰恰尼的地图是为了弥补那些残破碎片无法修复的遗憾：他试图为这座古代城市重新绘制一幅尽可能完整的图画。这幅地图由四十六个板块组成，以1∶1000

图24
鲁道夫·兰恰尼，《罗马城图志》，由四十六幅画面拼合而成，罗马，1893—1901年。大卫·拉姆齐地图收藏，www.davidrumsey.com

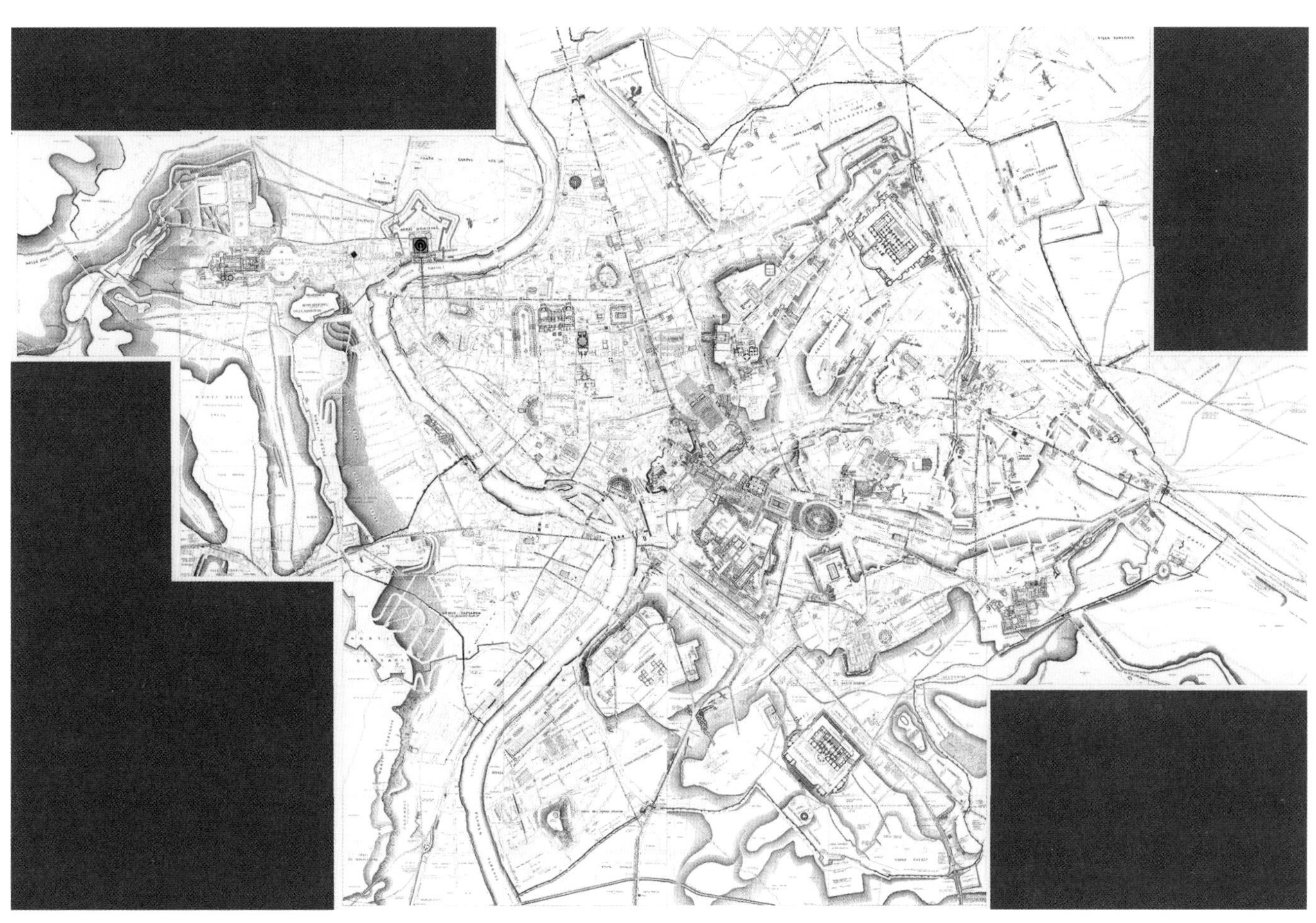

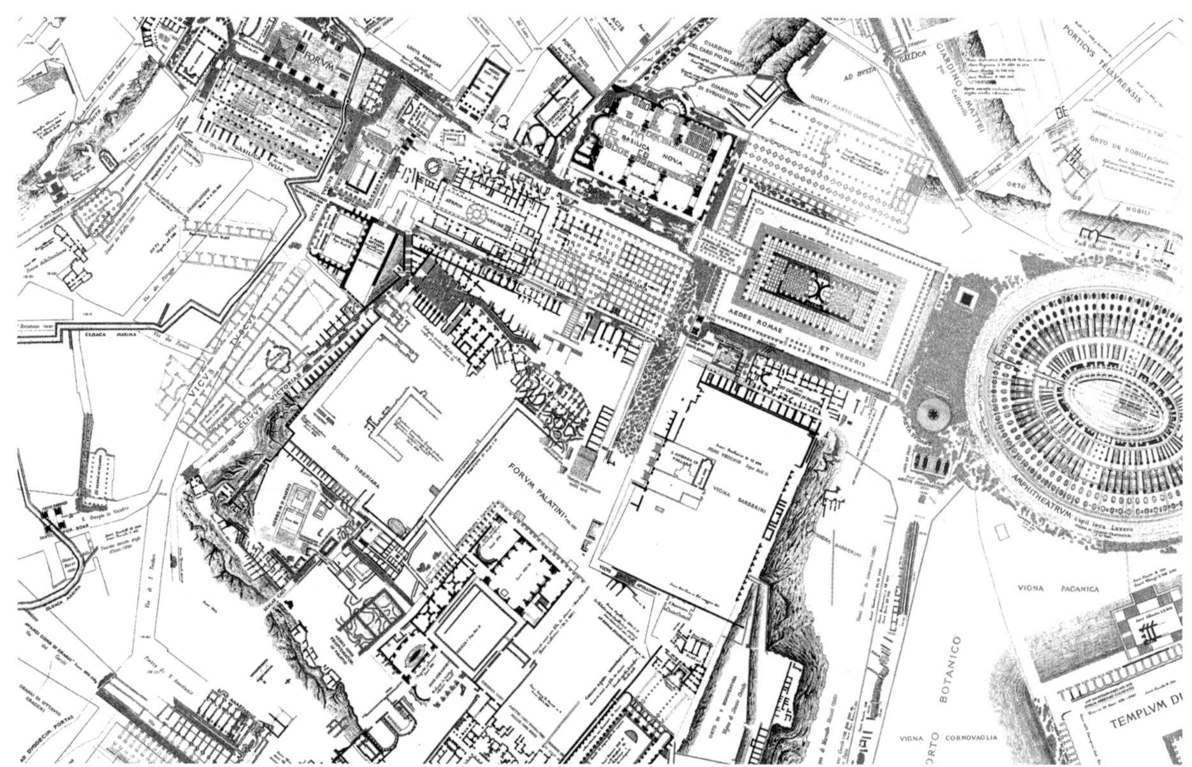

图25
兰恰尼，《罗马城图志》细节图：第29幅，展示了罗马斗兽场（右边）、罗马帝国议事广场（上方）和帕拉丁山（下方）

的比例详尽再现了罗马的各个部分（图 25）。把所有板块拼合之后，整幅图宽约五米，长约七米，涵盖了兰恰尼所掌握的所有考古信息。这幅图规模宏大、内容翔实，其中包含了《古罗马城图志》中可识别的残片以及最新的出土文物报告。各种文献资料和实物证据被整合在一个全面的历史地形图中。

但兰恰尼没有止步于对古代城市的描绘，他的目标是展现罗马几个世纪以来的发展全景，从古代到中世纪，再从文艺复兴到兰恰尼自己生活的时代——这是一段特殊的时期，罗马刚成为意大利的首都不久，正处于激烈的转型期。首都罗马的确立是兰恰尼的重要动力来源。他在 19 世纪 70 年代就开始紧锣密鼓地筹备这项浩大工程，并明确表示希望这幅全面展现罗马城市肌理的图画能够为当时已经实施了的以及将来会实施的那些工程计划提供明智可靠的处理方案。在第九章和第十章中，我们将看到这些工程计划的确实施了，只不过其处理方式并不像兰恰尼所设想的那样具有历史敏感度且思虑周全。

兰恰尼从卡尼纳的地图中汲取灵感，学习了后者叠加年代的方式和绘制法则，但他也对这些技巧进行了改进。卡尼纳只简单地将罗马分为了古代和现代。相比之下，兰恰尼设计了一套更巧妙、更直观的上色体系，从而区分不同时代的建筑物和基础设施。他用深红色表示罗马共和国时代的遗迹，用黑色表示罗马帝国时代至公元 1000 年左右的建筑，用浅红色表示 1871 年前的情况，另用浅蓝色表示从那时开始在规划或实施中的所有项目。通过叠加历史层级，兰恰尼得以将一段时间跨度相当长的历史浓缩在一幅二维图像之中。罗马复杂的时间跨度向来是令制图者头疼的一个问题，兰恰尼为此提供了一个巧妙而简单的解决方案：罗马城不仅在水平空间中扩张，同时在时间的纵轴上发展。

兰恰尼的《罗马城图志》算不上完美。近来学者们发现了其中所包含的不准确之处和错误见解，不过这主要归咎于那个时代不可避免的知识局限，而不是兰恰尼的框架本身存在缺陷。长久以来，兰恰尼的地图仍是研究罗马的考古构成的最先进技术的基础与灵感来源。事实上，来自斯坦福大学、俄勒冈大学和达特茅斯学院的一批专家学者正在合作一个宏大的项目，这个项目试图“在尽量保持原作图像完整性和象征性的前提下，制作一幅分层矢量地图”，从而修复并数字化再现兰恰尼的《罗马城图志》（http://www.mappingrome.com/NFUR/）。这个项目证实了兰恰尼的成就至今影响深远，其恒久的魅力与罗马城本身并无不同——尽管我们现今正用兰恰尼从未设想过的技术在对其作品进行着更新。

一座现代城市

罗马有一座默默无闻的博物馆——罗马文明博物馆（Museo della Civiltà Romana），位于城市南部的 EUR 区。这几个首字母所代表的全称为罗马世界博览会（Esposizione Universale di Roma）—— 1942 年世界博览会原计划在此地举办，却因为第二次世界大战未能实现，如今

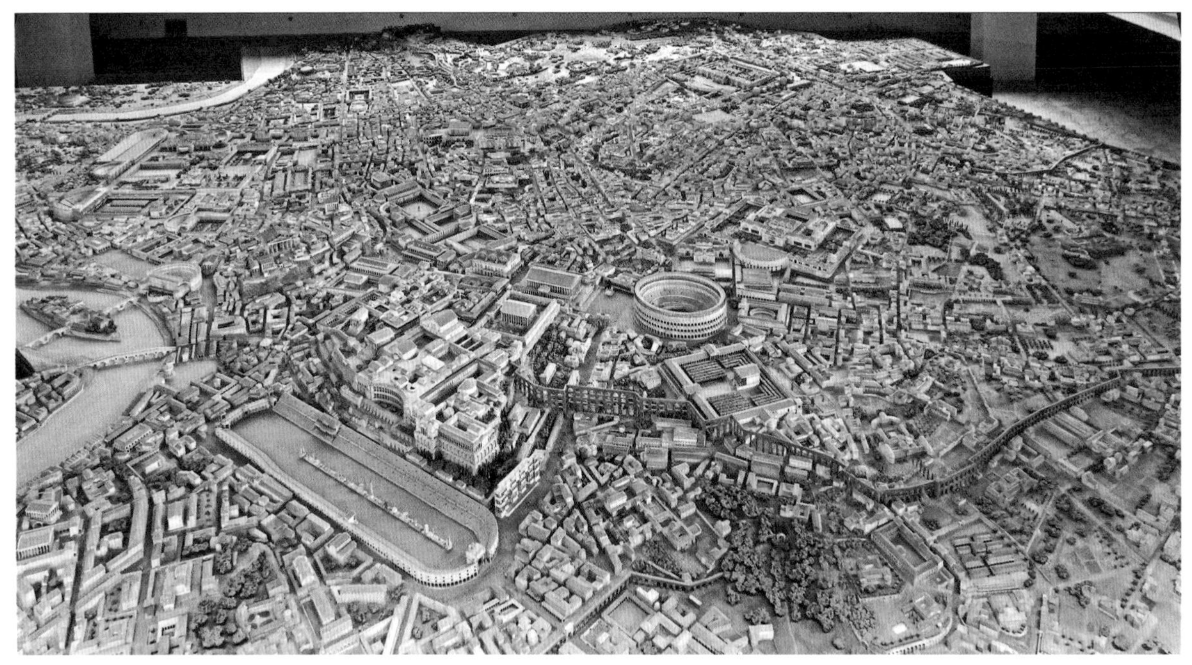

图 26
意塔罗·吉斯蒙迪与皮耶利诺·迪·卡洛，公元 4 世纪早期的罗马城模型，1933—1973 年。照片：让－皮埃尔·达尔贝拉 / 维基共享资源，CC BY 2.0: https://creativecommons.org/licenses/by/2.0/legalcode

这里成为一片办公园区。截至本书写作时，这座博物馆已经闭馆了好几年。或许是因为削减预算，或许是有维修计划，不同的人会告诉你不同的闭馆原因，时不时有传言说这里可能重新开放。毫无疑问，这座博物馆最大的吸引力在于它拥有有史以来最令人叹为观止的罗马模型：一座君士坦丁时期罗马城的巨大三维模型，通称“塑料模型”（Plastico，图 26）。

这座生动再现了罗马城的模型由建筑师意塔罗·吉斯蒙迪（Italo Gismondi）从 1932 年开始设计，并由建模师皮耶利诺·迪·卡洛（Pierino Di Carlo）制作完成。制作计划源自另一场法西斯展览，即奥古斯都罗马文化展（Mostra Augustea della Romanità）——这是墨索里尼和他的文化部官员们为了纪念奥古斯都诞辰两千年，而在 1937 年至 1938 年间所举办的展览。“塑料模型”以《古罗马城图志》为蓝本，以 1∶250 的比例重塑了古罗马城。吉斯蒙迪同样参考了兰恰尼的《罗马城图志》，并在此基础上融入了后续的考古成果，还进行了大量额外的科学考察，从而将罗马的城市建筑从平面图变成生动立体的仿真模型（图 27）。吉斯蒙迪还自由创作了许多通用的“填充性”结构，以更生动地展现罗马人口稠密的城市景观。“塑料模型”的制作没有随着奥古斯都展览的结束抑或法西斯政权的垮台而完结。吉斯蒙迪和迪·卡洛这对搭档在之后的几十年间不断对这件共同完成的心血之作加以改进、更新和修补，一直持续至20世纪70年代。

“塑料模型”展现了罗马城巅峰时期的迷人景象。从帕拉丁山上的奢华帝国宫殿到卡皮托林山上的神殿，再到诸如罗马斗兽场、万神殿和古罗马广场这类大型建筑，罗马的遗迹完好无损、光辉灿灿。为了方便识别，它们的比例还被进行了放大。城市的水道在真实地运作，没有一个角落被遗漏。整座模型在视觉上激动人心，或许带有一点夸张，却又完全令人信服。与此同时，考虑到其创作的时代背景和条件，人们能明显感受到这件“塑料模型”并不仅仅只是考古学意义上的城市重构。它意在让法西斯时代的罗马观众发出一些吹捧性的比较，将墨索里尼视为新时代的奥古斯都，将元首治下的罗马视为又一个黄金时代。

图27
“塑料模型”，卡皮托林山细节图。照片：让-皮埃尔·达尔贝拉/维基共享资源，CC BY 2.0: https://creativecommons.org/licenses/by/2.0/legalcode

图 28
伯纳德·弗里舍，“罗马·再生”内容截图，从俯瞰角度展现了古罗马广场的西侧和城市风光，https://www.romereborn.org。©Flyover Zone Productions

无论这座模型背后的意识形态动机何在，相比兰恰尼的《罗马城图志》，它在数字化时代焕发出了更耀眼的生机，为计算机建模奠定了基础。罗马文明博物馆计划通过主要建筑的信息元数据建立该模型的数字化版本。“塑料模型”也成为伯纳德·弗里舍（Bernard Frischer）的“罗马·再生”（Rome Reborn）计划的重要参考（图 28）。这个国际性提案的“目的在于建立一个 3D 模型，展现古代罗马从青铜时代晚期（约公元前 1000 年）出现首个定居点到中世纪早期（约公元 550 年）城市人口减少这段时期的城市发展进程”。

在“罗马·再生”最新的 3.0 版本中，弗里舍开始脱离吉斯蒙迪的模板及其模拟方面的局限性，创造出一个更具沉浸式体验感的模型。只需一个虚拟现实（VR）头盔，人们就能进入对这座古代城市令人叹为观止的模拟场景之中。既可以从上方以低空飞行的角度纵览全景，也可以从街景角度进行探索，这是吉斯蒙迪的模型无论如何都无法做到的。尽管如此，最先进的数字化技术也无法掩盖吉斯蒙迪那座耗费心力的手工模型的光芒，它至今依然散发着迷人的魅力。当罗马文明博物馆向公众开放时，参观者就可以在参观台上细细品味这座君士坦丁时期古城的每一个细节之处。它仿佛时空机器一般带人回到过去。所以不妨去看看吧（不过记得提前咨询，确保没有闭馆）。

延伸阅读

Albu, Emily. “Imperial Geography and the Medieval Peutinger Map.” *Imago Mundi* 57 (2005): 136–48.

Meneghini, Roberto, and Riccardo Santangeli Valenzani, eds. *Forma Urbis Romae: Nuovi frammenti di piante marmoree dallo scavo dei Fori Imperiali*. Rome: “L’Erma” di Bretschneider, 2006.

Pavia, Carlo. *Roma antica, com’era: Storia e tecnica costruttiva del grande plastico dell’Urbe nel Museo della Civiltà Romana*. Rome: Gangemi, 2006.

Reynolds, David West. “Forma Urbis Romae: The Severan Marble Plan and the Urban Form of Ancient Rome.” PhD dissertation, University of Michigan, 1996.

Rodríguez-Almeida, Emilio. *Forma urbis marmorea: Aggiornamento generale 1980*. Rome: École française de Rome, 1981.

Talbert, Richard J. A. "Rome's Marble Plan and Peutinger's Map: Continuity in Cartographic Design." In *"Eine ganz normale Inschrift" . . . und ahnliches zum Geburtstag von Ekkehard Weber: Festschrift zum 30. April 2005*, 627–34. Vienna: Österreichische Gesellschaft für Archäologie, 2005.

Talbert, Richard J. A. *Rome's World: The Peutinger Map Reconsidered*. Cambridge: Cambridge University Press, 2010.

Talbert, Richard J. A., and Richard W. Unger, eds. *Cartography in Antiquity and the Middle Ages: Fresh Perspectives, New Methods*. Leiden: Brill, 2008.

Tschudi, Victor Plahte. "Plaster Empires: Italo Gismondi's Model of Rome." *Journal of the Society of Architectural Historians* 71 (2012): 386–403.

我感激上帝，他的权能遍布世界，让此地充满人类的杰作，美轮美奂，无法言喻。即便罗马如今已是废墟，任何其他完好之物也无法与之相提并论。

——作家格里高利（Magister Gregorius），《罗马奇观》（*Marvels of Rome*），12 世纪

第三章

教皇之城

当罗马帝国的发展陷入停滞状态时，基督教的秩序正逐渐形成，并将为这座城市注入新的活力。这段时期的地图很少流传下来，但幸存的少数几张却见证了这段时期认知和艺术的飞速发展，"黑暗时代"这个老旧称谓实在名不副实。在罗马，中世纪指的是公元 5 世纪至 15 世纪。在这段漫长的时期，制图工艺和其他广义上的文化活动一样，都在远离城市的修道院里繁荣发展。这段时期流传下来的地图相对较少，其中大多数都由神职人员所绘，并融入了基督教徒对世界历史以及罗马在其中的地位的观点。这些地图大多在与世隔绝的地方被完成，倾向远距离地观察城市，并将其置于寓言式的、形而上学的，或是诗性的叙事框架之中。

罗马的基督教历史几乎和基督教本身的历史一样悠久。使徒彼得和保罗只不过是几十位在这座城市邂逅了自身命运的殉道者其中之二。这

个地方后来成为神圣之地，越来越多的信徒前来参拜与这些圣人的生死紧密相连的场所。罗马皇帝们花了很长时间才意识到，比起地中海周边产生的其他宗教，这才是真正威胁并挑战现状的。

在进行了几个世纪断断续续、时而严厉的镇压后，君士坦丁一世最终屈服于这股汹涌的浪潮，在公元 313 年对基督教予以合法化，并在不久后成为其立场最为坚定的皈依者。公元 391 年，狄奥多西一世将基督教立为官方国教。再加上公元 330 年君士坦丁一世迁都君士坦丁堡，所有这些事件都为罗马主教（后称作教皇）在日后成为该城和整个西方世界的一支核心势力铺平了道路。

如今的罗马遍布教堂。但事实上，无论是罗马还是其他地方的教堂建筑，在基督教兴起之初的三百多年里都不曾存在。这仅仅是因为该宗教在当时还不合法，因此信徒们并不热衷于宣传他们的宗教。礼拜活动往往在富裕皈依者的私宅里秘密进行。而在公元 4 世纪时，这一切突然发生了翻天覆地的变化。带来这一改变的关键人物依旧是君士坦丁一世，这座城市最神圣宏伟的建筑就是由他赞助的。而讽刺的是，这些建筑活动都发生

图 29
圣彼得大教堂，罗马。照片：沃尔夫冈·斯塔克（Wolfgang Stuck）/ 维基共享资源

在君士坦丁一世舍弃罗马，迁都君士坦丁堡之时——这也将罗马帝国分割为东、西两部分。

尽管如此，君士坦丁一世为罗马逐渐成长为一座圣城奠定了基调。公元4世纪20年代，圣彼得的墓冢被供奉于梵蒂冈山丘上以其名字命名的大教堂中。此地位于罗马城城墙之外，与繁荣的街区隔河相望，算不上是非常中心的地带。但这里是尼禄在公元1世纪时建造竞技场的地方。公元64年，彼得和他的基督教信众在这里被钉上了十字架，这是罗马刑场上一种恐怖却并不鲜见的刑罚。

图30
带有圣彼得和圣保罗形象的碗底，4世纪。大都会艺术博物馆，罗杰斯基金，1916年

彼得逝世后不久，信众收回了他的遗体，并将其就近埋葬。那里很快成为早期基督教追颂之地。两百五十多年后，君士坦丁一世以此地为中心，为这位使徒修建了一座大型纪念教堂。最后，祭坛被直接置于彼得的墓冢之上。文艺复兴时期，一座更宏伟的建筑取代了这座公元4世纪的教堂，但墓冢（和祭坛）仍然是其核心部分（图29）。作为"新"圣彼得大教堂和罗马天际线中最显著的标志，米开朗基罗设计的穹顶直接笼罩在使徒墓冢的上方，远远吸引着人们的注意。近两千年来，彼得的骸骨始终吸引着各地的朝圣者，使这里成为罗马的基督教圣地。

相形之下，如今圣保罗的墓地就不那么有名，参观者也较少，不过在中世纪时这里和彼得墓冢一样受人关注。这两位使徒曾是罗马城的主保圣人，被视为罗慕路斯和雷穆斯两兄弟的继承人，是这座基督教圣城的建造者：这一特殊地位至今仍被认可，每年6月29日是他们共同的庆祝日（图30）。和彼得一样，保罗也因传教活动而在城郊殉道——不过作为一名罗马公民，他被授予特权，以斩首的方式免受折磨。其墓冢位于城市南边奥勒利安城墙之外的奥斯蒂安大道（Ostian Road）。在君士坦丁时期及其之后的短暂时代，他受到了和彼得同等的待遇。首个标示此地的建筑是一座比较朴素的教堂，几十年后，一座宏伟的教堂拔地而起，屹立近一千五百年之久，直到 1823 年时被一场大火焚烧殆尽。（如今位于此地的建筑基本是 19 世纪时修复的结果，包括少许原结构中的残余部分。）

君士坦丁一世还出资建造了拉特兰圣约翰大教堂（Basilica of St. John Lateran）——通常被认为是罗马的第一座基督教大教堂。这里原本供奉耶稣基督本人，后来转为供奉施洗者圣约翰（St. John the Baptist）和传福音者圣约翰（St. John the Evangelist）。尽管拉特兰圣约翰大教堂不像圣彼得大教堂和圣保罗大教堂一样建于圣人墓冢之上，但其特殊之处在于这里是罗马天主教教皇的正式教座。接下来的三百年间，人们陆续建造了许多其他著名教堂，例如 4 世纪的圣洛伦佐教堂（Basilica of San Lorenzo）和 5 世纪的圣母大殿。就这样，这座城市的神圣性地标逐步成形，吸引着越来越多的朝圣之人。

并非所有教堂都是全新的建筑。也有许多教堂改建自异教神殿，其中最著名的莫过于万神殿。这座神殿在 2 世纪时由哈德良皇帝下令修建，选址基于此前马库斯·阿格里帕（Marcus Agrippa）修建、后被烧毁了的一座神庙——这座令人心生敬意的穹顶建筑原本用于供奉所有异教诸神。公元 609 年，教皇卜尼法斯四世（Boniface Ⅳ）将其改造成一座教堂，并宣称这里从此归唯一真神上帝所有。

事实上，如今许多古代建筑之所以保存相对完好，都要归功于它们在中世纪时被赋予的新功能和新身份。第二个案例是 2 世纪的哈德良陵墓（Mausoleum of Hadrian，图 31），这是城市天际线的另外一个显著标志，是通向梵蒂冈的门户。这座筒状大型皇室建筑在公元 400 年后被转化为防御工事。公元 590 年，教皇格里高利一世（Gregory Ⅰ）在幻象中看到天使长加百列盘旋其上，收剑入鞘，这个预兆表明席卷罗马的瘟疫很快就要平息。自那以后，这个地方被基督教奉为奇迹之地。也正是由于这个传说，这座建筑才拥有了它现在的名称——圣天使城堡。

在接下来的几个世纪里，这座建筑几经易手，先后被一些实力强大而彼此争斗的罗马家族占有，并在 14 世纪初转变为教皇的一处重要驻地。自那以后，它先后被当作宫殿、监狱，近来又成为一座博物馆。这类案例不厌其烦地提醒着我们，罗马几乎就是再利用和再造的同义词。

图31
圣天使城堡（哈德良陵墓），罗马。照片：让－波尔·格朗蒙（Jean-Pol Grandmont）/维基共享资源，CC BY-SA 3.0: https://creativecommons.org/licenses/by-sa/3.0/legalcode

与此同时，罗马城在中世纪早期经历了衰败。公元6世纪尤其是个低谷，因为这座城市陷入了多方势力的夹击。一边是5世纪晚期从中欧南迁，入主意大利半岛，由日耳曼部落建立的东哥特王国，另一边是东罗马（拜占庭）帝国。后继的皇帝们追随君士坦丁一世的脚步，在君士坦丁堡统治着这些讲希腊语的基督徒。这两派势力先后在意大利的拉韦纳——这座位于罗马以北三百千米处的城市——建立了自己的都城。罗马因此被剥夺了政治中心的地位，但仍不失为一个具有象征意义的战利品，引得人们为之战斗。

6世纪30至40年代间，罗马遭遇了围攻与粗暴的洗劫，不断被两股势力争来夺去。及至6世纪50年代，战争终于结束之时，这座城市已是一片狼藉。水道早已被废弃，台伯河的岸堤变得破损不堪。城市人口降至不足五万，并缩聚于河边——为方便取水。罗马的其他地区，尤其是东部和南部都日渐荒芜，庞大却衰败的废墟是这座城市往日繁华的无声见证者。在近一千年的时间里，这里的环境都没有得到任何显著的改善。

尽管罗马的辉煌不复从前，教皇的势力却日渐庞大，成为该城实际上的统治者。无论在过去还是现在，天主教会都无疑是罗马的一个机构、一种非世袭的君主统治，从中世纪起掌握政治和宗教权力直至现代。教皇统治的合法性基于这样一种认识，即每一任教皇都可将其权威追溯至使徒彼得，甚至是基督本人，因为他曾说过："你是彼得，我要把我的教会建造在这磐石上……我要把天国的钥匙给你，凡你在地上所捆绑的，在天上也要捆绑；凡你在地上所释放的，在天上也要释放。"（《马太福音》16：18—19）在整个天主教会的历史上，教皇权威始终与这一信息挂钩：基督授予教皇永恒的权威，后者正是上帝和人类之间的沟通者。

早期的教皇形象模糊，但从君士坦丁时代开始，相关的历史记载开始清晰起来。6世纪的格里高利一世就是其中一位独具魅力的关键人物。两个世纪后的利奥三世（Leo Ⅲ）同样如此，他与法兰克王国国王查理大帝（Charlemagne）结下盟约。公元800年的圣诞节，查理大帝行至罗马，在圣彼得大教堂接受教皇加冕，成为"罗马人的皇帝"。这彰显了教皇和帝国的影响力。在教皇统治下，罗马作为朝圣地的吸引力也在不断增强。相比耶路撒冷，前往罗马的路途并没有那般充满艰辛，且这里的圣物和圣址还格外丰富。尽管罗马从古代晚期开始日渐衰微，但历史和宗教威望却不减当年。

图32
《罗马风光》（*View of Rome*），城市中心细节图。曼托瓦，公爵宫。照片：斯卡拉（Scala），佛罗伦萨：文化遗产和旅游部提供。©2022

9 至 12 世纪是一段动荡不安的岁月。教皇国间歇性与神圣罗马帝国皇帝们发生冲突，内部则伴有罗马贵族家族之间的争斗。这些家族和教皇之间的关系同样不可忽视，因为后者通常也是来自某血缘体系的成员。罗马城内时有领土纠纷发生，程度激烈，仿佛帮派斗争一般。中世纪的

图 33
民兵塔，罗马。照片：安菲波利斯（Amphipolis）/ 维基共享资源，CC BY SA 2.0: https://creativecommons.org/licenses/by-sa/2.0/legalcode

罗马氛围可谓充满敌意，城中私人塔楼林立，这些建筑既有实际的防御功能，也是在彰显自身势力（图 32）。统治者时常勒令缩减其规模，但不久后它们又会顽固地再次出现。几个世纪以来，这些中世纪的高耸建筑都是罗马最独特和最显著的特征。然而，尽管当年随处可见，如今却只有少数存留下来，其中最著名的莫过于民兵塔（Torre delle Milizie，图 33）和康蒂塔（Tor de'Conti）。

到中世纪晚期时，这座城市已经开始恢复元气，这尤其要归功于教会权威及其主动性的增强。13 世纪晚期，来自奥尔西尼（Orsini）家族的教皇尼古拉三世（Nicholas Ⅲ）集中修缮了毗邻圣彼得大教堂和拉特兰圣约翰大教堂的一些教会宫殿。几年后，在 1300 年左右，教皇卜尼法斯八世（Boniface Ⅷ）首次开创了大赦年（Jubilee），许诺赦免部分罪行，鼓励所有信众前来参观罗马及这里的圣址。这类圣年逐渐定为每二十五年举行一次，吸引了大量的朝圣者前来参拜。卜尼法斯八世还在 1303 年成立了罗马大学，并授名“智慧”（La Sapienza）。

不过，这种文化上的发展势头并没与持续太久。法国国王和教皇之间的权力斗争以法籍教皇的强制当选暂告一段落。克雷芒五世（Clement Ⅴ）于 1309 年将教廷迁至如今法国南部的阿维尼翁。直至 1377 年，教廷才迁回罗马。在此期间，罗马则落入一群相互敌对的势力之手。接下来的天主教会大分裂（Great Schism）是段混乱的时期，各方争夺教会权力，直至 1417 年才结束分裂局面。至此，罗马已经历了一个多世纪的动荡，处于低谷之中——不过距离其重生也不远了。

总体而言，在整个漫长的中世纪中，罗马都难得稳定。这座城市的身份逐渐多样化，基督教遗产既为其增光添彩，又难免掩盖此地古代历史和遗产的光辉。对上帝的虔诚与异教信仰，崇高与卑劣，发展与衰败，这种复杂性如何体现在地图上？对这个问题的回答，我们的能力实在有限。在中世纪，地图的制作服务于各种目的，既可能是象征，也可能具有实用意义。逸闻传说中不乏多种类型的制图法，包括对当地人口、税务和财产的调查图，以及航海图、世界地图，等等。但其中只有小部分得以存留，如今的我们无法再现中世纪制图技艺的丰富多彩。尽管如此，流传至今的罗马图景还是让我们得以管窥中世纪时期之人如何看待这样一座不断进化而又多元的不朽之城。

神圣建筑与世俗象征

罗马最著名的两种中世纪晚期形象成形于13世纪早中期，源自一群活跃在遥远北方地区的博学教士。他们或许从未亲眼见过这座城市，但他们所设想的景象揭示了当时的人们是如何看待罗马的。马修·帕里斯（Matthew Paris）是英格兰南部地区圣奥尔本斯修道院的一名本笃会教士。他那幅著名的“路线图”现存两个版本，展现了从伦敦到耶路撒冷的朝圣之路上的主要城镇，罗马是其中一个重要站点（图34）。这条路线由一条实线表示，它将纵列中的不同地点连接起来，我们需要从上往下、从左到右进行阅读。

和《波伊廷格地图》一样，这幅图也是带状地图。不同的是，它并非被排布在一整条画幅上，而是被分成一本画卷的不同页面。另外，较之可测量的数据，例如位置之间的距离、地点之间的方位关系或规模大小，城镇位置的次序问题更受关注。也就是说，马修·帕里斯的地图考虑了时间因素，其中连接任何两个相邻站点的线条都意味着一天的行程。每个地方都标有其名字，带有一幅小型的示意图：可能是一面墙、一座塔或是一栋建筑。城镇被绘制得有多精致就表示其有多重要，不过这些图示和地标都是通用的，制图的目标并不在于逼真展示城市。

毋庸置疑，罗马是马修·帕里斯的路线图上被绘制得较为精致的那一类（图35）。即便如此，罗马的城市景象也被高度简化，若不是上面的标识，我们肯定没法辨别出来。路线图中的罗马呈现为一个由城墙围住的四边形城市，一条河流蜿蜒穿过其中。左右城门分别向南通向“普利亚”（Puglia，图中为Poille），向北通往“伦巴第”（Lombardy，图中为Lumbarde）。此外只有四个建筑被绘制了出来：圣保罗大教堂；主往

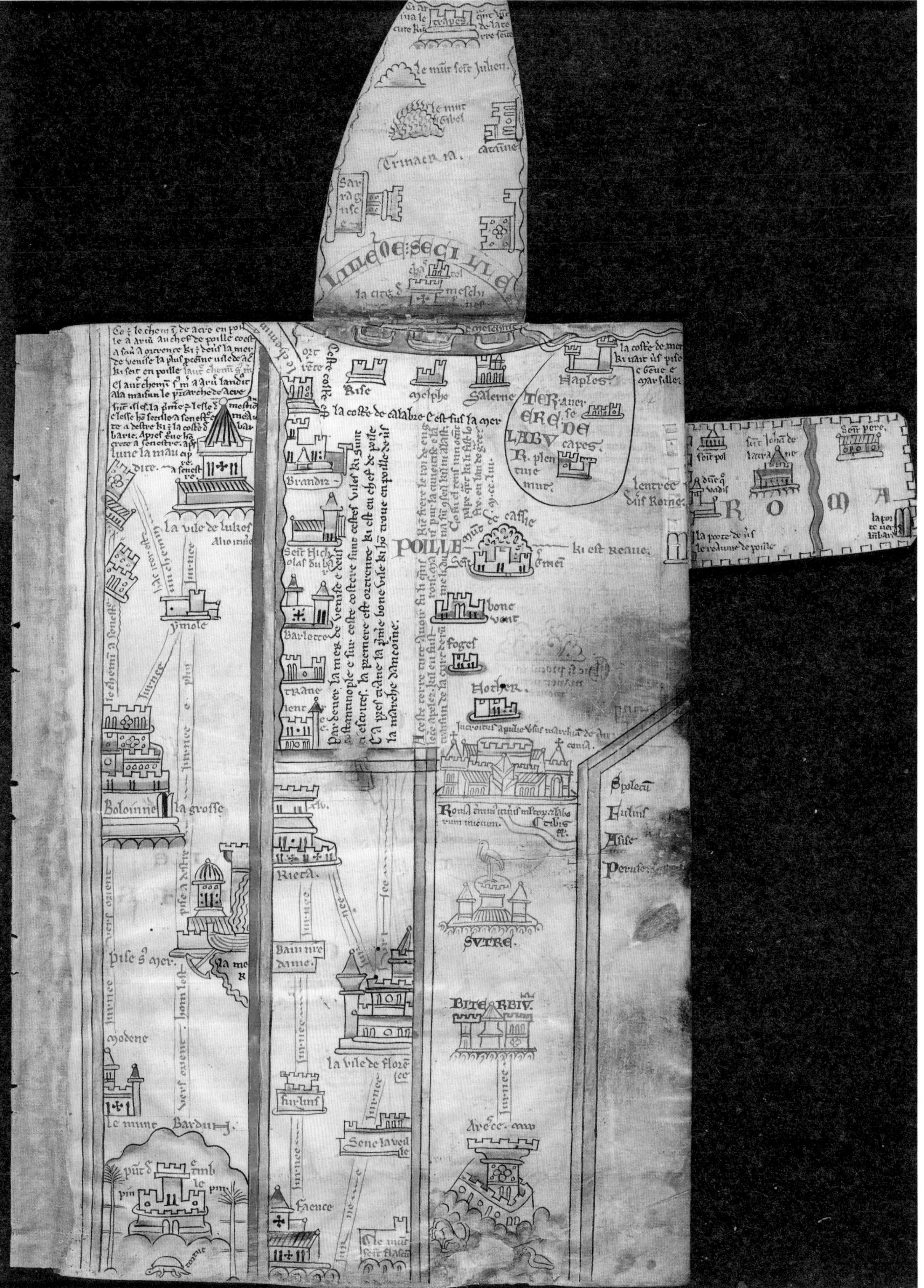

le mur seit Julien
Trinacria.
LILE DE SECILLE
Naples
Salerne
Brandiz
Barlette
la coste de calabre c'est sus la mer
POILLE
ROMA
la vile de lukes
Ymole
Boloinne la grosse
Pise s mer.
modene
Rieta.
la vile de floren ce
Sene la vied le
Faence
SVTRE.
Arece
Spolete
Fulins
Assise
Peruse
ki est Reaule.
Seit pol
Seit pere.

图 34
前页：马修·帕里斯，《英格兰历史》（*Historia Anglorum*），约 1250 年。大英图书馆 / 格兰杰（Granger）

图 35
左图：马修·帕里斯，《英格兰历史》，罗马部分的细节图

何处去教堂（Church of Domine Quo Vadis）——这是另外一处著名的朝圣之地，据说圣彼得曾在此处和耶稣有一场奇迹般的邂逅，后者谴责他试图逃离其在罗马的命运；此外还有拉特兰圣约翰大教堂以及圣彼得大教堂。前两处被错误地绘制在了城墙之内，而圣彼得大教堂的位置是正确的——与拉特兰圣约翰大教堂隔河相望。

追求精确逼真对制图者而言并非难事：只是这并不重要。这幅地图并非旅行手册。相反，这实际上是一次真正宗教旅行的代替品，让那些隐居于遥远修道院中的教士能够参与一场想象中的朝圣。这样一来，只需要绘出罗马的一小部分就足够了，或者说人们更希望如此。因为城市的神话传说、历史、山丘、异教遗迹和街道只会分散人们的注意力，因此都被省略了。定义罗马的只有四个基督教地标建筑、一堵封闭的城墙、一条河流——以及这个更大的朝圣网络整体。

中世纪晚期的《埃布斯托夫世界地图》（*Ebstorf mappamundi*）中，独具特色的图像使罗马增色不少。这是一幅巨大的彩色世界地图（图 36），19 世纪时被发现于下萨克森（现代德国的一个州）的埃布斯托夫本笃修道院中，大概出自当时某位修女（或一群修女）之手。过去人们曾认为

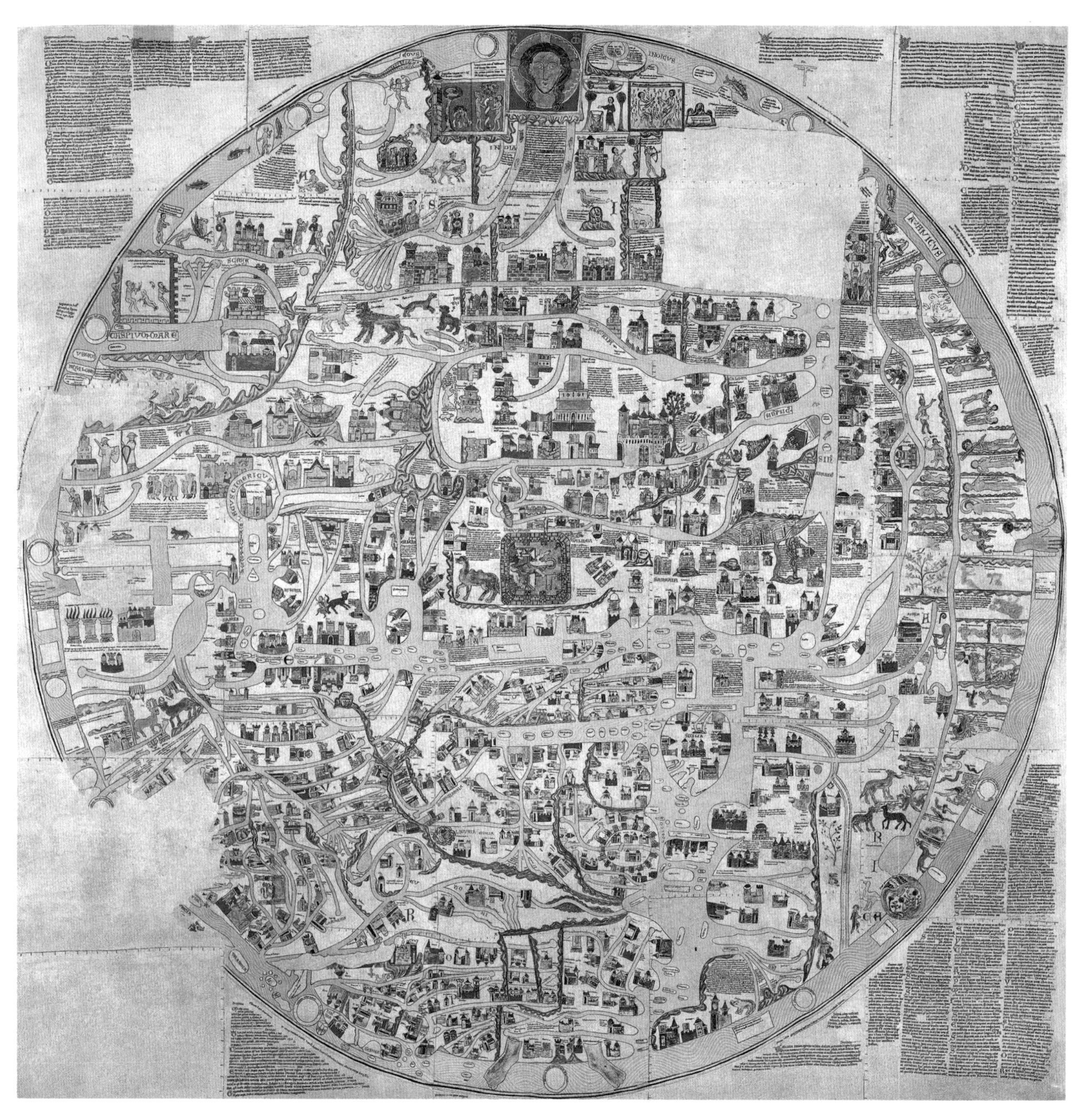

图 36

《埃布斯托夫世界地图》，13 世纪早期，或 14 世纪，毁损（原在德国汉诺威）

这件杰作是由蒂尔伯里的杰维斯（Gervase of Tilbury）所绘制，但近来关于其作者、创作时间和功用的猜想都受到了严肃质疑。第二次世界大战期间它毁于盟军的轰炸，如今我们只能从照片中一睹其真容。尽管我们无法完全确定这幅地图主要是为了起指示作用、献给上帝，还是具有其他用途，但毫无疑问，这是一幅受人尊敬的画作，本身就以展示为目的。

这幅地图属于一种被称为“世界地图”（mappaemundi）的类别：这个拉丁词语直译为“世界的地图”，但常常被用于指涉一种独特的中世纪晚期宗教制图。这类图画一般都诞生于修道院中，修士或修女会在其中填充进有关世界的百科知识。埃布斯托夫修道院中的这幅地图相当典型：地球被呈现为一个圆形，东边为伊甸园，在地图上方占据主要地位。当时已知的三块大陆被浓缩在这个环形框架之内：上面是亚洲，下面是欧洲，非洲居于右边。耶路撒冷被置于中心地位，其方形城墙内绘有一幅耶稣复活的图画。

《埃布斯托夫世界地图》和其他地图一样，其中地球被理解为受难的基督的肉身。他的脸呈现于地图顶端，仿佛一个宗教符号，其双手分别位于地图左边和右边，脚则落于底部。在基督所拥抱的这幅地图中，小型插图和标签标示出了那些来自古典神话、民间传说和《圣经》故事中的地点和小段故事。其间夹杂有当时的一些地名，但位置相对模糊：和马修·帕里斯的地图一样，空间的准确性和高精度并非这幅图的追求。尽管这幅地图含有关于神圣和世俗层面的广博信息，但它终究是一幅高度基督教化的地图，反映的也是基督教的世界观。

罗马位于这幅地图自下而上约三分之一处（图 37）。和马修·帕里斯一样，这次的制图者也为其标注了名字，并用一堵简化了的带角塔的椭圆形围墙将其围住。城市中有一条河流穿过，河上架有桥梁。河流两边是六座纪念建筑，包括圣彼得大教堂、拉特兰圣约翰大教堂、圣母大殿和其他重要教堂。圣保罗大教堂和其他两座墙外圣殿被置于城市上方。

还有一点也同马修·帕里斯的地图一样：除了添加标签，制图者也没有打算在这幅地图中展示各种建筑结构的特性。图中的罗马同样只表现出了它作为基督教城市的一面，而没有其他任何古代遗产。除非算上哈德良陵墓，但它此时也已经被基督教化，成为一座教皇的堡垒，且天使在此地现身，昭示奇迹。还有万神殿——在图中被标注为“圆形大厅”（Rotunda）。这座建筑之所以被记录，是因为这里在当时已经被改造成一座教堂，而并不是由于其作为建筑奇观的内在魅力。

这幅图还有更多值得探讨的信息。地图中罗马城的左上方有一头巨大的雄狮吼叫着站岗，它的前后爪分别置于城墙的两个角塔之上。有人认为这个图案或许暗指地图的资助方，也就是说，它源自统治不伦瑞克-吕讷堡公国（Braunschweig-Lüneburg）的韦尔夫（Guelph）家族。这些忠诚的教皇支持者或许会非常热衷于在这样一幅宏伟的地图上向罗马表示忠心。

无论地图上的这头狮子是否带有宣传目的，就更广泛的意义而言，其在《埃布斯托夫世界地图》上的现身也与罗马相关。附近的一则题词注明：“罗马的外形如狮子［secundu(m) forma(m) leonis i(n)choata (est)

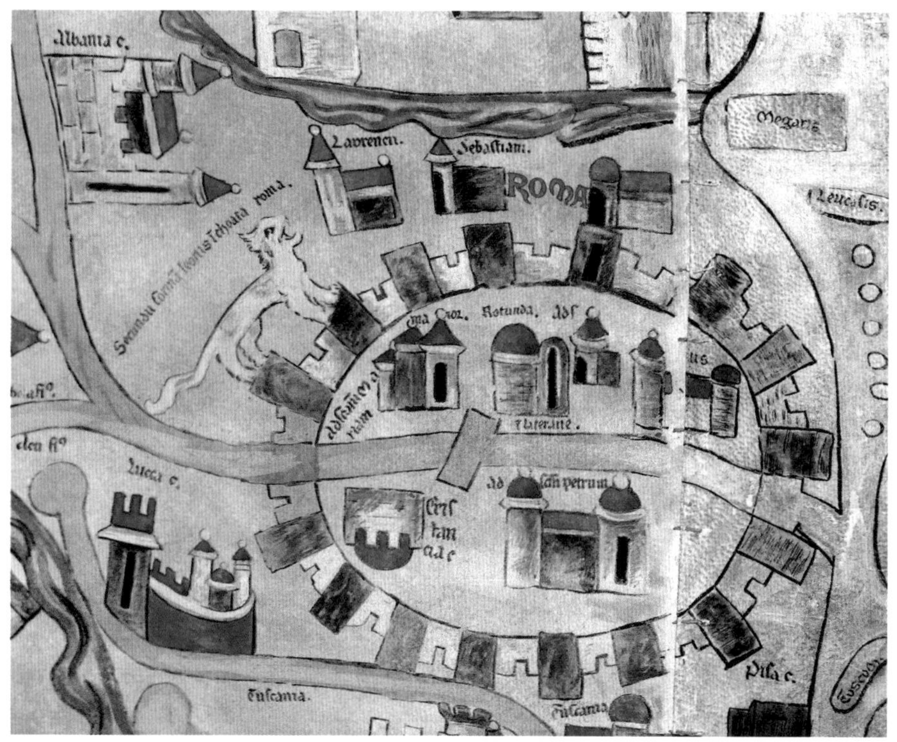

图37
《埃布斯托夫世界地图》，罗马部分细节图

Roma]。”这种将一座城市与动物形象相联系的表述常见于中世纪晚期——与基督教基本无关，而与统治权密切相关。一位 12 世纪的学者曾写道：罗马统御诸邦，正如狮子统领百兽。

更准确来说，狮子与罗马幕后的世俗统治相关。12 世纪时，有人试图以古代共和国的模式成立一个元老院，以制约教皇权力。后来这个机构不断受到攻击，14 世纪时只剩下一位成员——没有实权，只在卡皮托林山上的一座防御性宫殿中“施行统治”。这里因此获得了一个全新的身份——罗马的市政中心，与其在古代作为城市宗教中心的身份截然不同。

这座元老宫殿脚下竖立着一座正在攻击一匹马的雄狮雕像，一般人们将其理解为主权、力量和正义的象征。无论制图者是否注意到了其世俗寓意，在《埃布斯托夫世界地图》中，他们都将这个含义附着在了一个完全神圣化了的罗马之上。不仅如此，雄狮象征及其多重内涵暗示了在或近或远的支持者眼中，罗马本身也具有多层含义。

中世纪城市景观

中世纪的罗马及罗马地图并非只有基督教圣殿。在马修·帕里斯的地图和《埃布斯托夫世界地图》之后不到一百年，一位名为保利诺·韦内托（Paolino Veneto）的方济各修士兼历史学家制作了一幅十分与众不同的图画（图 38）。保利诺主要活跃于大都市威尼斯，他游历甚广，藏书丰厚，生活考究，同时是一位拥有上层阶级友人的外交家。这幅罗马地图被收录于他的《大纪年》（*Chronologia Magna*）手抄本中，这是一部从创世之初到保利诺所生活时代的通史。与那些隐居于北方地区的同行相比，保利诺的这幅地图显得与众不同，正如他那（可能）非同一般的都市背景和生活方式一样。

虽然其他修士很可能从来没有见过罗马，但保利诺无疑十分熟悉这座城市。诚然，他的这幅地图也有不少错误，而且他倾向于让建筑、山丘和文字都面朝不同的方向，这让现代读者十分不习惯。尽管如此，这幅地图还是包含了不少一手知识，而且试图完整地展现出这座城市的自然和人文景观，这在当时是非常特别的。

保利诺地图中的椭圆形奥勒利安城墙与《埃布斯托夫世界地图》中的同一建筑有着十分相似的柔和曲线，但二者的相似性也仅此而已。在城墙之内，保利诺绘制了一些基础但可以识别的细节，包括蜿蜒的台伯河及其中岛屿、山丘、各种神圣和世俗的建筑物。尽管笔画简略，但这些图案大多独具特色。仔细看去，圣彼得大教堂在地图左边，两边是钟塔和教皇宫殿，拉特兰圣约翰大教堂则与其对称分布在右下方的位置（图39）。地图中间是罗马斗兽场，保利诺依据古代传说为它加上了穹顶。其左上方是万神殿，它的穹顶形制也十分逼真（图40）。两者之间是卡皮托林山，上面矗立着元老院及其塔楼。

其他地标也不难识别，无论有没有标识，观者都可以通过其外形及在大环境中的方位来进行辨认。拉特兰圣约翰大教堂的侧面是一座雕塑花园，几百年来，这里收藏了许多古代雕塑，包括著名的马可·奥勒留骑马

图38
保利诺·韦内托，《大纪年》中的罗马景象，约1323年。经马尔恰那国家图书馆文化遗产和活动部，拉特（Lat）女士授权

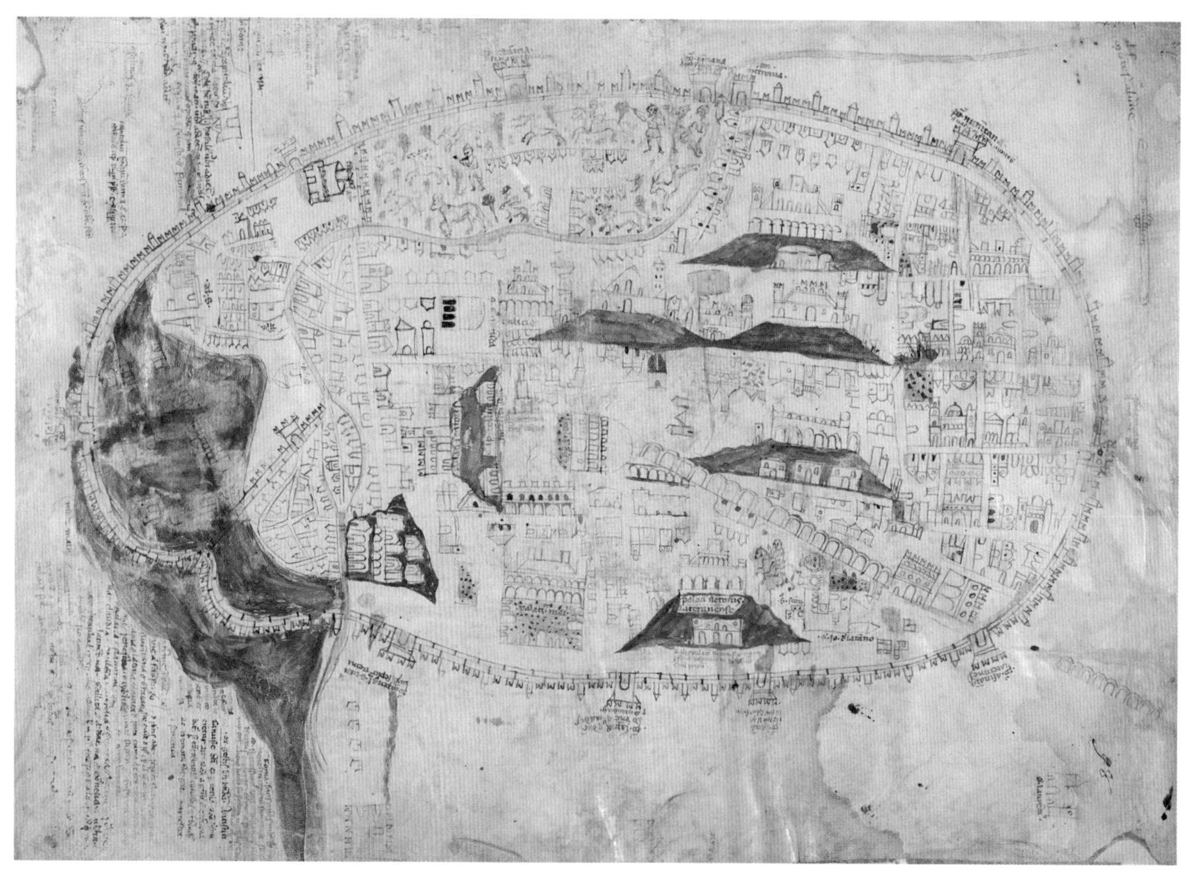

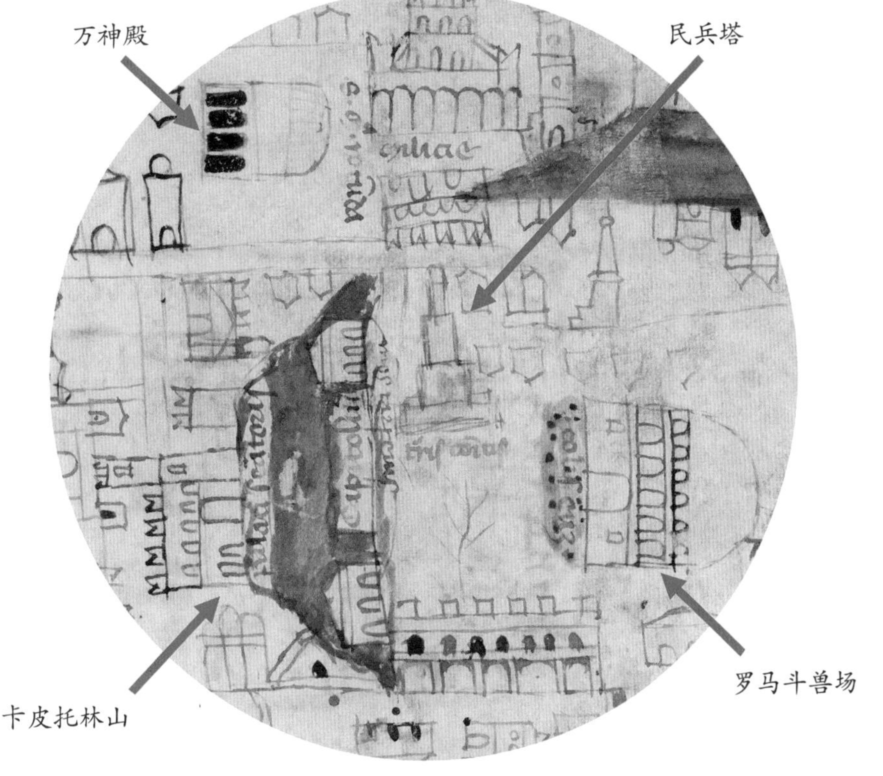

图39
上图：保利诺·韦内托，《大纪年》中的罗马，圣彼得大教堂（左方）和拉特兰圣约翰大教堂（右方）的细节图

图40
下图：保利诺·韦内托，《大纪年》中的罗马，城市中心细节图

ROMA
15
rsi
tume .
torsi
tanto
orsi .
nto
cta
anto .
gno
chiacta .
no
regno .
a noi
nei .
entile
a suoi .
ule
are
o stile .
puo dire
Ponte salano
Ponte molle
Castel sco agnolo
colona antonina
monte & canal li marmorei
Templu paci

雕像（Marcus Aurelius equestrian statue）和一尊巨大的君士坦丁石雕头像。15 世纪时，这些作品都被移去了卡皮托林山，至今依然存放于那里。

保利诺地图上对基础设施的刻画同样引人注目，尤其是那些连接城市各地的道路。这些不断重复的无名结构不仅仅只是符号的堆砌，更凸显了罗马作为一座城市的肌理。从许多堡垒型建筑中延伸出的一些塔楼则象征着在教皇遗弃这座城市并迁往阿维尼翁这段时期，在罗马施行有效统治（或暴政）的彼此冲突的各大家族势力。但是，整体而言，保利诺这幅“缺少教皇”的罗马地图并没有显得脏乱无序。即使处于最低谷，罗马也仍不失生机，各种路标彰显着这里的活力，特征和布局的真实再现同样令人信服。

图 41
前页：法齐奥的罗马图，《狄达蒙多》，1447 年。法国国家图书馆，巴黎

感伤与惊奇

尽管这幅小图（图 41）诞生于 15 世纪中叶，但它所参考的原图可追溯至一个世纪之前。和保利诺的地图一样，这幅地图也能让我们从中管窥中世纪晚期时人们看待这座城市的不同方式。罗马上方为南：这是所谓的“朝圣者视角”，因为它反映的是从北方徒步行于此的旅行者视角。这幅图比保利诺的地图更具选择性，精简的城市地图上零散地分布着一些地标建筑。但这幅图上的地标显然比我们此前看到的更显精致，例如奥勒利安城墙那不规则的环状外形。

保利诺的地图相对中立，具有纪实性，这幅地图则显然带有对罗马辉煌过去的伤感与缅怀。这幅插图来自《狄达蒙多》（*Dittamondo*）手稿，那是一首 14 世纪中期基于但丁的《神曲》创作的游吟史诗，叙述了作者法齐奥・德利・乌贝蒂（Fazio degli Uberti）与担任其向导的古代地理学家索利努斯（Solinus）环游世界的虚构故事。这幅图展示了他们抵达罗马时的情形，二人位于左上方，正越过城墙俯瞰罗马风光。

图中两位旅人的目光落在一位身着黑色斗篷的老妇人身上，她蜷缩在台伯河边，靠近罗马斗兽场，正温和地回望。这个形象正是罗马本

身——这座城市化身为一位寡妇，哀悼着其统治者们的败落：先是皇帝们，后来又是诸位教皇。此时的她与《波伊廷格地图》中头戴王冠的统治者，以及《埃布斯托夫世界地图》中的雄狮形象是多么不一样啊！法齐奥惊奇不已，诧异地举起双手，呆呆地望着她卑微的处境。

这幅图仿佛一些陈词滥调的具象化，即把罗马的历史总结为一种道德训示，以警示命运的变幻无常和尘世功名的转瞬即逝。本章开头的引用展示了 12 世纪的作家格里高利是如何感慨这座城市逝去的繁华，他还写道："所有世间之物都将迅速消逝，尤其像罗马，尘世荣誉的典范，却每一天都在山河日下。"这幅画面中同样混杂着苦痛与惊奇的情绪。当我们从对这位可怜老妇和两位惊慌观者的凝视中抽身出来，就能注意到城市内部各种各样的地标性建筑。例如，那些最重要的朝圣教堂旁边矗立着尚且完整的罗马斗兽场。在其左边，马可・奥勒留的骑马雕像被置于拉特兰圣约翰大教堂下方，其下横亘着一座水道桥。再往下，万神殿拔地而起，引人注目。

古代地标与基督教堂共同占据着舞台中心，并无衰败之迹，也不见罗马老妇人身上那股卑弱之感。这幅图的假装虔诚之处也正在于此：烟幕之下掩盖着对罗马奇观的一种恒久迷恋，而无论它们是属于异教还是属于基督教。这已经偏离了我们之前看到的那种聚焦于罗马神圣身份的视角。而当罗马进入文艺复兴时代，这种双重身份将会愈发盛行。

延伸阅读

Birch, Deborah J. *Pilgrimage to Rome in the Middle Ages: Continuity and Change*. Woodbridge, UK: Boydell Press, 1998.

Camerlenghi, Nicola. *St. Paul's Outside the Walls: A Roman Basilica, from Antiquity to the Modern Era*. Cambridge: Cambridge University Press, 2018.

Connolly, Daniel. *The Maps of Matthew Paris: Medieval Journeys through Space, Time and Liturgy*. Woodbridge, UK: Boydell Press, 2009.

Edson, Evelyn. *Mapping Time and Space: How Medieval Mapmakers Viewed Their World*. London: British Library, 1997.

Edson, Evelyn. "The Medieval World View: Contemplating the Mappamundi." *History Compass* 8/6 (2010): 503–17.

Gregorius, Magister. *The Marvels of Rome*. Translation, introduction, and commentary by John Osborne. Toronto: Pontifical Institute of Mediaeval Studies, 1987.

Krautheimer, Richard. *Rome: Profile of a City, 312–1308*. Princeton: Princeton University Press, 1980.

Krautheimer, Richard. *Three Christian Capitals: Topography and Politics*. Berkeley: University of California Press, 1983.

Kugler, Hartmut, Sonja Glauch, and Antje Willing, eds. *Die Ebstorfer Weltkarte: Kommentierte Neuausgabe in zwei Bänden*. 2 vols. Berlin: Akademie Verlag, 2007.

Kupfer, Marcia. "Medieval World Maps: Embedded Images, Interpretive Frames." *Word and Image* 10 (1994): 262–88.

Morse, Victoria. "The Role of Maps in Later Medieval Society: Twelfth to Fourteenth Century." In *The History of Cartography*, vol. 3, *Cartography in the European Renaissance*, ed. David Woodward, 25–52. Chicago: University of Chicago Press, 2007.

Nichols, Francis Morgan, and Eileen Gardiner. *The Marvels of Rome = Mirabilia Urbis Romae*. New York: Italica Press, 1986.

Wolf, Armin. "The Ebstorf Mappamundi and Gervase of Tilbury: The Controversy Revisited." *Imago Mundi* 64 (2012): 1–27.

罗马就是整个世界，整个世界都是罗马。

——约阿希姆·杜·贝莱（Joachim du Bellay），
《罗马怀古》（*Antiquitez de Rome*），1558 年

第四章 罗马重生

尽管文艺复兴意味着重生，暗示着某种中断与裂变，但这段为人称道的历史并非突然爆发，而是酝酿已久；并非一蹴而就，而是历经多个世纪；并非诞生在罗马，而是始于佛罗伦萨。近几十年来，文艺复兴不断被学者们定义和再定义，其基本信息也不断受到质疑。人们对文艺复兴的传统认识基于瑞士学者雅各布·布克哈特（Jacob Burckhardt）在《意大利文艺复兴时期的文化》（*Civilization of the Renaissance in Italy*，1860年）中的表述，即以强调人文主义学术传统和重新重视古典时期为标志，涉及艺术、文学、历史认知等领域，关注个人潜力，展现出与中世纪之间的清晰割裂。

尽管布克哈特的许多观点至今依然适用，但如今的学者们更倾向于强调这场运动的延续性而非断裂性，关注此前几个世纪对文艺复兴的启发意义，并将文艺复兴视为一项逐渐开启的文化运动，尽管它自我标榜为所谓“黑暗时代”的对立面，但也是从后者发展而来。如今的学者们还关注更广

泛的人口和社会变化，这种转变显示出这段时期的独特与“早期现代”特征，比如逐渐发展的城市化、新形式的大众信仰，以及不断兴起的重商主义等。

无论你如何解释这个时代，它极具标志性的一个文化特征在于对古代实物证据和传世文献的蓬勃兴趣。如果说罗马只是文艺复兴浪潮中的一位后来者，那它也是浪潮天然的归宿。在教皇们回归之后，这座城市缓慢但坚定地弥补着失去的时间，终在16世纪时超越佛罗伦萨，成为文艺复兴新的中心。

这段时期的制图技术也同样经历了自己的复兴。这既是因为调查技术的重大进步，也要归因于印刷技术的革新——这是和几个世纪之后的工业革命一样被视为文化分水岭的重大事件。本章将要讨论的罗马地图将展现从手稿到印刷品的转变，以及测量城市并重现其物理特征的新型技术。就早期印刷技术和艺术上的逼真性而言，15世纪晚期《纽伦堡编年史》（*Nuremberg Chronicle*）中的罗马地图可谓一幅标志性作品，而莱昂纳多·布法利尼（Leonardo Bufalini）的城市规划图则是城市制图史上的里程碑。来自曼托瓦的无名画作和安东尼奥·滕佩斯塔（Antonio Tempesta）的蚀刻版画都利用新型观测技术和构图方式，将城市全景栩栩如生地展现在观者眼前。

总体而言，所有这些不仅展现了制图学和艺术的进步，也见证了教会和城市的演变，使我们得以在罗马的城市肌理中追溯该城市和建筑方面的一系列快速而显著的变化过程。不仅如此，这些地图远不只是客观的记载，它们还借助艺术表达、观测视角和主观观念形塑了这座城市。就此而言，这些图画也不失为制图学基本表达方面的绝佳研究案例。正如我们将看到的那样，这些地图表达出一种摇摆不定的态度：

图42

马索利诺，《圣母大殿的奇迹建造》（*The Miraculous Founding of Santa Maria Maggiore*），1423—1425年，国立卡波迪蒙特博物馆，那不勒斯

一方面是希望罗马蒸蒸日上的乐观主义——当下和将来很快就会追上过往的辉煌，超越也指日可待；而另一方面，则是对城市过往的眷恋与向往。

文艺复兴在罗马的开端并不顺利：在缺席了一个多世纪后，教皇们重新回到其传统教座，只是这一结果很难称得上胜利。1420 年，教皇马丁五世（Martin Ⅴ）偕整个教廷进入罗马，就此开始了修整这座残损之城的漫漫历程。在被遗弃百余年后，罗马的光景已经颇为凄凉。人口数量不足两万，基础设施毁损殆尽，教堂也年久失修。在城市里，彼此冲突的贵族家庭以各自的防御堡垒为基础发动战争。奥勒利安城墙内，不少罗马领土都是可以横行无忌的荒地，狼群和强盗在其中畅行无阻。疟疾席卷了附近的乡村。这是一片不虔敬之地，不适合脆弱的心灵。

刚开始时，教皇们也显得无力，但为了站稳脚跟，他们不得不竭尽全力。即便马丁五世是土生土长的罗马人，同时来自古老而强大的科隆纳家族，还是在日耳曼南部举行的康斯坦茨大公会议上当选主教后拖延了三年才来到这座城市。他的继任者尤金四世（Eugenius Ⅳ）同样担心着自己的安危。在十六年的任期内，他大部分时间都在环境相对舒适的佛罗伦萨度过。不过，这两人都试图通过一些手段来重申自己的教权，包括赞助艺术品和建筑以彰显其职权的威力，同时强调罗马作为基督教奇迹和殉道之地的地位。

马丁五世将注意力转向了罗马的早期教堂，下令修缮拉特兰圣约翰大教堂以及附近的宫殿，另外还包括城外的圣保罗大教堂和圣彼得大教堂。他还恢复了负责监督城市发展和秩序的机构“街道之主”（Maestri delle Strade）。15 世纪 20 年代，马丁五世（或是以其名义行事的其家族某位成员）还曾委托佛罗伦萨艺术家马索利诺（Masolino）为圣母大殿绘制一组新的祭坛画，后者是这座城市最古老和最受人瞩目的大教堂之一。

这幅祭坛画的一侧是教皇。公元 358 年 8 月 5 日一场奇迹般的大雪（据说是来自圣母玛利亚的神迹）之后，他在耶稣和圣母慈爱的目光下勾勒出教堂平面图的大致轮廓（图 42）。无独有偶，圣母大殿正位于科隆纳家族势力范围的中心地带，在某种程度上被该家族当作堡垒使用。马丁五世是文艺复兴时期的一位典型赞助者，像为教堂修缮提供捐款这类基督教式的利他行为同样扩大了其个人及家族的影响力。

二十年后，尤金四世委托建筑师兼雕塑家费拉雷特（Filarete）为圣彼得大教堂打造了一对全新的巨大铜门。铜门饰有长方形的浮雕画，中间靠右的那幅画描绘了尤金四世在彼得面前下跪，并从他手中接过钥匙的场景：这是在展现教皇作为代理人的教权。对于教权统治在罗马还不甚稳固的年代，传递这一信息尤为重要（图 43）。

图 43
费拉雷特，《尤金四世跪在圣彼得面前》（*Eugenius IV Kneeling before St. Peter*），圣彼得大教堂铜门装饰画，1433—1445 年。照片：塞尔科 / 维基共享（作者编辑），CC BY-SA 3.0: https://creativecommons.org/licenses/by-sa/3.0/legalcode

铜门下方的画面展示了受难的彼得——在他自己的要求下被倒置悬挂，因为他认为自己不配以耶稣那样的姿势死去（图 44）。尽管画面中的地形特征不算明显，但该事件显然是发生在罗马，因为画面中包含了不少著名的罗马古代遗迹。在尼禄皇帝这位备受谴责的人物下方绘制着圣天使城堡，以及两座被认为属于罗慕路斯和雷穆斯两兄弟的金字塔型坟墓。所有这些都靠近一条河流，毫无疑问，只可能是台伯河。就此而言，这幅图和马索利诺那幅展现罗马最神圣教堂建立之初场景的地图一样，也将这座城市视为一片圣域，视为教权及相关事物的代名词。这幅图同时传递出一则重要的信息，它一锤定音地宣告世人：教皇们不会随便把其他地方视为家园。

这两桩委托都涉及了 15 世纪罗马的一项重要议程：必须引进人才。前一个世纪里瘟疫肆虐，政治动乱，对任何意大利中心城镇而言都不是一个辉煌的时代。但是罗马比大多数城市遭受的磨难更加漫长，更加深痛。到 15 世纪时，佛罗伦萨的文化发展势头和艺术活力已经远远将其甩在后头。由此，罗马不得不将目光投向北方，寻找能够为城市带来新生命力和魅力的建筑师、画家和雕塑家。这座城市为工匠们提供了越来越多的就业机会，他们也逐渐大量定居于此。

教皇尼古拉五世（Nicholas V，1447—1455 年在位）首次完整申明了教廷的权力，镇压了敌对家族，在振兴罗马的道路上取得了重大进展。他集中精力修葺了城市的教堂，改进了供水系统和防御设施。他还设法从托斯卡纳吸引来不少进步的有识之士和工匠，以确保能够实现城市的复兴。

尼古拉五世的成就不计其数。他巩固了街道之主的权威，修复了处女水道桥（Acqua Vergine），并在天才建筑师顾问莱昂·巴蒂斯塔·阿尔贝蒂（Leon Battista Alberti）的帮助下，为城市复兴设计了第一份方案，并将重点置于梵蒂冈的博尔戈（Borgo）——毗邻圣彼得大教堂的那片地区。梵蒂冈图书馆的核心馆藏应归功于他，一座新的梵蒂冈宫侧厅和一座强化

图 44
费拉雷特，《圣彼得被钉上十字架》（*The Crucifixion of St. Peter*），圣彼得大教堂中门图饰。照片：塞尔科／维基共享（作者编辑），CC BY-SA 3.0：https://creativecommons.org/licenses/by-sa/3.0/legalcode

9 世纪狮墙防御力的高大圆塔也在尼古拉五世的计划中修建起来。在建筑师贝尔纳多·罗塞利诺（Bernardo Rossellino）的帮助下，尼古拉五世还酝酿了另外一项圣彼得大教堂改造计划：加固薄弱的侧墙，并在教堂半圆形后殿打造一处全新的唱诗席。尽管这些宏伟计划大部分都停留在了纸面阶段，但其雄心勃勃的规模和视野却为后世教皇的新方案奠定了基础。

下一个具有重大影响力的教皇是 1471 年至 1484 年在位的西斯图斯四世（Sixtus Ⅳ）。和尼古拉五世一样，这位教皇的关注点一部分集中在整个罗马，另一部分则在梵蒂冈。他在圣彼得大教堂和梵蒂冈宫之间建造了一座以自己名字命名的私用经堂——西斯廷教堂，并委托当时最有名的佛罗伦萨和翁布里亚艺术家，比如波提切利（Botticelli）、基尔兰达约（Ghirlandaio）和佩鲁吉诺（Perugino）为教堂侧墙绘制美妙绝伦的壁画。西斯图斯四世还以立法形式允许红衣主教们在死后将财产留给子孙，而非归还教会，因而刺激了主教们赞助建筑。修建宫殿的热潮随之而至。

图 45
西斯图桥，罗马。照片：Livioandronico2013 / 维基共享资源，CC BY-SA 4.0: https://creativecommons.org/licenses/by-sa/4.0/legalcode

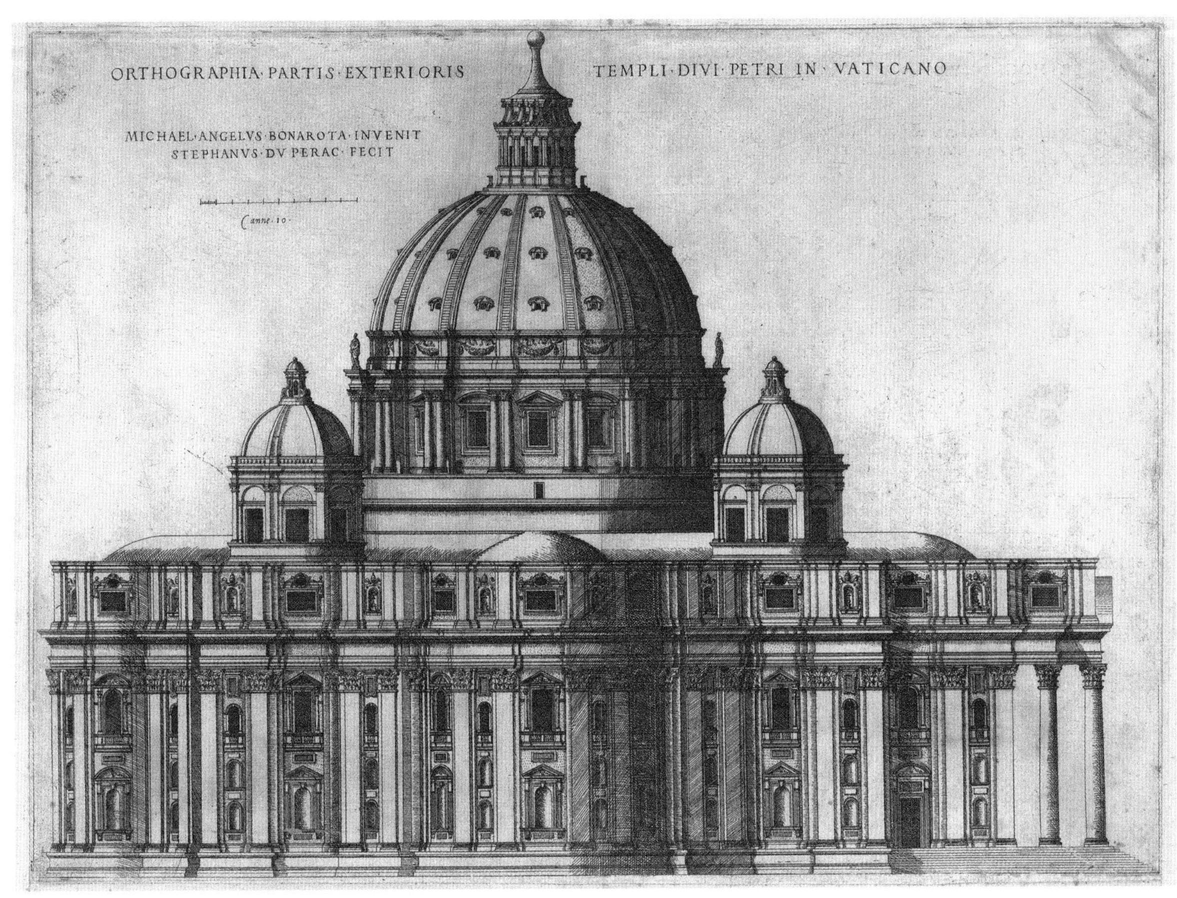

图46
斯特凡诺·杜佩拉克（Stefano Du Pérac），《米开朗基罗的圣彼得大教堂设计图》（*Michelangelo's design for St. Peter's*），蚀刻版画，1569年。大都会艺术博物馆，罗杰斯基金，转自图书馆，1941年

和几乎所有的教会项目一样，西斯图斯四世的工程既是为了服务罗马的常居人口，也是为了便利前来罗马的朝圣者。他授权给“街道之主”，允许他们为了公共利益没收或毁损私人财产，以为新的教堂和市政建设做好准备；他将许多散落于城市各地的古代雕像集中在卡皮托林山，并据此建立首个公共雕塑展馆，该展馆至今矗立于此；他还修建了一座新桥（在古代遗址的基础上改造而成，图45），以连接特拉斯提弗列和罗马中心地区——这座桥今天也依然存在。

为了纪念这位教皇，这座桥被命名为西斯图桥（Ponte Sisto）。除了为跨越台伯河提供一条便捷的通道，极大便利了台伯河岸区的民众，这座桥还为在大赦年间蜂拥至罗马的游客们提供了通向圣彼得大教堂的另外一条路线，从而缓解了人流压力。西斯图斯四世切身感受到了这座桥的重要性：在 1450 年的大赦年，从城市中心通往博尔戈的主干道圣天使桥（Ponte Sant'Angelo）上挤满了人，最后因为拥挤不堪导致了踩踏事件，一百多名朝圣者丧生于此。到了 1475 年的大赦年，西斯图桥及时在下游地区开放，避免了悲剧的再次发生。

文艺复兴时期，罗马最引人注目且最受争议的工程要数新圣彼得大教堂。它的故事始于 1506 年，尤利乌斯二世（Julius Ⅱ）放弃了前任教皇的保守策略，选择推倒并重建这座庄严古老的建筑。兴修与拆除时断时续，当时不少著名的建筑师都参与了进来，包括布拉曼特（Bramante）、米开朗基罗（图 46）和贝尼尼（Bernini）。如今，我们可以说这项庞大的世纪工

图 47
哈特曼·舍德尔，《世界年史》中的罗马，木刻版画，纽伦堡，1493 年。巴里·劳伦斯·鲁德曼（Barry Lawrence Ruderman）地图收藏，大卫·拉姆齐地图收藏，www.davidrumsey.com

程包涵了当时许多相互矛盾之处。整个翻修计划既虔敬又傲慢：尽管建筑风格折射出对古代文化的尊重，但建筑材料大多自遗迹中劫掠而来，因此又透露出对过去历史的一种漠视。这座宏伟的教堂本该是信徒们的指路明灯，其奢华程度却引发了马丁·路德（Martin Luther）对教会的真诚批判：他的批判将会引发宗教改革运动，以暴力方式分裂西方基督教会。

尽管存在这些矛盾，新圣彼得大教堂却和罗马城一样，在 16 世纪的大部分时间里缓步前行。即便 1527 年罗马之劫时查理五世（Charles Ⅴ）手下的军队短暂地击溃了这座城市，而宗教改革更对其存亡构成了长久的威胁。但最终，圣彼得大教堂还是在文艺复兴时期彻底重生，就和罗马城本身一样。

城市特写

弗朗西斯科·罗塞利（Francesco Rosselli）约在 1485 年至 1490 年间于佛罗伦萨雕刻过一幅罗马图景。这幅图如今虽已佚失，但基于此所绘制的另外一幅图画（图 47）被收录进了哈特曼·舍德尔（Hartmann Schedel）的《世界年史》（*Weltchronik*）——这是早期印刷史中具有里程碑意义的重要巨著。这部奢华厚重的著作发行于 1493 年，在约翰内斯·谷登堡（Johannes Gutenberg）利用其新发明的印刷术印制著名的《谷登堡圣经》约四十年后，通常被称为《纽伦堡编年史》，是文艺复兴时期的畅销书，从一位基督徒的视角讲述了自创世纪直至那个时代的世界历史。书中插图上百，包含了许多城市图景，不少地方第一次以可识别的图像方式呈现在人们眼前。

这其中，罗马的风光被印在两页纸上，热闹而优美的城镇景象在读者面前展开。这幅图参考了从城市东北部的苹丘前来参观的游客的视角：奥勒利安城墙首先出现在眼前，敞开的城门正召唤着观者进入城市。越过这些多孔的屏障，就会看到各种著名的历史遗迹，它们在高低起伏的地面上相互依偎，装点着城市风光。罗马斗兽场的边缘出现在画面最左边（城市南边），而画面最右边（城市北边）是圣天使教堂。事实上，这幅图可谓一幅罗马“精选图集”，著名的古代雕塑和遗迹随处可见。奎利纳尔山上那座著名的驯马师雕像出现在画面左下方，而万神殿和马可·奥勒留纪念柱则被置于靠近画面中心的显要位置。这些元素的比例都被放大了，从而营造一种游人们通过旅行望远镜所看到的感觉。

画面中，台伯河斜穿而过，梵蒂冈山丘耸立其后，圣彼得大教堂及其钟楼则位于画面顶端（图 48）。这座大教堂的位置十分显眼——部分是因为观者的眺望点位于城市东北方向较低的位置——突出了罗马城作为基督教都城的地位。这幅木刻版画提供了一个完美的视角，让我们得以看到附近那些从 4 世纪到 15 世纪的建筑。其中最古老的正是圣彼得大教堂。在这幅图中，圣彼得大教堂的正立面下方还附带着一些后人修建的

图48
舍德尔，《世界年史》，梵蒂冈山丘细节图

附属建筑。覆于中殿之上的三角形屋顶同样清晰可见，旁边是略为低矮的侧翼之一，对应其内部的双通道结构。不过图中对教堂的刻画还是过于简略，例如它的十字形袖廊就没有被表现出来。

圣彼得大教堂前的四方形前庭（或中庭）同样可追溯至基督教早期时代。庇护二世（Pius Ⅱ）从1462年开始修建的赐福廊（Benediction Loggia）罩住了这片空地，这是文艺复兴时期这座教堂建筑群最重大的扩建工程之一。每当重要时刻，例如宣布就任或者进行复活节祈福的时候，教皇就会从廊下现身于信众面前。

在这幅木刻版画上，梵蒂冈及附近新近增建的类似附属建筑还有许多，都是教皇们将教座从阿维尼翁迁回罗马之后完成的。在圣彼得大教堂右边，高大的中世纪钟楼遮掩后，是完成于1480年的宏伟的西斯廷教堂。在西斯廷教堂右边，则是15世纪50年代初尼古拉五世修建的教皇宫殿侧翼。在这组建筑群的右下方，狮墙边还有尼古拉五世下令增修的圆形塔楼。再往右看，则是被挤在角落里，独自矗立于山丘之上的贝尔韦

代雷别墅（Belvedere Villa）。这座位于郊区的教皇寓所是 15 世纪 80 年代时为教皇英诺森八世（Innocent Ⅷ）建造的，是图中年代最晚的建筑。新老遗迹混集于此，营造出一副蒸蒸日上、熙熙攘攘的城市景象。

从广角镜头看城市

这幅巨大的罗马城图（图 49）可追溯至约 1540 年，看上去与舍德尔书中的地图相去甚远，但它实际上也是基于弗朗西斯科 · 罗塞利那幅

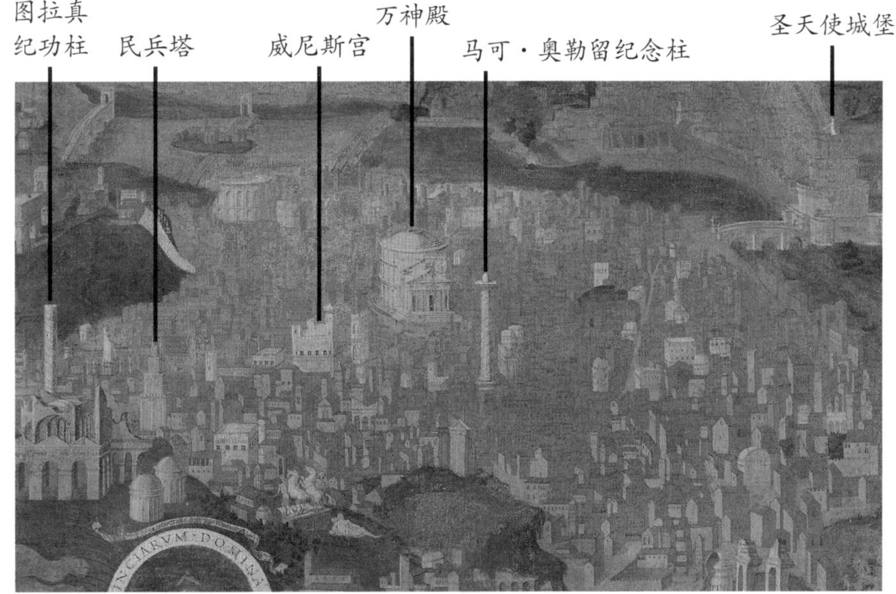

图49
左图：《罗马风光》，曼托瓦，公爵宫。照片：斯卡拉，佛罗伦萨：文化遗产和旅游部提供。©2022

图50
上图：《罗马风光》，城市中心细节图

影响巨大却遗失了的原图绘制而成。例如，两幅图中对奥勒利安城墙和苹丘的观测视角极为相似，也都将万神殿绘制在靠近中心的位置。不过这幅图呈现出了一种非常不同、也不那么理想化的城市景象。

这幅图出自一位身份未被记录的艺术家之手，是受伊莎贝拉·德·埃斯特侯爵夫人（Marchesa Isabella d’Este）委托，为她位于曼托瓦的公爵府所绘制的一组关于著名城市的壁画中的一幅。这位画家没有从城门外较低的视角出发展现罗马，而是选择了一种自上而下、纵览全局的鸟瞰视角，描绘出奥勒利安城墙范围内的整个城市景象。整幅图并没有如何凸显罗马的恢宏，反而很大程度上展现的是城市东部和南部地区的荒凉地带（图49的左半边）。这片辽阔的区域自古代晚期开始就被逐渐废弃，是罗马衰落的显著信号。图中的这片区域被描绘为一片野地，其中点缀着个别孤立却重要的教堂，比如拉特兰圣约翰大教堂和圣母大殿，还有各种断壁残垣和残破的水道：这些都是罗马昔日荣光日渐黯淡的证明。

从更大的范围来看，罗马的四周尽是荒芜，中心则被刻画为一座尚有人烟的孤岛。尽管如此，这座孤岛也足够令人印象深刻。如万神殿和马可·奥勒留纪念柱这类令人眼熟的地标清晰可辨，而且被不合比例地放大了（图 50）。与此同时，这幅图也比前一幅小型木刻版画更加细致，为建筑和城市的变化提供了更为详尽的记录。例如，在万神殿左下方的是前一幅木刻版画中没有的一座遗迹：宏伟的威尼斯宫（Palazzo Venezia）。这座宫殿由红衣主教彼得罗·巴尔博（Pietro Barbo）下令修建，并在他于 1464 年成为教皇保罗二世（Paul Ⅱ）之后又得到扩建。和其他文艺复兴时期的建筑一样，这座宫殿与中世纪的宏伟塔楼、古代雕塑及无名建筑一起在罗马拥挤的肌理中争夺空间。

这幅图同时展现了罗马城的衰败与复兴，暗示着绘图者对罗马当时状态的一种微妙心理。相比上一幅木刻版画中那美丽的景色，这幅图传达了一种不同的信息。如此截然相反的两种观点暗示了 15 至 16 世纪早期人们对于罗马命运的不同态度。这座城市到底是复生了，还是只剩残骸？彼时尚无定论。

一座被度量的城市

莱昂纳多·布法利尼这幅巨大而精美的木刻地图（图 51）汇集了如此丰富的罗马文艺复兴历史，以至我们竟不知从何说起。就从一场灾难谈起吧。这幅地图发行于 16 世纪中叶，距离 1527 年罗马遭遇的那场大劫掠已过去了近二十五年。那一年的 5 月 6 日，查理五世的士兵无视指挥官的命令，对罗马城发起猛烈攻击。他们长驱直入，在城中烧杀抢掠。

对这部分教皇的反对者而言，如此混乱的局面无异于天赐良机，让他们得以贬低任何与教会和天主教信仰有关的人物和事物。借由这个机会，他们玷污修女，屠戮教士，破坏神圣遗迹，毁损庄严的艺术杰作，劫掠贵重的金属器物，筹划仿冒弥撒和秘密会议，此种行径，数不胜数。如果他们传递了什么信息，那便是罗马及其腐朽制度已经不复存在。

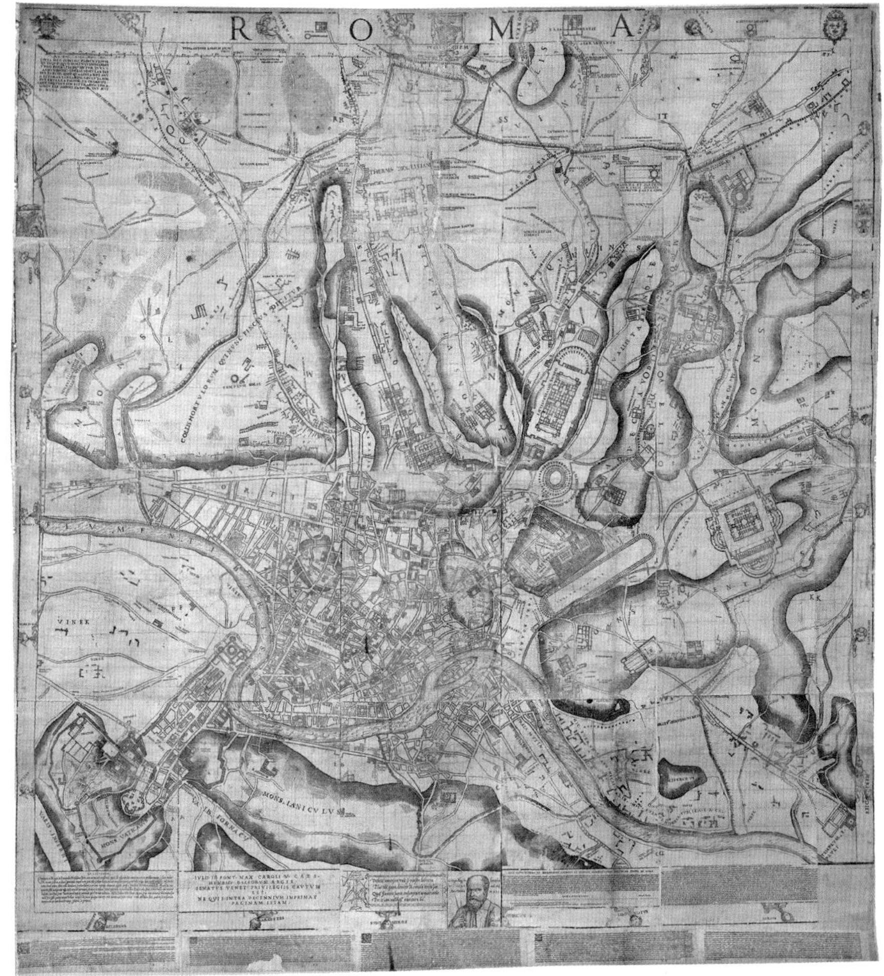

图 51
莱昂纳多·布法利尼,《罗马地图》(*Map of Rome*),木刻版画,罗马:安东尼奥·布拉多(Antonio Blado)出版社,1551 年,1560 年重印。大英图书馆 / 格兰杰

准确来说,这场劫掠持续了近一个星期,但入侵的军队在城中停留了大半年,他们遗留下的痕迹还将维持更长时间。例如,我们至今还能在梵蒂冈宫中饱含着拉斐尔(Raphael)心血的签字厅(Stanza della Segnatura)里看到遗留下来的武器划痕。此外,在距离台伯河岸仅一里之遥的法尔内西纳别墅(Villa Farnesina)中,巴尔达萨雷·佩鲁齐(Baldassare Peruzzi)绘制的那些精美绝伦的错觉壁画上同样可见这样的痕迹。

无论是对查理五世还是教皇克雷芒七世(Clement Ⅶ),这场劫掠都一样令人难堪。但受到最持久伤害的还不是他们的名誉,而是罗马城本身。这座城市的毁损程度简直骇人听闻：约三万居所遭遇毁坏。“就连地狱也（比眼前的场景）更加美妙。”威尼斯的马林·萨努多（Marin Sanudo）如是感慨。罗马的人口也遭遇了毁灭性打击。在劫掠发生之前，这里约有五万五千人，而仅在劫掠开头几天，就有约六千至一万人被屠杀。还有一万五千人可能在战后逃离了城市。一定程度上，这也意味着过去几十年里逐渐汇集到罗马的大部分人才以及随之而来的智识与艺术资本、所有的文化动能，都在眨眼之间灰飞烟灭了。

1527 年的罗马之劫通常被视为罗马文艺复兴结束，甚至整个文艺复兴终结的标志。当今许多大学关于文艺复兴的课程都结束于这场浩劫。但很少有一个时代会突然终结，学者们还在继续争论这场浩劫到底在何种程度上将罗马推向命运的转折。正如文艺复兴开端缓慢一样，它在走向尾声时也并非突然中止，而是逐渐转变成某种新的事物。无论如何，如今看来，大劫掠对罗马本身所带来的影响其实相当短暂，这简直令人惊讶。

关于罗马城迅速恢复元气的大量证据来自布法利尼于 1551 年绘制的地图。这幅图采用平面图的形式，左上方指向北方（图 51）。图中细节丰富，记录了当时的一些重大建筑工程，包括马西莫柱宫（Palazzo Massimo alle Colonne）这类私人宫殿——劫掠结束后不久就开始动工了；还有早在 16 世纪初就开始建设的法尔内塞宫（Palazzo Farnese）——其所有者红衣主教亚历山德罗·法尔内塞（Alessandro Farnese）于 1534 年当选为教皇保罗三世（Paul Ⅲ）后，又对这座宫殿进行了大规模扩建（图 52）。距其几步之遥的地方是年代稍早些的文书院宫（Palazzo della Cancelleria）—— 1489 年为红衣主教拉法埃莱·里亚里奥（Raffaele Riario）所建造。这幅地图还记录了大约从 16 世纪 30 年代开始，米开朗基罗对卡皮托林山进行彻底改造的初期阶段（下文还会述及）。这样看来，罗马的建筑热潮在灾难过后不久便又重新兴起了。

布法利尼的地图还让我们得以管窥当时罗马其他在建的伟大工程：比如新圣彼得大教堂（图 53，另参见图 46）。这座建筑的建造工程在大劫掠开始之前就已陷入停滞，直到米开朗基罗在 1546 年被指定为首席建

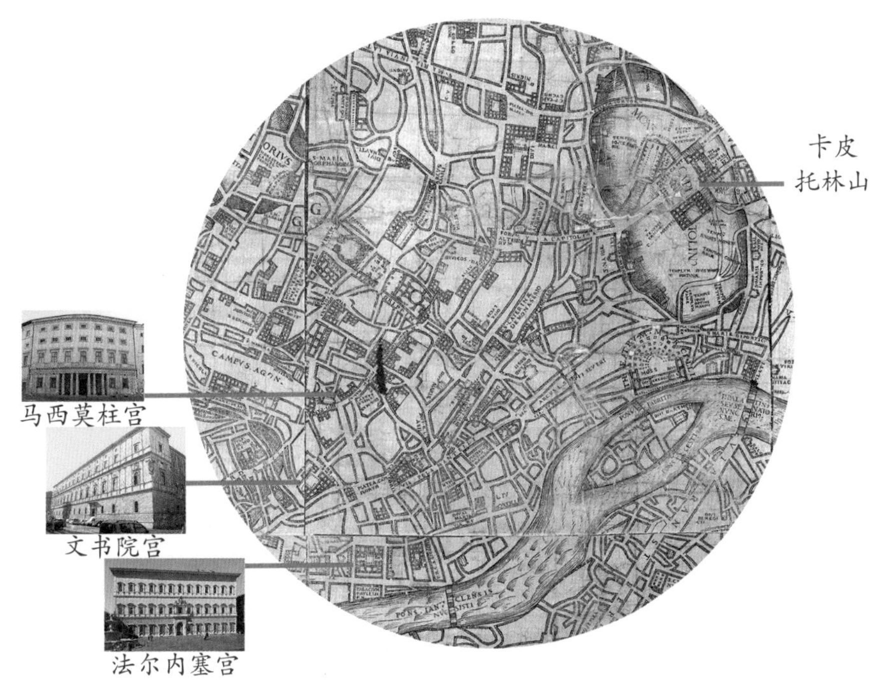

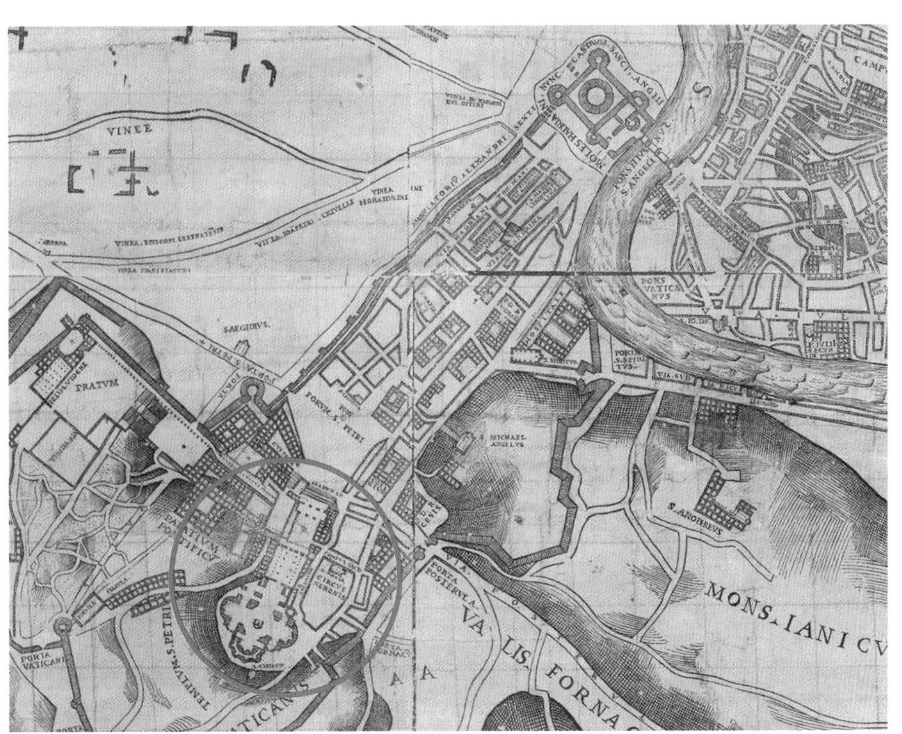

图 52
上图：布法利尼，《罗马地图》，城市中心细节图

图 53
下图：布法利尼，《罗马地图》，梵蒂冈细节图，圣彼得大教堂以圆圈标示

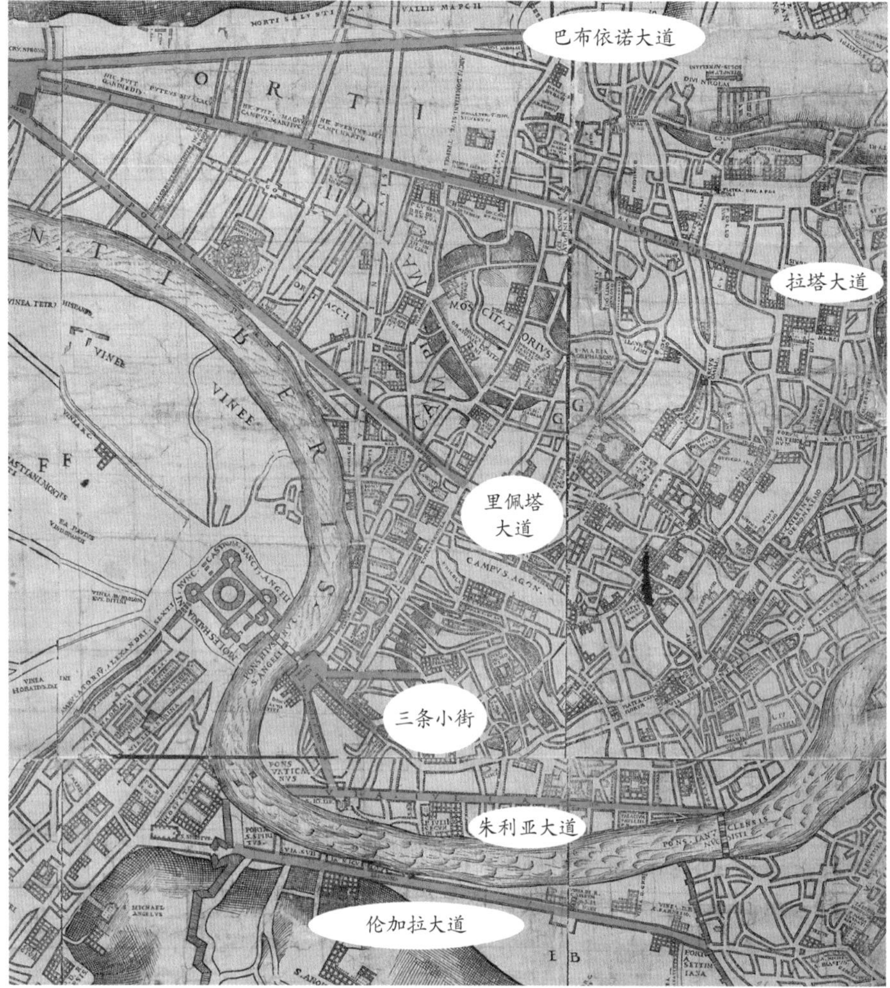

图 54
布法利尼，《罗马地图》，道路交通网细节图，新建道路用高亮标示

筑师，才又开始动工。在布拉曼特的最初计划上，米开朗基罗设计了一种希腊十字式平面结构：巨大的穹顶由下方的中心十字结构支撑，而十字四臂等长。这不同于更传统的拉丁十字式平面，后者的主厅更加狭长。尽管最后落成的教堂采用了一种折中设计，但布法利尼还是精确再现了 16 世纪中叶的那个设计方案。他还记录下了老圣彼得大教堂那屹立未倒的主厅：这座终将消逝的建筑与自身的替代品得以短暂共存。

布法利尼对城市肌理的绘制技艺赋予了罗马的街道高度可辨识性。截至 16 世纪中叶，许多教皇都为这个交通网的现代化建设做出了贡献。

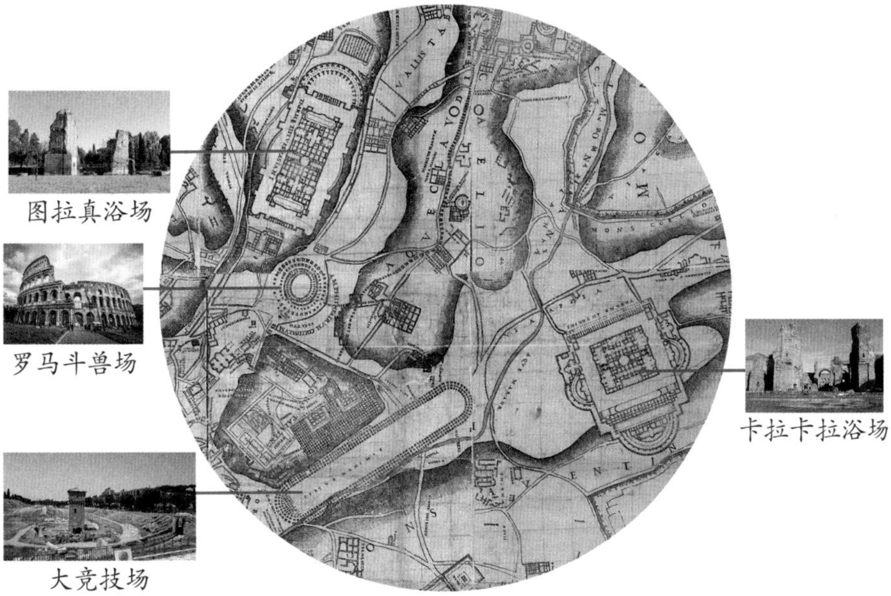

图拉真浴场

罗马斗兽场

卡拉卡拉浴场

大竞技场

图 55
布法利尼，《罗马地图》，绿化带细节图，其中含有当时存在或消失的各类纪念建筑

他们面临着一个巨大的挑战：罗马自诞生之初就是一个没有规划的城市，城中街道是随着时间的推移自动形成的。除了一个例外：古老的弗拉米尼亚大道（Via Flaminia），或者依其在城内的名字称之为拉塔大道（Via Lata）。这条大道是罗马城内的一条笔直中轴线，始于城市北端的人民之门（Porta del Popolo），向南一直延伸至卡皮托林山脚。不过到中世纪晚期时，作为城市主干道的这条轴线就被教皇大道（Via Papalis）取代了。这条路长而狭窄，从东南部的拉特兰圣约翰大教堂蜿蜒延伸至西北部的梵蒂冈和圣彼得大教堂。因为连接了罗马最神圣的两处建筑，所以许多教会游行都沿着这条路举行。其中最著名的是教皇的就任仪式。新当选的教皇会穿过城市，走完自己的基督教凯旋之路，表示象征性地占有城市。

文艺复兴时期的城市规划需要根除长久以来的固有模式，从而将新的方案嫁接到既有的城市肌理中去。15 和 16 世纪的大部分时间里，教会组织了一些零散的工程，随着时间的推移，效果不断累积。这些变化在布法利尼的地图里随处可见（图 54）。在地图的底端，两条笔直的新街在台伯河两岸延伸：左岸是朱利亚大道（Via Giulia），右岸是伦加拉大道（Via della Lungara）。而最显著的变化莫过于以最北端的人民广场（图

54 左上角）为原点向城中辐射开来的那三条笔直长街。

位于中间的是拉塔大道——如今我们称之为科尔索大道（Via del Corso）——是罗马最主要的购物大街。15 世纪 60 到 70 年代时，保罗二世对其进行了扩建和整顿。它的东侧是新建的巴布依诺大道（Via del Babuino），西侧则是里佩塔大道（Via di Ripetta）。后者可通向圣天使桥下另外三条较小的街——那里同样是交通要道，人们经此往返于梵蒂冈。慢慢地，这些交通要道改善了罗马的交通体系，既造福了当地人，也为游客提供了便利，并将城市带向了现代（或至少是现代早期阶段）。

不过，相比图中内容，地图本身的呈现方式更加值得注意。在当今这个拥有电子地图的时代，城市规划图随时可见。但在布法利尼的时代，这就相对前卫，主要流传于建筑师和军事工程师这种专家圈子当中，而不为外行人所知。布法利尼将所有元素按比例缩小，呈现在一张平面图上。这在当时是一种革新，与此前专为公众绘制的那些图画和鸟瞰图大为不同。

但是，这并不意味着这幅地图完全客观地描绘了 16 世纪的罗马。尽管布法利尼的确精确且忠实地记录了这座城市在文艺复兴时期的种种变化，但其中也包含了不少虚构甚至缺少相关实物证据支撑的夸张建筑元素（图 55）。尤其是罗马周围的大片区域，这里仿佛激活了布法利尼的想象力。其中规模最大的建筑图拉真浴场在当时不过几片残砖碎瓦，布法利尼却将其绘制成了一座巨大、复杂且完整的建筑。乍一看去，他的地图似乎十分科学，这证明在文艺复兴的表象之下也潜藏着对已逝过往的缅怀。这也不断提醒我们，地图从来都不是完全客观的产物，而常常是一种独立而主观的创造发明：在此，我们看到一位学者自豪地将自画像置于地图底部的中间位置（图 56），高调宣示着自己的绘图者身份。

图 56
布法利尼，《罗马地图》，图上的绘图者自画像。

一幅城市复兴全景图

到 17 世纪时，关于罗马地位的任何疑虑都已经被清扫一空。城市的复兴蓄势待发。城中人口不仅恢复到了罗马之劫之前的数量，甚至完成了翻倍增长，多达十万。新的教堂、宫殿和郊区别墅也如雨后春笋般出现。安东尼奥·滕佩斯塔那宏伟的全景图捕捉到了这个时代的动人之处——那是一种在严峻的挑战面前终于迎来胜利的感觉（图 57）。此处没有任何犹疑，只有乐观。在罗马城西侧的特拉斯提弗列区，贾尼科洛山傲然耸立，当观者于此地向下看去时，全盛时期的罗马风采便能尽收眼底：要想欣赏风光无限的远景，此处也是最佳观赏之地。诗人马夏尔（Martial）早就对此地感叹不已："从此处你能看到那七座宏伟的山丘，丈量整个罗马。"

布法利尼是第一个在地图中使用这个视角的制图家，滕佩斯塔则首次发挥出其巨大潜力。从这个角度看去，观者会产生一种腾空而起的感觉，仿佛置身贾尼科洛山山巅，这里的视野比之其他更高的山丘更为广阔。对于现代观者而言，这类似于从飞机上或是通过无人机看到的景象。不过显然，在发明飞机之前，这种视野完全是虚构出来的，这怎能不令人震惊。

这幅图靠近中心的一个地方格外引人关注，这是 16 世纪时罗马城最主要的计划修复对象，即米开朗基罗负责的卡皮托林山。卡皮托林山是罗马七丘中最小的那座，但也是最富象征意义的一座。在古代，它是城市的宗教中心；在中世纪，这里则是市民中心。到 16 世纪时，这里已走向衰败。杂草丛生的山顶上只坐落着几座中世纪和文艺复兴早期的建筑。北边的最高处是圣方济各教堂和天坛圣母堂（Santa Maria in Aracoeli），需要通过一段陡峭的阶梯才能从山脚抵达。这两座建筑东侧则是元老宫（Palazzo Senatorio），15 世纪中叶时尼古拉五世对其进行了部分修缮，顶上增修了一座塔楼，前方添加了一片凌乱且没有铺砌地面的广场。这位教皇还在元老宫南边修建了保守宫（Palazzo dei Conservatori）——一开始是民选司法机构的所在地，后来被西斯图斯四世用于收藏一些雕塑作品。

卡皮托林山在1536年时迎来了转折。当时查理五世刚在突尼斯战胜土耳其人，教皇保罗三世授予了他举行列队游行的荣耀。查理五世因此效仿从战场上得胜归来的古代皇帝举办凯旋游行，穿越了整个罗马城。继罗马之劫之后，这一举措正是为了彰显两股势力的和解。在古代，这种游行一般在行至卡皮托林山的高潮中走向尾声，但当时这座山的情况已经不足以满足这一需求。教皇意识到它需要在外观上有所改善，于是委托米开朗基罗将卡皮托林山改造成一片能担此重任的宏伟的公共空间。

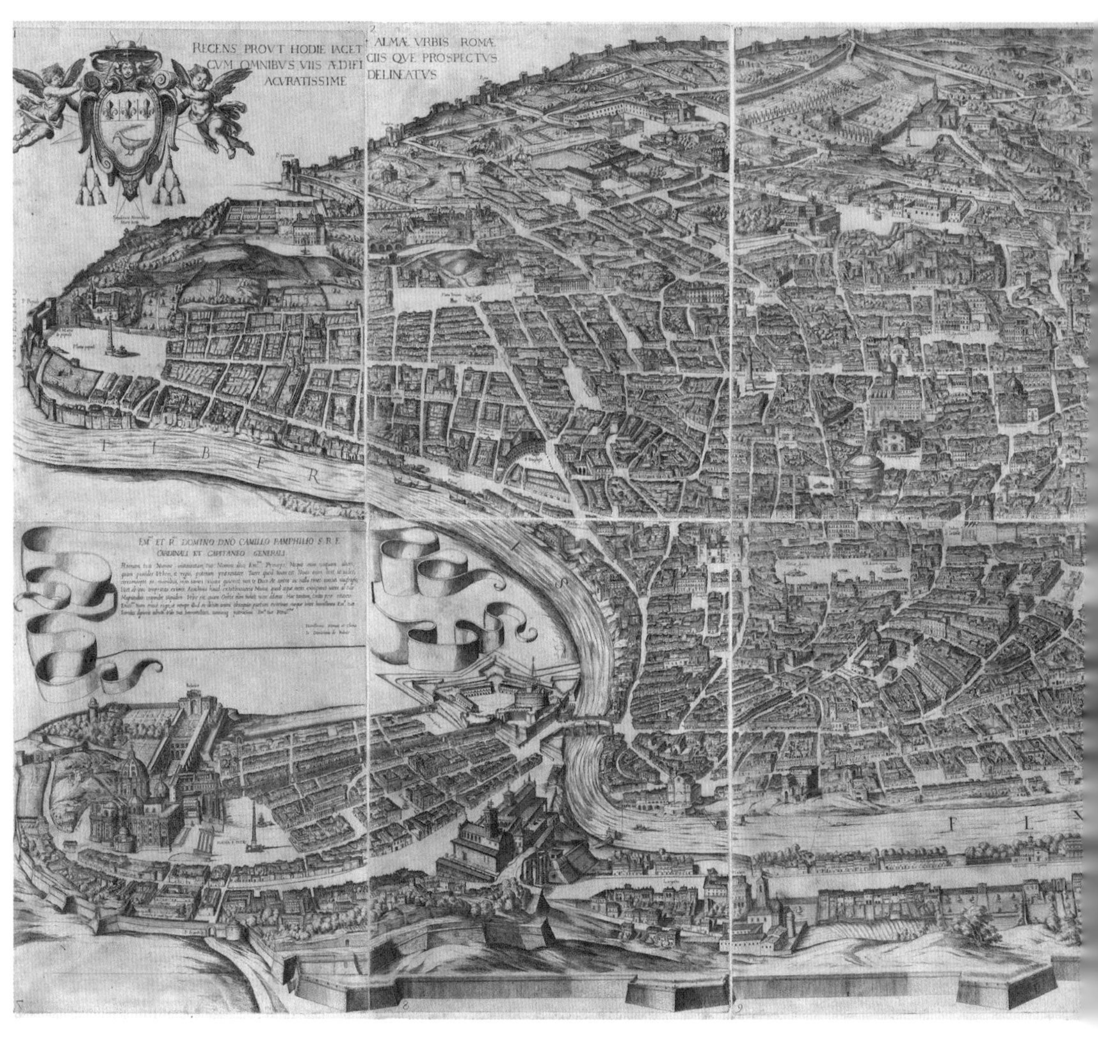

图57
安东尼奥·滕佩斯塔，《罗马鸟瞰图》（*Plan of the City of Rome*），蚀刻版画，1593年（1645年版），大都会艺术博物馆，爱德华·皮尔斯·凯西（Edward Pearce Casey）基金，1983年

米开朗基罗最终设计出一片结构对称而又秩序井然的绿地，意在与宇宙的几何结构遥相呼应，这些景观一直保存至今（图 58）。从城中前来观赏的游客需要爬上一长段台阶，登顶后将会看到两位“守卫”——两座驯马者的雕像。此外，庄重的梯形广场自四周微微向中心抬升，马可·奥勒留皇帝那尊著名的铜制骑士像屹立于此，正沉默威严地俯瞰着众生。

这片空间的最远处是元老宫，米开朗基罗赋予了它一副全新的文艺复兴风格外观，并在其底部装饰上一批精美的雕塑，这也为马可·奥勒留皇帝（雕像）增添了一个戏剧性的舞台背景。右边的保守宫按照古典风

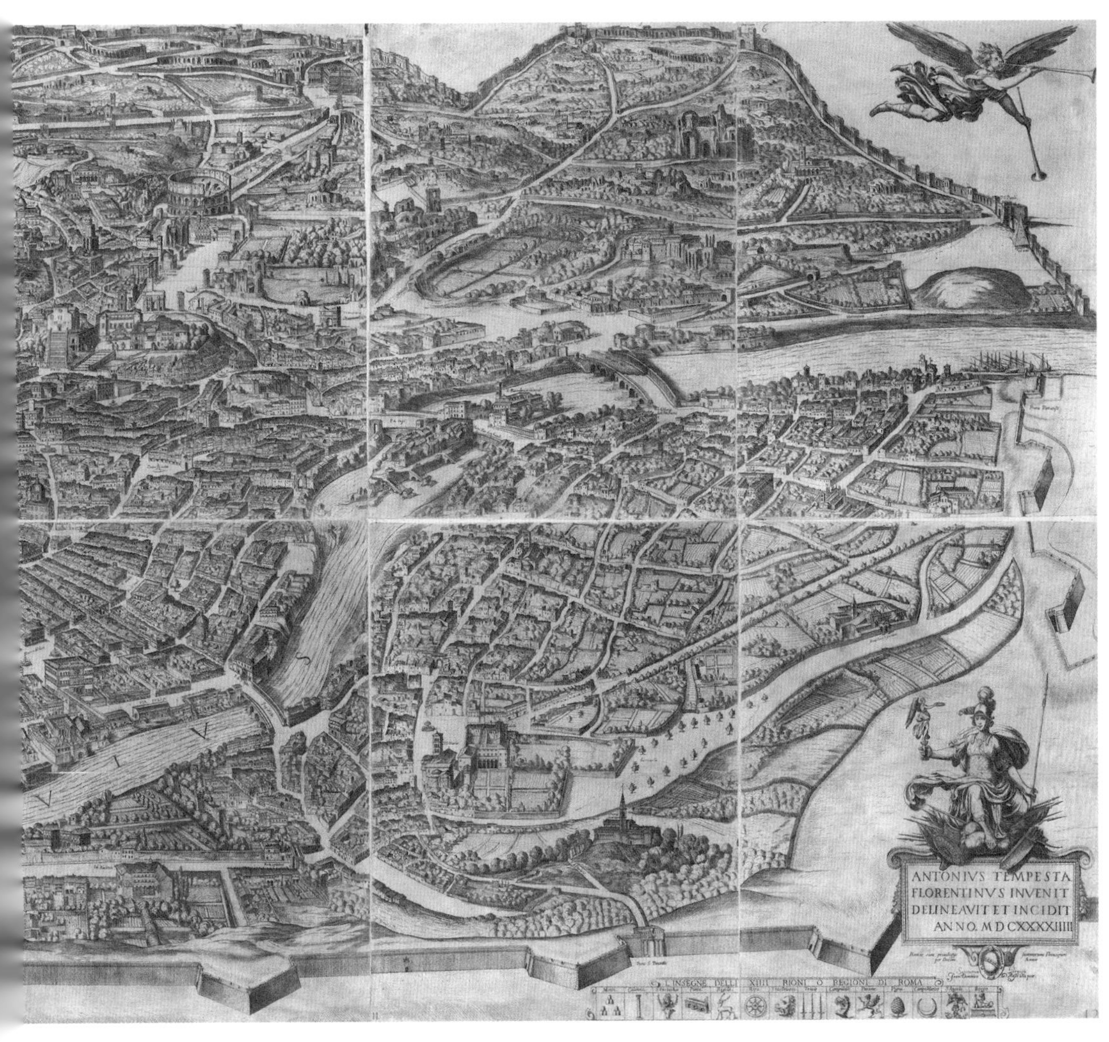

图 58
斯特凡诺·杜佩拉克，《米开朗基罗的卡皮托林山设计图》（*Michelangelo's design for the Campidoglio*），蚀刻版画，1569 年。大都会艺术博物馆，罗杰斯基金，转自图书馆，1941 年

格翻修了外观，与左边新建的新宫（Palazzo Nuovo）对称分布。后者几乎只是一个外壳，存在的意义只是为了使空间结构对称。总体而言，米开朗基罗设计出了一片极为壮观的舞台布局，这是文艺复兴时期罗马发展过程中一件极为荣耀的巅峰之作。

滕佩斯塔的地图（尤其是 1645 年的重制版）展现了该项目自构想后的一百年里的大致落成情形（图 59）。宏伟的新台阶一直通向对称风格的元老宫和刚修建完成的新宫，后者与坐落在附近天坛圣母堂阴影之下的保守宫相对而立。几百年来，米开朗基罗的设想中还有一个计划没有完成——呈放射状的步行道，它那暗示着天体运行的宇宙论内涵也一并沦为了遗憾。

滕佩斯塔的地图还见证了罗马城市史中另外一个重大的时刻。在 16 世纪 80 年代末期，教皇西斯图斯五世（Sixtus Ⅴ）开展了一系列大型工程，使得罗马城走上了急速发展的道路。与前任们集中修复罗马的居住区不同，西斯图斯五世聚焦于那些人口稀少的周边地带，视其为可供未来发展的区域。从建筑翻新到重新规划，这种转变极有远见：它意味着罗马人开始从回望过去转变为展望未来。

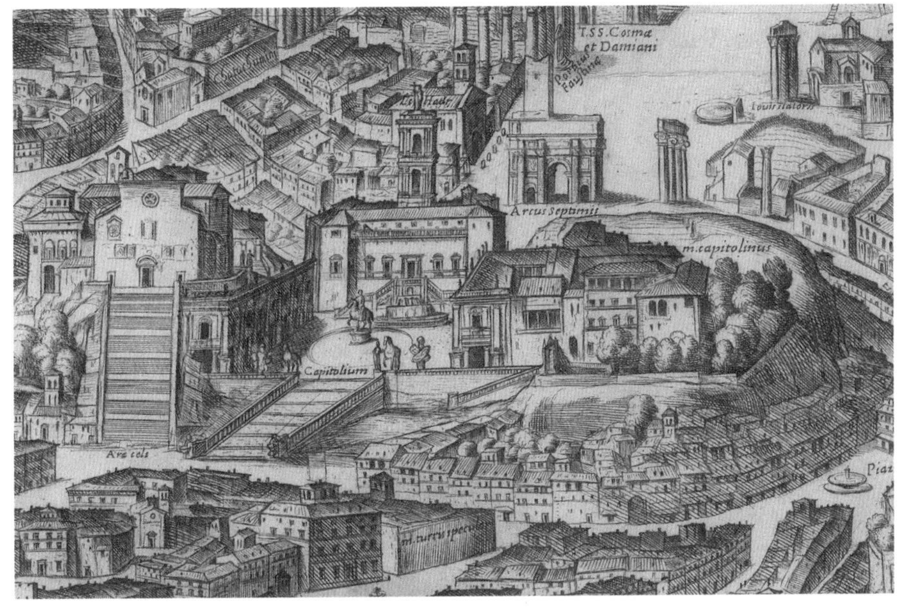

图59
上图：滕佩斯塔，《罗马鸟瞰图》，卡皮托林山细节图

图60
下图：滕佩斯塔，《罗马鸟瞰图》，圣母大殿（左上方）、拉特兰圣约翰大教堂（右上方），以及西斯图斯五世新建的街道细节图

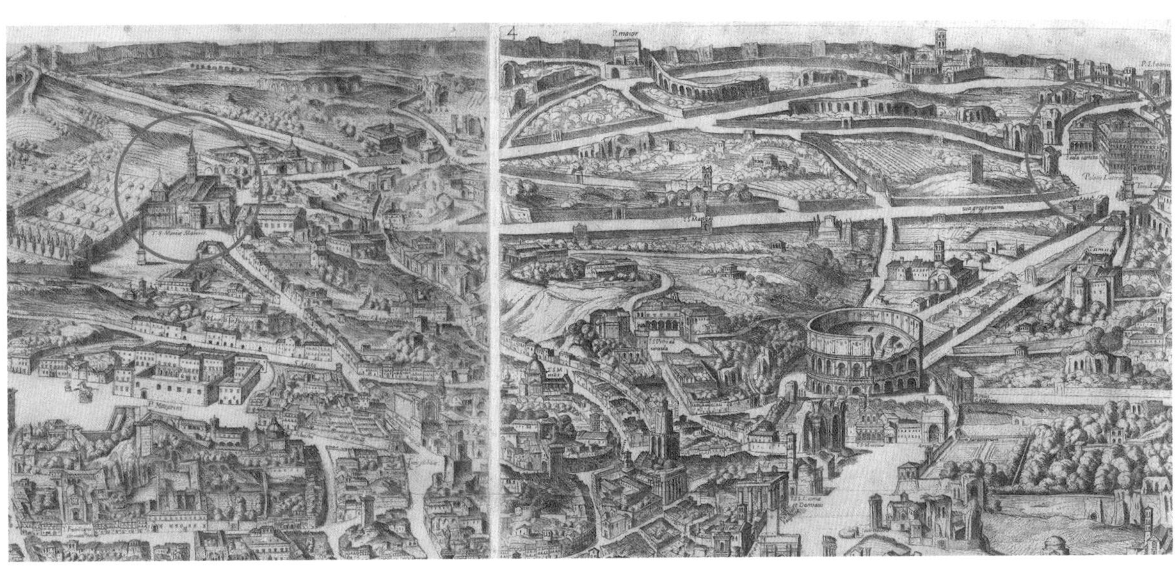

在滕佩斯塔地图的上半部分，一组由笔直长街组成的新交通网横贯城市。它们由西斯图斯五世的首席建筑师多梅尼科·丰塔纳（Domenico Fontana）所设计，最终于圣母大殿及周边民居汇集。在此之前，这些坐落于埃斯奎林山上的建筑几乎与世隔绝（图60）。有了这些道路，它们

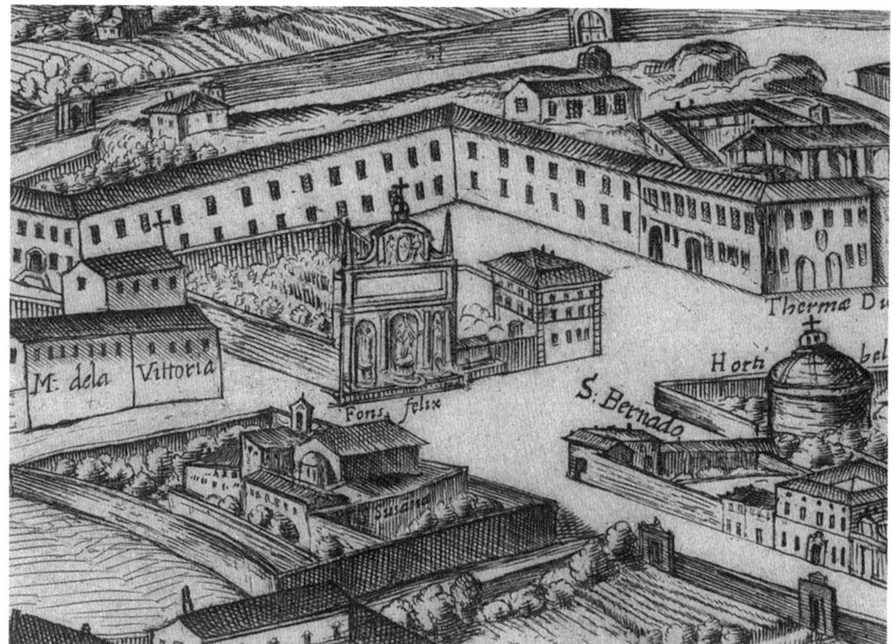

图61
滕佩斯塔，《罗马鸟瞰图》，
摩西喷泉细节图

从此与其他重要的教堂，比如拉特兰圣约翰大教堂，还有罗马斗兽场这种地标性建筑连接起来。在西斯图斯五世的交通网络中，许多道路交汇之处都以方尖碑为标志。它们在古时自埃及被掠夺而来，作为纪念性的战利品被置于罗马各地，但其中的大多数都在中世纪时期被推倒了。西斯图斯五世将它们重新竖立，这对它们本身而言就是一种胜利。

西斯图斯五世的道路网具有双重功能：一方面为朝圣者提供了干净而便利的路面；另一方面，也方便了之后长期定居于此的居民。不过要注意的是，这些路面并未被铺砌砖石，且直到19世纪，大多数的罗马街道都没有被铺砌砖石。罗马城中极具代表性的鹅卵石路是相对晚期才添建的。这些新修道路还反映出了一种新的交通发展趋势：马车开始逐渐令罗马那狭窄曲折的道路网不堪重负。西斯图斯五世的工程规划的影响远远超越了罗马本身。这些笔直长街纵横交错，由它们构成的干线道路网也深刻地影响了后世的城市规划，从朗方（L'Enfant）所设计的华盛顿到奥斯曼（Hausssmann）的巴黎，不一而足。

为了满足在周边地带进行扩建的另一个关键前提，西斯图斯五世还修复了一座名为亚历山德里纳（Alessandrina）的古代水道桥，以为这片区域供水。为了纪念西斯图斯五世，这座水道桥后被重新命名为费利切水道桥（Acqua Felice），因为教皇的教名为费利切·佩雷蒂（Felice Peretti），而“费利切”又有“欢乐”之意。在滕佩斯塔地图上，这座水道桥的存在由丰塔纳所设计的奎利纳尔山上的那座大型喷泉所暗示，后者恰好展现了摩西为他的人民带来水源的场景（图 61）。这也暗示着西斯图斯五世正是罗马人民的摩西。

滕佩斯塔的地图还展示了罗马中心地区的持续发展历程。一些新近

图 62
滕佩斯塔，《罗马鸟瞰图》，耶稣堂（右上方）、圣安德烈圣殿（中间）和新堂（左下方）细节图

冒出来的教堂建筑群值得注意，其中大多数都与当时的新宗教团体相关。作为罗马官方回应新教威胁的一种方式，这些团体逐渐在反宗教改革的动荡时期占据上风。新建筑中包括耶稣会的母堂大教堂——耶稣堂（Gesù）、圣安德烈圣殿（Sant’Andrea della Valle）、小谷圣母堂（Santa Maria in Vallicella）——又称新堂（Chiesa Nuova）。后两座教堂分别是戴蒂尼会（Theatines）和奥拉托利会（Oratorians）的主要活动建筑（图 62）。

当然，罗马最重要的教堂还是圣彼得大教堂（图 63）。滕佩斯塔描绘了它最终被添加上了米开朗基罗设计的穹顶之后的模样：在建筑师本人去世二十五年后，西斯图斯五世终于完成了这项创举。丰塔纳大张旗鼓地将一座方尖碑移至大教堂前，但除此之外，这片空地既不规则，又不齐整，贝尼尼设计的那片钥匙孔状广场尚待来时。相比之下，圣彼得大教堂后方那座通往贝尔韦代雷别墅的山丘则规整得多。沿山丘而上，可见

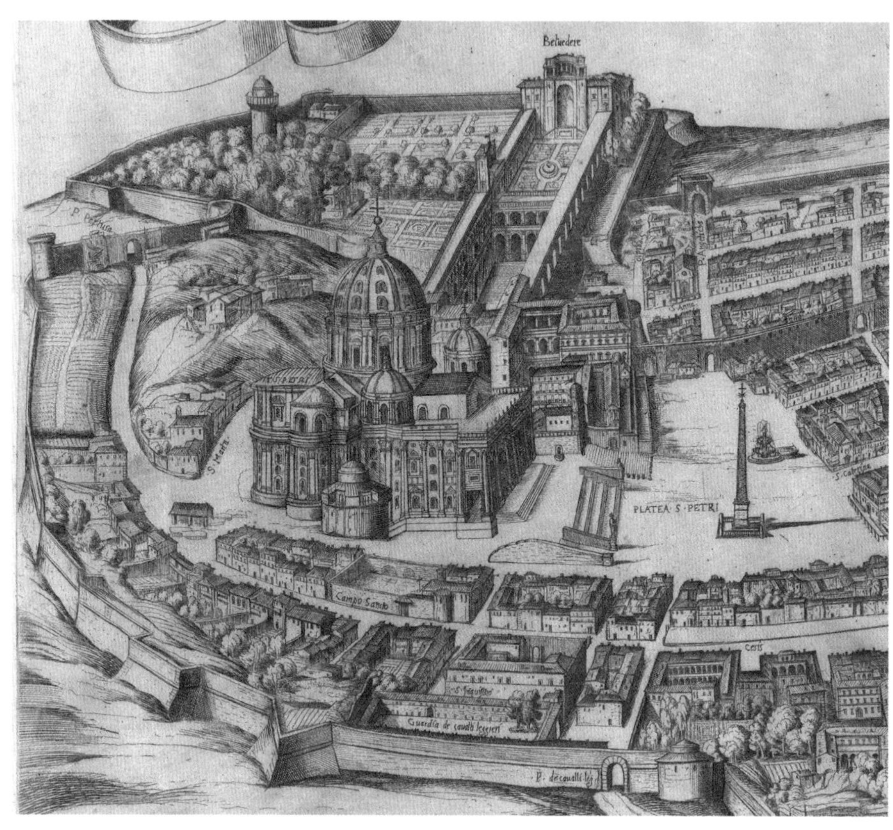

图 63
滕佩斯塔，《罗马鸟瞰图》，
圣彼得大教堂细节图

布拉曼特于16世纪早期设计的庭院。两条平行的长廊随之延伸，被新建的梵蒂冈图书馆截断去路。此时这片建筑群的形制已经非常接近梵蒂冈博物馆、图书馆和教会档案馆（Apostolic Archive）的现代布局。

滕佩斯塔的地图极具魅力，但实际掩盖了不少文艺复兴时期罗马的现实细节。任何地图都值得观者思考其中有哪些被省略了的元素。例如，这幅地图中没有出现有关短暂的“奥塔丘”（红灯区）的任何痕迹。该区由庇护五世（Pius Ⅴ）在16世纪60年代所设立，目的是对那些服务于罗马男性群体的女性性工作者进行管理。眼尖的读者还会发现犹太人聚集区的痕迹。这片封闭区域位于台伯岛对岸，是保罗四世（Paul Ⅳ）在1555年所修建，以便控制这个同样长期存在于罗马的群体。滕佩斯塔仅是轻描淡写地描绘了这些大门，却丝毫没有提及这座“监狱”中的恶劣环境。

任何地图，在某种程度上都是一种障眼法。地图或许很难展现出一些无形之物，比如宗教裁判所对思想的压制，在那个时代，像布鲁诺（Bruno）和伽利略（Galileo）这般伟人也会因自己革命性的理论而备受折磨，甚至遭受杀害。总体而言，如滕佩斯塔地图这类具有纪念意义的图画上不会存在卑劣与迫害这类元素。但在文艺复兴时期罗马的日常生活中，它们同那些宽阔的大道、恢宏的教堂、喷泉和宫殿一样常见。

延伸阅读

Burckhardt, Jacob. *The Civilization of the Renaissance in Italy*. Trans. S. G. C. Middlemore. London: Penguin Books, 1990.

Chastel, Andre. *The Sack of Rome*. Princeton, Princeton University Press, 1983.

Cohen, Elizabeth S. “Seen and Known: Prostitutes in the Cityscape of Late-Sixteenth-Century Rome.” *Renaissance Studies* 12 (1998): 392–409.

Hook, Judith. *The Sack of Rome*. 2nd edition. New York: Palgrave Macmillan, 2004.

Karmon, David. *The Ruin of the Eternal City: Antiquity and Preservation in Renaissance Rome*. New York: Oxford University Press, 2011.

Maier, Jessica. *Rome Measured and Imagined: Early Modern Maps of the Eternal City*. Chicago: University of Chicago Press, 2015.

Partner, Peter. *Renaissance Rome, 1500–1559: A Portrait of a Society*. Berkeley: University of California Press, 1976.

Redig de Campos, Deoclecio, Maria Donati Barcellona, et al. *Art Treasures of the Vatican: Architecture, Painting, Sculpture*. New York: Park Lane, 1981.

Rowland, Ingrid. "Rome at the Center of a Civilization." In *The Renaissance World*, ed. John Jeffries Martin, 31–50. New York: Routledge, 2009.

命运压垮了世间一切造物，罗马，你让我们看到时间是如何毁灭了一切。
罗马啊，曾经的你是如何享有盛名，而如今的你又是怎样在废墟之下暗无天日。

——克里斯托弗罗·兰迪诺（Cristoforo Landino，1424—1498 年）

罗马曾经多么伟大，且看那废墟无言自明。

——塞巴斯蒂亚诺·塞利奥（Sebastiano Serlio），1540 年

第五章 学者之城

学者兰迪诺和建筑师塞利奥用不同语言表达了相似的感受：他们敏锐地意识到，过去的罗马更加宏伟。作为文艺复兴盛期的中心城市，罗马在这一时期重获新生。矛盾的是，也正在这个时候，不少有识之士开始回望过去，惆怅地怀念起这座古城逝去的辉煌。事实上，现代性与伤感过去这两种境况总是相伴而生，实为一体两面。双重关注——既沉迷于自身在历史上的地位，又着迷于古代时期——成为这段时期的特色。由此，一种怀旧之情以前所未有的态势席卷而来，也就不足为奇了。

废墟正是酝酿这种情绪的源地：它们遍布于城市的每一个角落，人们无法视而不见（图 64）。即便处于衰败之中，它们也是罗马最引人瞩目的地方，只有新圣彼得大教堂和其他一些雄心勃勃的文艺复兴建筑才能勉强与之比肩。支离破碎的外观赋予其格外的魅力，缺失的部分仿佛是在邀请观者自行于脑海中填补空缺，想象这些断壁残垣恢复如初。这

图 64
埃吉迪乌斯·萨德勒（Aegidius Sadeler Ⅱ）依据斯特凡诺·杜佩拉克的作品所绘制，《卡拉卡拉浴场遗迹》（*Ruins of the Baths of Caracalla*），蚀刻版画，1606 年。大都会艺术博物馆，菲利斯·马萨尔（Phyllis Massar）遗赠，2011 年

样做的结果将不可避免地带上浪漫色彩。毕竟，废墟传达的是一首静默之诗。它们仿佛是对现状、对时间的流逝，也对世人的狂妄之举默默作出的带有教化色彩的评论。人们可以为其附着上任何含义与信息。

正如我们将在本章中看到的那样，16 世纪及之后的制图家们正是这样做的。他们对罗马那些可见的古代废墟的回应极具私人特征和独创性。对于巴尔托洛梅奥·马利阿尼（Bartolomeo Marliani）而言，废墟是无可争议的客观存在，需要被记录下来。而对于他的头号对手利戈里奥而言，这些客观存在，即这些残破的废墟，只是恢复这座古城往昔荣誉的开端。利戈里奥也是罗马废墟最伟大的诠释者乔万尼·巴蒂斯塔·皮拉内西的先辈，后者在两个世纪后为所谓的历史现实赋予了深刻的责任感。对他而言，废墟存在的首要意义是激发丰富的想象力，帮助他绘制地图。

在地图上，制图语言呈现出对过去的想象。这些制图者都具有丰富的学识，而他们之间的显著差别则彰显了创造力曾在学术研究中占有多大的比重——可见二者之间并无抵牾。

对废墟的迷恋不过是文艺复兴时期人们对复兴罗马往昔荣誉的巨大热忱中的冰山一角，但这也确实十分重要。因为渴望获取更多关于废墟的信息，艺术家和建筑师们做出了前人未曾设想过的创举：通过个人观察甚至考古发掘来研究其结构和风格特点。据传记作家安东尼奥·马内蒂（Antonio Manetti）的记载，15 世纪初期，建筑师菲利波·布鲁内莱斯基（Filippo Brunelleschi）试图“重新发现古人那精妙而天才的建造方式，以及建筑比例和谐的秘诀”。为了达到这个目的，布鲁内莱斯基“为罗马几乎所有的建筑都绘制了草图”，而且“还在许多地方进行了挖掘，以便探查建筑结构”。在今天看来，这些活动算得上稀松平常，但在六百年前，这种事可以说是闻所未闻，以至引起了他人的质疑。

假如马内蒂的故事是真实的，那么布鲁内莱斯基就是最早实践现代考古技术基本原理的工匠之一。他们不惜弄脏双手也要以实证方式获得一手数据。他们的最终目的并不一定是完善历史记录，或像现在的考古学家一样想要更好地了解消逝的文化。他们对此的兴趣更具私人目的和实用性：寻找古代艺术和建筑的隐秘知识，以便在自己的绘画和设计中加以模仿。这也就解释了何以最初的考古学家并非受古典学训练的学者。因为相比之下，后者更加重视文献、钱币和铭文，更常在安静的书房中细细研究。

布鲁内莱斯基之后的一个世纪里，包括平图里基奥（Pinturicchio）、基尔兰达约和拉斐尔在内的画家们都热切盼望着能够从地面上的洞口进入地下，前往尼禄金殿中那些黑暗而幽深的地下房间。在那里，他们能够借助烛光，以惊奇的眼光欣赏其中奢华的布景，描绘那些保存完好的公元 1 世纪的灰泥和壁画装饰。一位来自米兰的无名画师曾在 16 世纪时发表过这样的经验之谈：“没有人在看到那些恢宏宫殿和断壁残垣之后，还能硬下心肠不为之啜泣；罗马曾是如此高高在上，如今它们不过是一些带有浮雕灰泥的残破洞室。”许多艺术家都试图通过自己的绘画、建筑装置和设计来重现那些宏伟的宫殿和断壁残垣，其中最著名的例子莫过于拉斐尔的玛达玛庄园（Villa Madama）。但就媲美古代建筑这个目的而言，这座恢宏的建筑也只是实现了部分计划。

对废墟的迷恋也同时影响了西方古典主义——即在文学和艺术方面模仿甚至超越古希腊古罗马的风格，从而具象化那个时代的理想典范（例如美学、政治等各个方面）。一种常见的观点认为，古典传统曾在中世纪欧洲消亡，直到文艺复兴时期才被再次发掘，但这其实是误解。事实上，中世纪时期曾出现多次古典主义风潮，只不过对当时的艺术家和赞助者而言，这只是众多风格中的一种。尽管如此，古典主义还是在文艺复兴时期获得了一定程度的关注和地位，而且具有了全新意义，充分发挥了一场文化运动的势能。

自那时起，古典主义就再未消失于人们的视野中，且在几百年来保持着自身的优势：从 17 至 18 世纪风靡英国的帕拉第奥式（Palladian）建筑，到 18 世纪晚期至 19 世纪法国的新古典主义绘画，从 19 世纪美国的学院派建筑到 21 世纪的“新古典”建筑，不一而足。与此同时，一场运动的影响也可以在一定程度上通过其激起的反响得到衡量。古典主义风格既可以被视为好的一面，也会被视为不好的一面。它既与自由画等号，被视为民主的象征，也与殖民主义相提并论，被当作压迫的代表。无论是人民、机构还是统治者，都可以利用它来表达稳定性、权威性和神圣性。

因此，古典主义引导了许多艺术革命推翻文化权威：从现实主义和印象主义到现代主义和后现代主义，从概念艺术到表演艺术。对于历史上不计其数的艺术家和艺术运动而言，无论是支持还是反对，古典主义都是一个基本的参考线。

在 15 世纪和 16 世纪，这类反对还尚未出现。当时该潮流方兴未艾，在之后的几个世纪里，才开始不断有人对其进行再利用，并为其附加上一些有争议的关联。与此同时，文艺复兴时期人们对于废墟的偏好还有一个极为有益的影响：它为现代的遗迹保护运动奠定了基础。16 世纪时，许多评论家开始为罗马废墟的损毁悲痛不已。也正是在那个世纪早期，拉斐尔在人文主义者巴尔达萨雷·卡斯蒂廖内（Baldassare Castiglione）

的帮助下，向教皇利奥十世（Leo X）递交了一封正式函件，促请他着手保护罗马的古代建筑。“看到这座神圣而高贵的城市沦为一具死尸，”他这样写道，“诚然是一种莫大的痛苦。她曾是世界的女王，如今却残败不堪。”他继而感慨：“许多美好的事物都被毁灭了……许多廊柱从中断开，成了颓垣败壁，楣梁与美丽的雕带也都破败不堪。”这些话语显然意在呼吁教皇有所行动。

为何罗马的废墟会产生如此严重的毁损？这个问题的答案又会引出文艺复兴时期的另外一个矛盾点：钦慕古代的同时也伴随着对它的毁灭。拉斐尔敏锐地意识到，这一切不应该完全归罪于外来的入侵者，他们的确在过去洗劫了罗马，但真正破坏罗马的却是有权势的内部人士。“有多少教皇，”他问道，“曾默许了对古代神庙、雕塑、拱门和其他建筑的拆毁？这些都是祖辈的荣誉啊。”这么做的理由很简单：从古代遗址拆来的大理石可以为当地提供建筑材料。它们既可以直接融入新的建筑，也可以被煅烧为石灰用于制作砂浆。令现代人感到震惊的是，当时的人们为了方便，会将大型烧窑直接置于广场之上。如此一来，人们就可以在现场夜以继日地进行煅烧，以支持罗马的建筑热潮。文艺复兴时期，人们在拆毁古建筑遗迹方面的破坏力远远高于中世纪时期。象征着城市和教会复兴的新圣彼得大教堂看起来金碧辉煌，它的建成却是以成百上千座古代建筑和雕像化为灰烬为代价。

拉斐尔本人是这种矛盾的典型代表。一方面，他意识到现实状况的可怕之处，并呼吁人们进行改变。“我胆敢这样说，人们今天见到的这个新罗马，”他在写给利奥十世的信中这样说道，“借由宫殿、教堂和其他建筑，显得如此宏伟、如此美丽，因为它完全是由古代大理石煅烧而来的砂浆建设而成。”另一方面，尽管拉斐尔在卡斯蒂廖内的协助下向教皇发出如此动人的呼吁，他终究是圣彼得大教堂的官方建筑师，而且还是教会的“文物督察”：这个职位让他有权决定哪些建筑和物件将要被用于建设宏伟的新教堂，抑或被送去窑炉。尽管在拉斐尔的时代出现了早期的文物保护意识，这种思想却在接下来的几个世纪里都没能开花结果。

无论如何，文艺复兴时期大多数古物爱好者都有更加宏大的计划。让他们夜不能寐的想法远比保护文物更加激进：他们梦想着完全修复这座古代城市及其建筑，获取关于它的全部信息，让一切问题都得到解答。尽管人们无法在现实中重建黄金时代的罗马，但可以在纸上将其重现。为此，16 世纪涌现出了一批新的文学和视觉艺术类型，包括一种新型地图。这类地图意在从基础开始重建这座早已消失了的城市，包括所有现存和只能靠想象描绘的遗迹。这正是本章中将要探讨的那些制图家的切入点。

上一章中，我们已经在如莱昂纳多·布法利尼所绘制的那类地图中看到了这一趋势：将文艺复兴时期罗马的现实情况与对这座城市往昔的构想融为一体。本章中的地图将这种做法推向了新的高度：对城市现状予以彻底清除。这些作品有时被称为“考古平面图”，但这个术语其实并不贴切，因为它意指一种现代、客观的手段，以进行冷静而精准的重建为目的。尽管文艺复兴时期的部分制图家，例如马利阿尼的确以此为目标（虽然他们当时还没有实现这一目标的工具），但像利戈里奥这类制图家则沉醉于创造性工作。文艺复兴时期的罗马重建工作呈现出多种形式。从学术性到幻想性的，这些回溯过去的作品让我们看到这座城市的历史曾在大众想象之中占有何等重要的一席之地。

通过视觉图像来重现罗马破碎的历史，这种愿望并未随着文艺复兴的结束而走向消亡。本章中我们将会看到，它随着皮拉内西那引人入胜的图景达到了新的高度。同样值得注意的是，这一愿望直到今天也仍旧热度不减。在电影《角斗士》（*Gladiator*）或者美国 HBO 电视网的《罗马》（*Rome*）这类影视剧中，故事情节并不是观影的全部乐趣，生动的画面同样抓人眼球。那些画面让我们回到两千年前，体验到这座城市的伟大与卑劣之处。即便在当今这个互联网时代，最受欢迎的罗马旅行纪念品也肯定是“罗马的前世今生”这类书。因为读者在书页之间就能往返于过去与当下，看到同一地点在不同时代所呈现的景象。近来一些应用程序也将这项经过时间检验的大众娱乐活动带向了 21 世纪。

这份名单还可以涵盖本书中探讨过的其他致力于城市重建工作的平台，例如在第二章中提到的鲁道夫·兰恰尼的规划图、斯坦福 / 俄勒冈 / 达特茅斯大学（学院）共同研发的 mappingrome.com 网站、意塔罗·吉

斯蒙迪的模型和伯纳德·弗里舍的“罗马·再生”项目。电子游戏《刺客信条：兄弟会》（2010年）也重现了罗马16世纪的城市风光（图65；对比图58）。换言之，重建都针对的是兴起重建之风的那个年代。作为以上项目中唯一一款游戏，某种程度上，《刺客信条》中所有的重建，包括制作方所承诺的虚拟时空旅行体验，都带有游戏的元素。但无论如何，不管他们的目的在于强行将过去拉进现实，书写或改写一个遥远的时代，还是在于躲进一段被美化的历史当中，这都是相当严肃的。

图65
《刺客信条：兄弟会》中卡皮托林山截图，2010年。©Ubisoft Entertainment（育碧游戏）

考古学的初期发展

巴尔托洛梅奥·马利阿尼是学者中的学者。他曾引领那些博学的同行们游遍罗马，与他们分享关于城市古迹的渊博知识。他绘制了一幅横贯两版的木刻地图（图 66），附于他为那些古物同好所撰写的一本有关古代罗马的指南中。这幅地图是那本指南中尺寸最大的插图，但在外观上还是显得相对朴素了些。图中没有太多细节，其他印刷地图，尤其是那些单独出版的地图上令人炫目的装饰元素，这里一个都没有。

读者在观察这幅地图时，要花上好一会儿才能厘清图上的方位。图中最显眼的是罗马的山丘，其外形仿佛成堆的粗粝黑石，主要分布在地图顶端和底部，并在中间部分纵向分裂为几段。台伯河斜插穿过，自地图左上角到右下角，自北向南流过。那些将山丘阻隔开来的峡谷仿佛张大的狗嘴中吐出的一条长长的舌头。

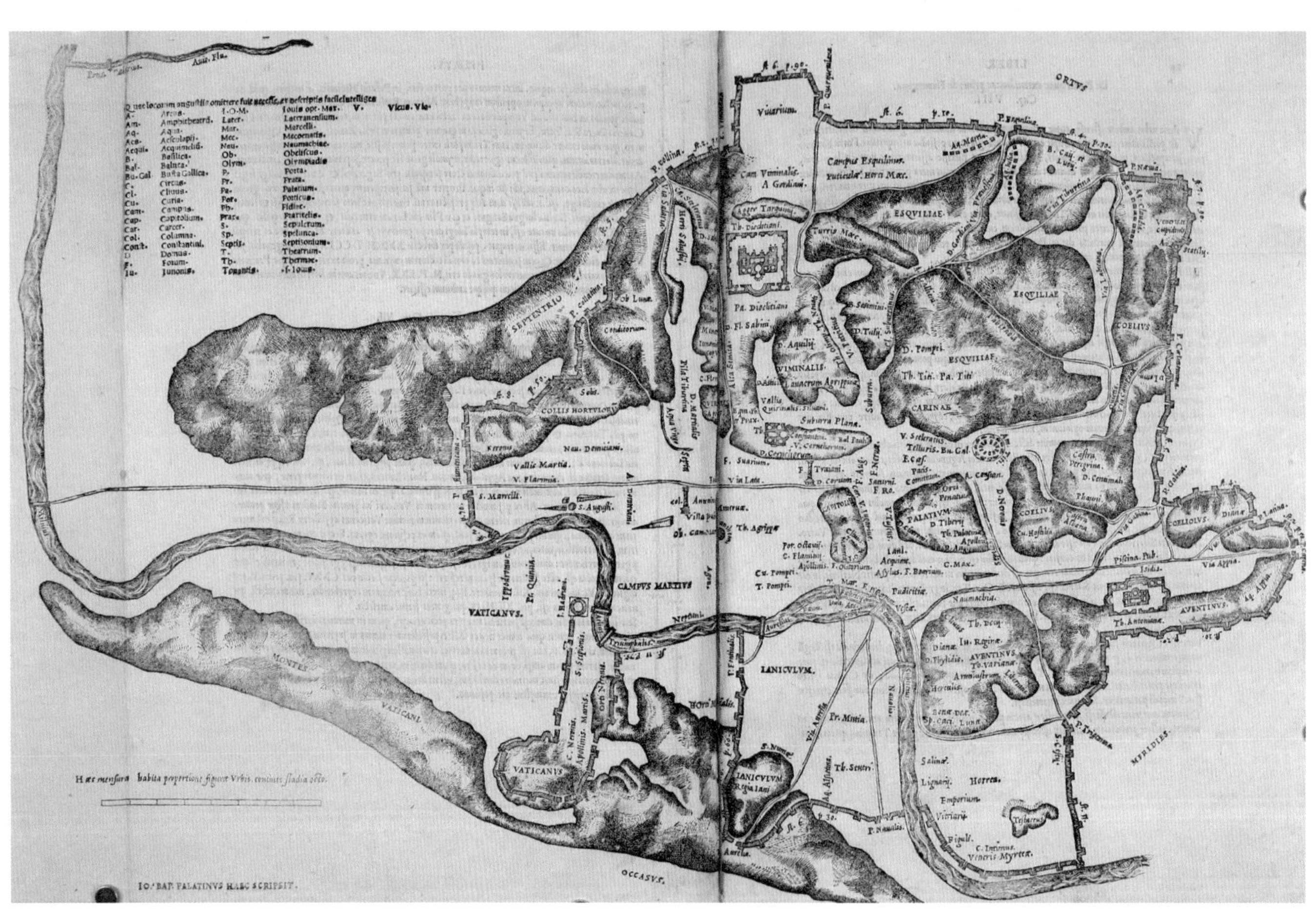

图 66
巴尔托洛梅奥·马利阿尼，《帝国时期罗马地图》（*Map of Imperial Rome*），木刻版画，摘录自《罗马城地形图》（*Urbis Romae Topographia*），罗马，1544 年。盖蒂研究所，盖蒂开放资源项目电子图像

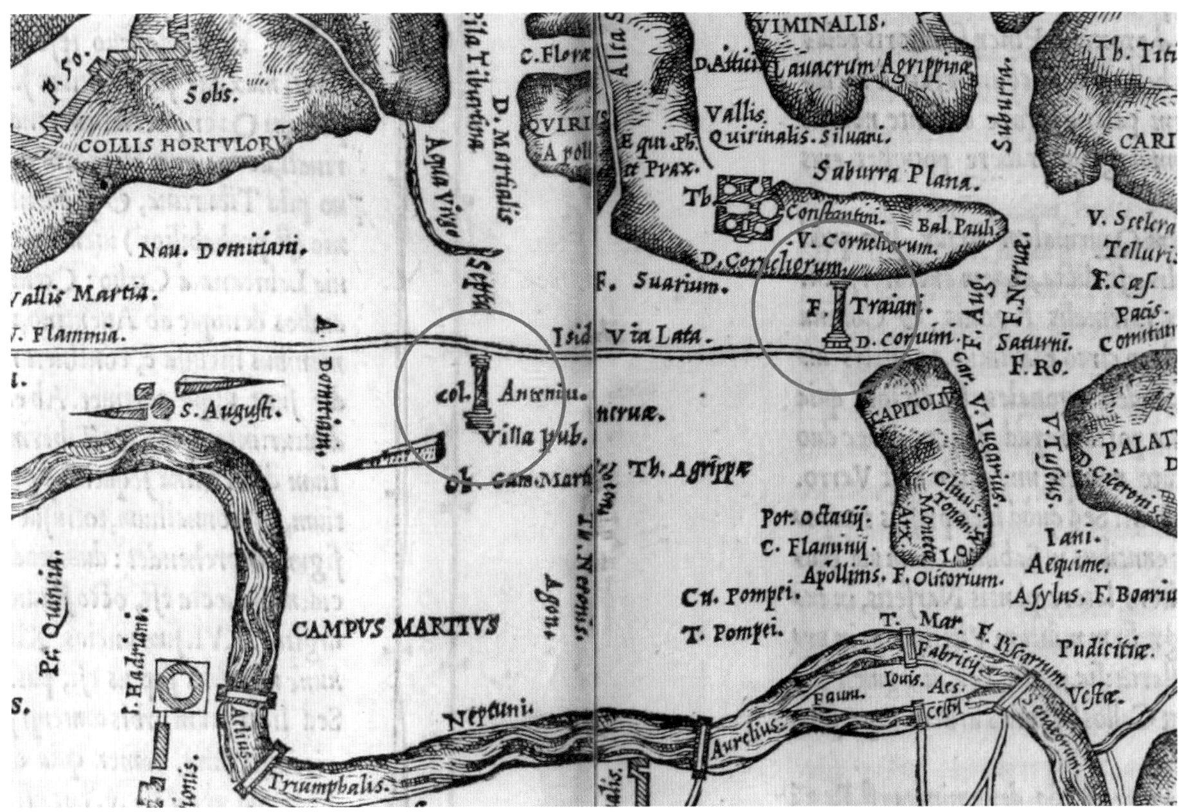

图 67
马利阿尼，《帝国时期罗马地图》，城市中心细节图，帝国时期的纪念柱以圆圈标示

若是观察得再仔细些，就能看清楚分散在罗马这片土地上的一些人工痕迹：奥勒利安城墙并非一个规则的圆环，内部分布着好几座建筑的平面图。在城市中央靠近台伯河第一个河曲的地方，一些埃及方尖碑倒在地上（图 67）。在它们右边则笔直地矗立着马可 · 奥勒留的纪念柱和图拉真纪功柱（Column of Trajan）。除此之外，作者对市中心的刻画仅有寥寥几笔。若是撇开这些山丘，整个城市将会显得异常空旷。

这幅地图看起来格外精简，但它在很多方面都超乎寻常，包括它选择和没有选择展示的内容、它展现事物的方式，以及其中所蕴含的更深层含义。马利阿尼的地图是一座里程碑：它是最早以印刷方式出版的罗马测量平面图，比布法利尼那个更加华丽的版本还要早上几年。而这只是两张地图之间耐人寻味的许多相似点之一。它们不仅都是平面图，且朝向一致，都依比例缩放，还都沿着奥勒利安城墙的轮廓记录了一些量度尺

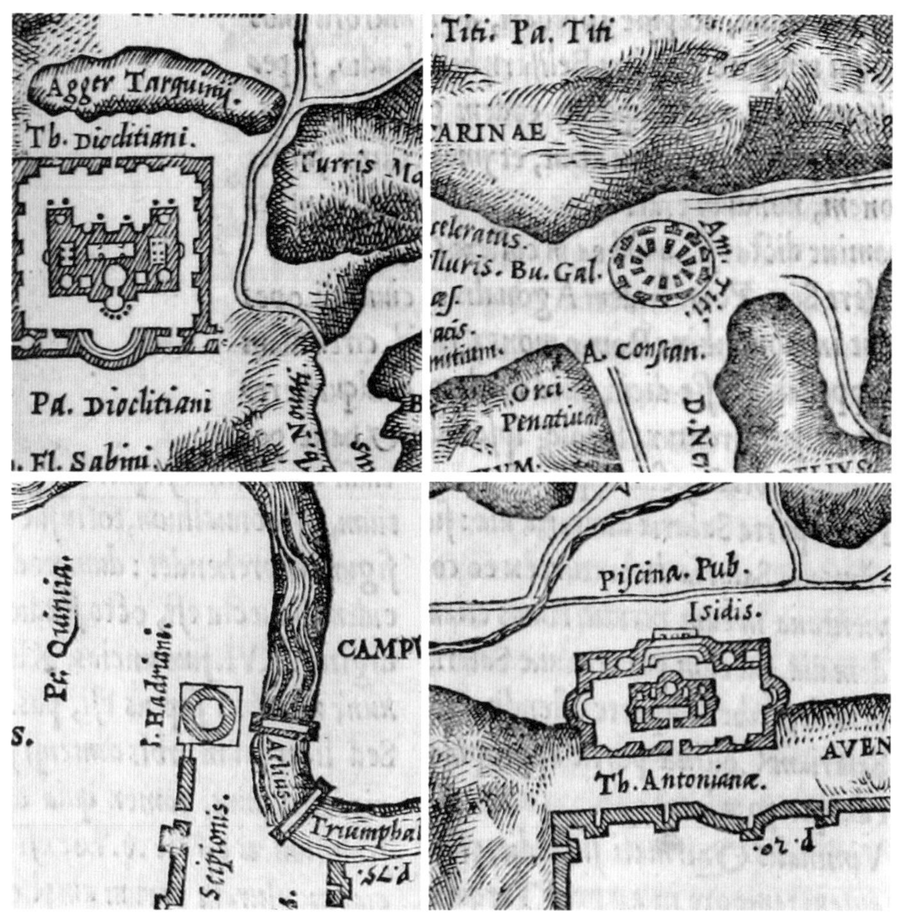

图 68
马利阿尼,《帝国时期罗马地图》,(从左上角按顺时针顺序分别为)戴克里先浴场、罗马斗兽场、卡拉卡拉浴场和哈德良陵墓细节图

寸。两幅地图都以类似的方式描绘了山丘,用双向影线(即相交的平行线)将其与未着油墨的平地加以海拔上的区分。这种技术可以被视为等高线的初级形式,而后者是现代地形图中常见的惯例。

这些相似处不可能只是偶然。有观点认为布法利尼和马利阿尼不同,前者拥有专业的测量技术,曾帮助后者绘制地图。也有推测认为在布法利尼还没有彻底完成地图的时候,马利阿尼可能就已经见识过前者的作品了。当然,这两幅地图也有许多显著的差别。布法利尼结合历史年代重现了完整的建筑;马利阿尼则反对年代错置和假想。他的地图主要描绘的是帝国晚期的罗马,避免了布法利尼混乱的时空排布。地图中,马利阿尼描绘的最晚修建的建筑是 4 世纪初期所建的君士坦丁浴场。整幅地图中只有一个在当时不存在的元素，那就是围绕着梵蒂冈的 9 世纪建筑——狮墙。

另外一个差别是，马利阿尼只绘制了那些在他的时代仍然幸存的 4 世纪建筑的平面图。可以想见，马利阿尼可能不太喜欢描绘那些他没有亲眼见过的建筑形式。因为这个缘故，只有少数几个保存完好的古迹出现在了他的地图上，包括哈德良陵墓、万神殿、罗马斗兽场以及卡拉卡拉浴场、君士坦丁浴场和戴克里先浴场（图 68）。对于那些可以确认位置却已经消失了的建筑，马利阿尼只用记号标示了地点，并没有描绘图像。

如此，马利阿尼便完成了一幅相当精简的古罗马图像：几乎是一座鬼城。就当时的认知水平而言，这幅地图已经做到了尽可能的精确，但显然难以生动地刻画出罗马如日中天时的盛世境况。相反，它诚实地展现了随着文艺复兴的展开，有多少事物已经逐渐消逝——不仅是建筑的消逝，而且是意识上的淡漠。这座古城开始变得遥远而陌生。对其他制图者而言，这个结论令人难以接受。

一座古罗马主题公园

利戈里奥，这位聪明而古怪的古物学家、画家兼建筑师出生于那不勒斯，并凭借努力进入了罗马赞助人的核心精英圈子。在他的诸多杰作中，包括坐落于梵蒂冈的庇护四世的城郊别墅（Casino of Pope Pius Ⅳ），以及位于蒂沃利的景色优美的德·埃斯特庄园（Villa d'Este）。后者距离罗马城约十九千米，是为来自费拉拉贵族家庭的红衣主教伊波利托·德·埃斯特（Ippolito d'Este）所建造。此外利戈里奥还是一位制图师，在他的职业生涯中，曾出版过许多欧洲国家和地区的地图，其中一些专门描绘了罗马。

在那个年代，对古代城市的迷恋常见于知识分子群体之中，利戈里奥也不例外。他对于了解罗马过往的强烈渴望几乎无人能比，从他那卷帙浩繁的笔记和图绘中就能看出这份驱动他的热情。这些一手材料

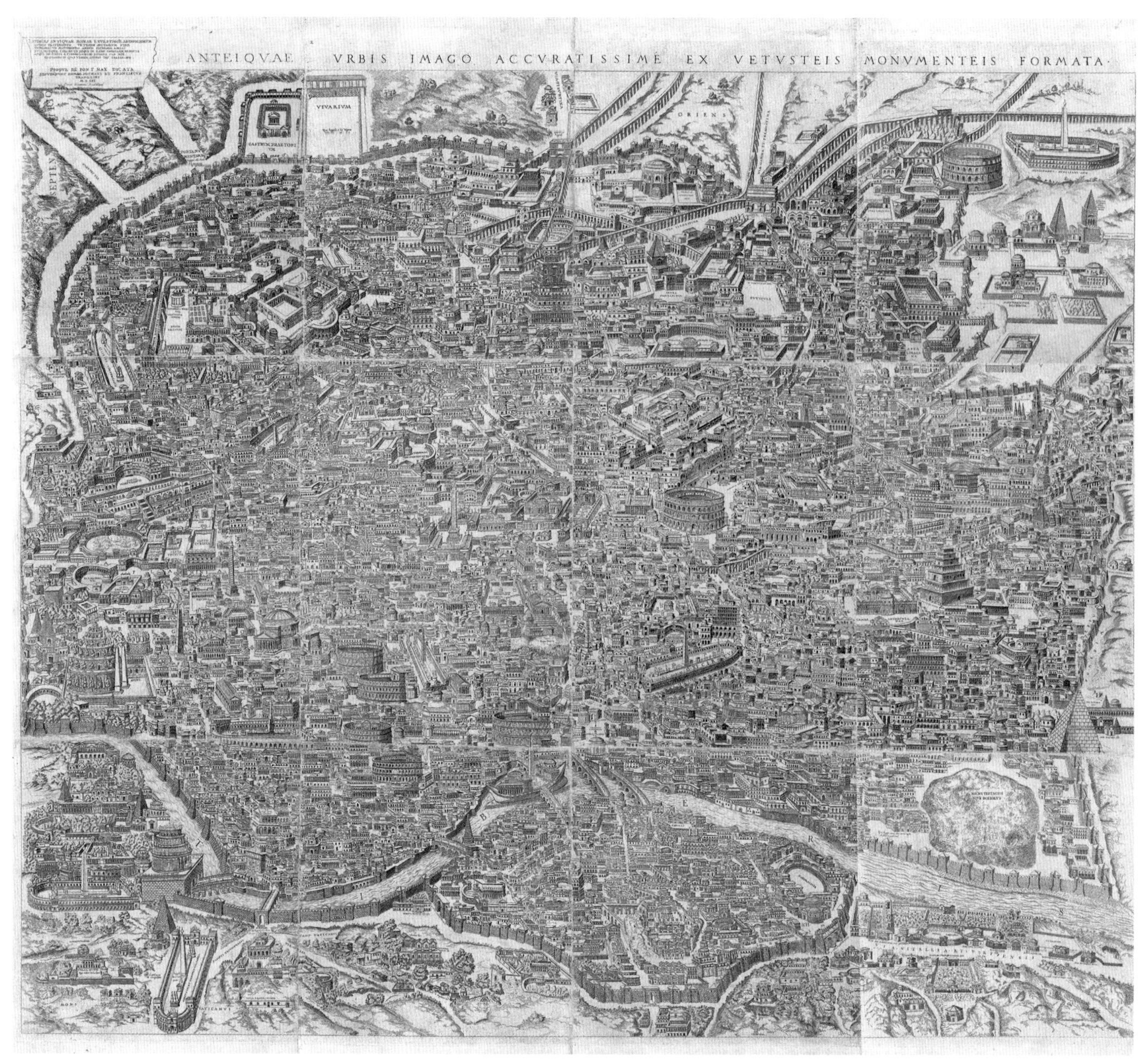

图 69

利戈里奥，《从古代遗迹中精确复原的古代城市地图》（*Anteiquae urbis imago accuratissime ex veteribus monumenteis formata*），雕刻与蚀刻版画，1561 年，由乔万尼·斯库代拉里（Giovanni Scudellari）再版（1820—1830 年）。盖蒂研究所，盖蒂开放资源项目电子图像

原本是为一部皇皇巨著准备的素材，可惜未能付梓。1553 年，利戈里奥出版了另外一本关于古代的小书，他在其中写道，自己想要“全心全力地恢复和保存关于古代事物的记忆，并满足那些在其中感受到快乐的人”。

1561 年，利戈里奥终于出版了一幅巨大而精细的古罗马鸟瞰图（图 69），再没有其他例子更能代表其个人目标的实现了。在深入研究这幅作品和马利阿尼地图之间的显著差别之前，我们需要注意到，它们之间存在着相似之处：就基本的地形特征而言，二者似乎都在一定程度上借鉴了布法利尼的调研结果，包括奥勒利安城墙和台伯河这些元素。但在其他方面，无论是视觉上还是观念上，二者都截然相反。马利阿尼的罗马地图上有不少“喘息的空间”，利戈里奥笔下的城市则紧挨着奥勒利安城墙，

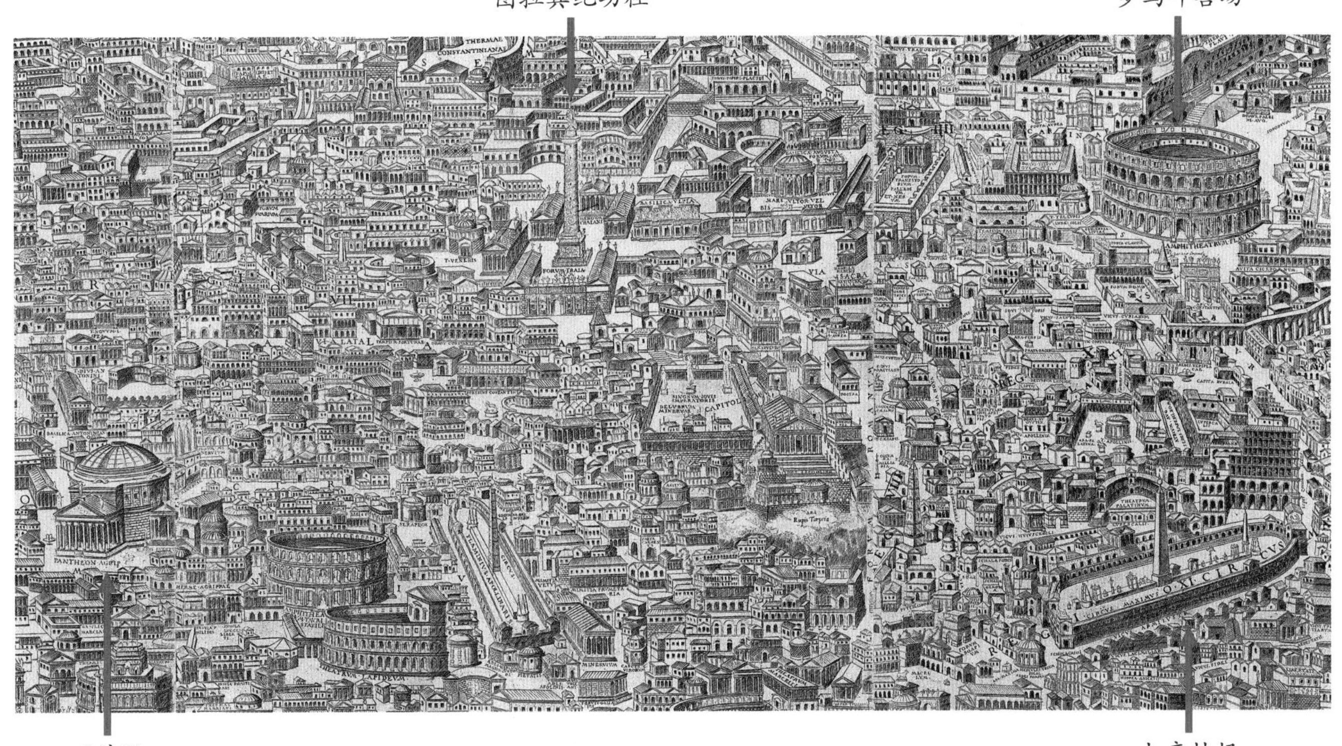

图70
利戈里奥，《从古代遗迹中精确复原的古代城市地图》，中心细节图

仿佛被全力压缩在后者范围之内。利戈里奥的地图比马利阿尼的地图大好几倍，包含着无数微小的细节，可谓“重建罗马”意愿的极致展示。

如果说马利阿尼的地图是有选择性的绘制，那么利戈里奥的地图则包罗万象。他将罗马描绘为一座拥挤的大都市，其中遍布各类古迹，每个都比其实际体形更大。这幅地图中不存在遗迹这类东西。相反，每个建筑都被描绘完整，豪华的浴场、神庙、宫殿、竞技场、剧院和圆形斗兽场、多层民居、水道、陵寝和墓冢、凯旋拱门、纪念柱……这是一幅描绘着各种古代建筑和建筑类型的热闹图录（图70）。其中有些建筑被标示了出来，对应现实中尚存或已不存在了的建筑。此外还有更多不知名的建筑，作者绘制它们的目的在于填补空白，以营造城市恢宏之感。

对利戈里奥而言，重建与重新设计建筑并无差别。这种创造性与我们在马利阿尼平面图中所见到的那种保守方法截然不同。马利阿尼抗拒猜想，而利戈里奥醉心其中。这种差别的根源或许在于利戈里奥不仅是一位具有实践经验的建筑师，也是一位学者。他常常将古物研究成果纳入自己的建筑设计当中。而我们要讲的这幅地图情况大致相同。

利戈里奥的地图涵盖了一些可辨识的地标建筑，虽然观众还是要花费一番工夫才能找到。罗马斗兽场可能是最显眼的，其左下方还能看到万神殿。这样一些幸存的建筑为这幅看起来十分陌生的图景增添了些许亲切感。利戈里奥地图里的大多数建筑都已消失在历史中，描绘它们是为了展示罗马的往昔辉煌。例如，地图中间坐落着一间剧院和竞技场，这标志着这一片是娱乐区（见万神殿右下方）。尽管这些建筑几乎没有留下什么痕迹供后人重塑其外观，但利戈里奥做到了这一切。

利戈里奥对建筑的虚构并非仅凭想象。尽管其中不少信息与如今考古学家们所认可的相悖，但它们还是存在某种程度上的真实性。利戈里奥并不是一个纯幻想家：他相当博学，对

图71
图拉真铜币，103—111年（背面是图拉真纪功柱）。大都会艺术博物馆，罗杰斯基金，1908年

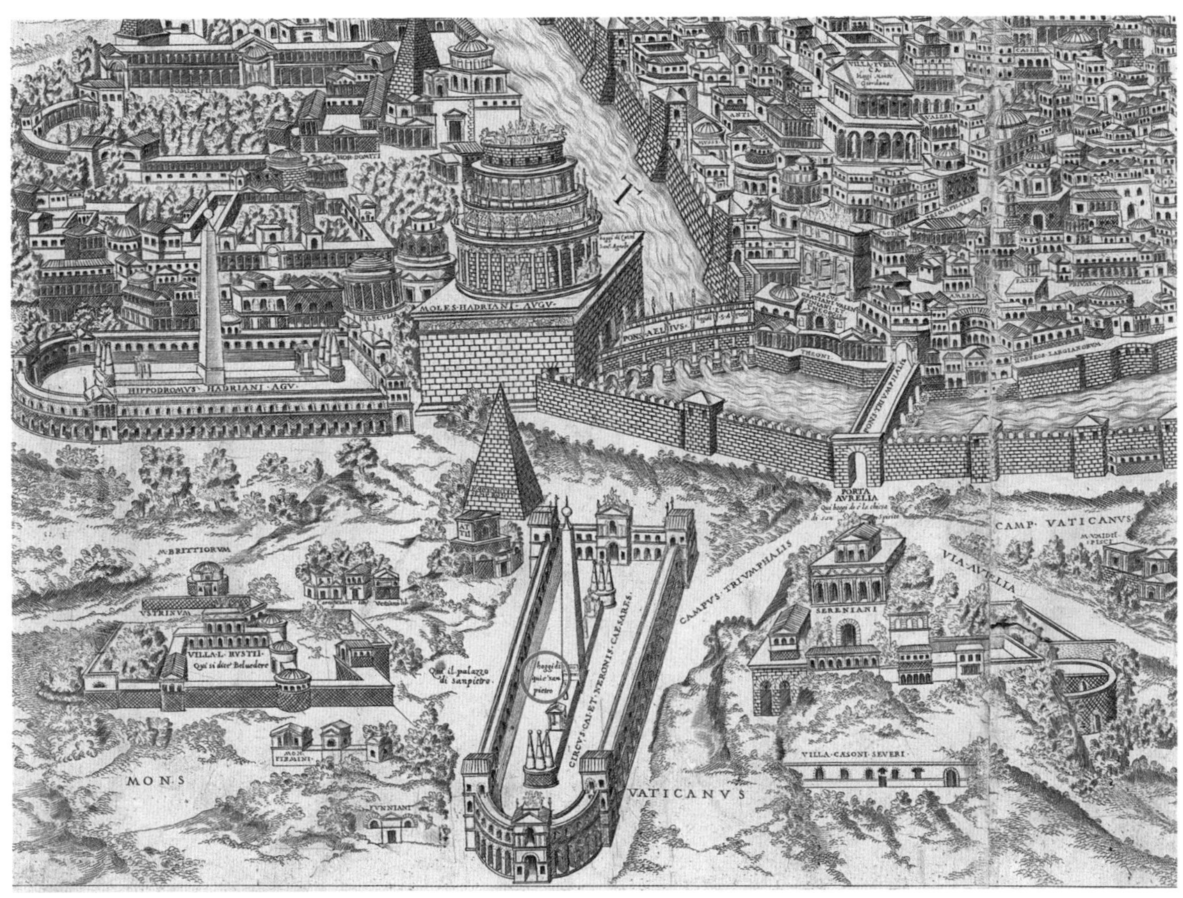

图72
利戈里奥，《从古代遗迹中精确复原的古代城市地图》，梵蒂冈山丘细节图，已用圆圈标示出注释

文物古迹的了解不亚于任何知识渊博的学者。正是他的罗马重建工作让他在这些人中脱颖而出。缺少实物遗迹对马利阿尼来说是一个不可逾越的障碍，对利戈里奥而言则只是一个需要迂回解决的问题。他热切地求助于其他类型的证据，例如古罗马的硬币（他本人热衷于收藏），因为它们通常会饰以小型纪念建筑图像（见图 71；对比图 70 中的图拉真纪功柱）。他还运用类比的方法，以已知遗迹为基础，构建同一基本类型的已损毁建筑的合理形制。

利戈里奥地图中大量的不知名建筑同样引人入胜，其中大部分都看起来宏伟壮丽，不像是普通的填充物。他对这座伟大古城的设想不仅基于那些已知的遗迹，也体现在这些被填充进来的建筑物中。庞大的城市体量营造出一种生动而逼真的氛围，实现了利戈里奥“激活”相关记忆的目标。地图的整体效果充满生机而又令人眼花缭乱。与其说是重建，不如说这是对古代罗马的全新再现：也就是说，并非如其所是，而是如其所愿。

即便如此，这幅地图中还是暴露出一些微妙的事实，即利戈里奥要么不能，要么不愿让自己完全脱离文艺复兴的思维模式。例如，地图左下角的梵蒂冈山丘上可见尼禄竞技场（Circus of Nero，圣彼得就是在那里被钉上了十字架）（图 72）。一行小字“如今这里是圣彼得大教堂”预示了那里后来将成为那座伟大教堂（圣彼得大教堂）的所在地。与此类似地，利戈里奥还在附近标注了“这里（现在）是圣彼得宫”——即如今的梵蒂冈宫。整幅地图上还有许多类似的注释，尽管不显眼，却为后世提供了十分有意义的参考。这些注释运用的现在时时态和对“如今”的强调将观者拉回到 16 世纪。或许这意味着尽管利戈里奥竭力让自己沉浸于过去的历史，但还是不得不承认这段过往已经不可挽回地失去了。不过这也可能是一种更富肯定意味的宣言，表明对于辉煌的当下而言，过去的历史只是一段序章。

幽暗的幻想

两个世纪之后，紧跟着利戈里奥的步伐，才华横溢的艺术家兼建筑师乔万尼·巴蒂斯塔·皮拉内西也为过去的罗马绘制了一幅激动人心的图画。如今，皮拉内西以其描绘的包含当时和古代场景的城市景观图而闻名。他的绘制技艺和呈现的艺术效果举世无双：令人眼花缭乱的制图术和蚀刻术、极具张力的构图和大胆的明暗对比，在城市景观图方面几乎无人能出其右。

和利戈里奥一样，皮拉内西也是一位天资聪颖而富有洞见的学者，作为一位制图家，他有自己的原则。在其职业生涯中，他不仅对哈德良庄园（Hadrian's Villa）进行了考察，还发表了迄今为止最详尽的该庄园图绘。此外皮拉内西还绘制了好几张风格各异的罗马地图，有的直观易懂，也有

图73
乔万尼·巴蒂斯塔·皮拉内西,《战神广场平面图》,蚀刻版画,罗马,1762年。霍夫顿图书馆,哈佛大学

的稀奇古怪。皮拉内西所绘的那幅巨大的《战神广场平面图》（*Plan of the Campus Martius*，图 73）就属于后一种类型。

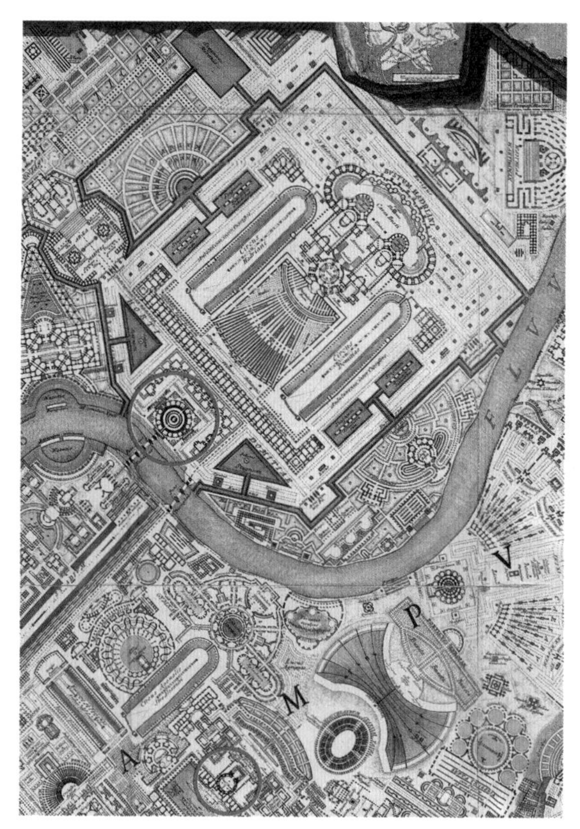

图74
皮拉内西，《战神广场平面图》，地图中心区域细节图，上方用圆圈标示的是哈德良陵墓，下方圆圈中是万神殿

我们在第二章首次遇见皮拉内西，他的罗马地图相当克制地展现了这座古城的景象，忽略了许多纪念建筑（图 21）。其中少数得以被刻画的几处建筑都在他的时代还有遗迹残留，且以真实的残损状态呈现在图中。皮拉内西在这方面的标准和敏感度似乎继承了马利阿尼的保守派作风。不过，皮拉内西同样十分灵活，他能够转换方向，将利戈里奥在考古学上的创造力运用到描绘战神广场的这幅杰作中。他将这幅作品献给了友人——苏格兰建筑学家罗伯特·亚当（Robert Adam）。皮拉内西和利戈里奥一样难以自持地在作品中将所有遗迹进行了复原。每一个细节特征都显得完美完善。不一样之处在于，皮拉内西运用了精确的建筑语言来绘制平面图，从而客观科学地呈现出这座古城。尽管只是观测者自己眼中的客观科学。

和利戈里奥一样，皮拉内西还在图中加入了一些现存的纪念建筑，以帮助读者在这幅令人完全失去方向感的地图中确定方位（图 74）。容易识别的万神殿、哈德良陵墓之类的建筑几乎逢图必见，台伯河同样如此，后者从北（地图右上角）蜿蜒流向南（见图 73 左下方角落，可以看到台伯岛）。在靠近地图中上部的地方，皮拉内西还绘制了一个罗盘和一幅范围更大的小型罗马插图，以帮助读者明确方位（图 75）。但是，除了这些令人眼熟的地标，这幅地图还是散发着一种令人不安的陌生感。

例如哈德良陵墓，这个在后世被称为圣天使城堡的地方：在皮拉内西的地图中，这座巨大的陵墓只是一座仿佛城中之城的巨大迷宫中的一个小小中心区（见图 74 上部）。在这里，皮拉内西显然是站在现代城市

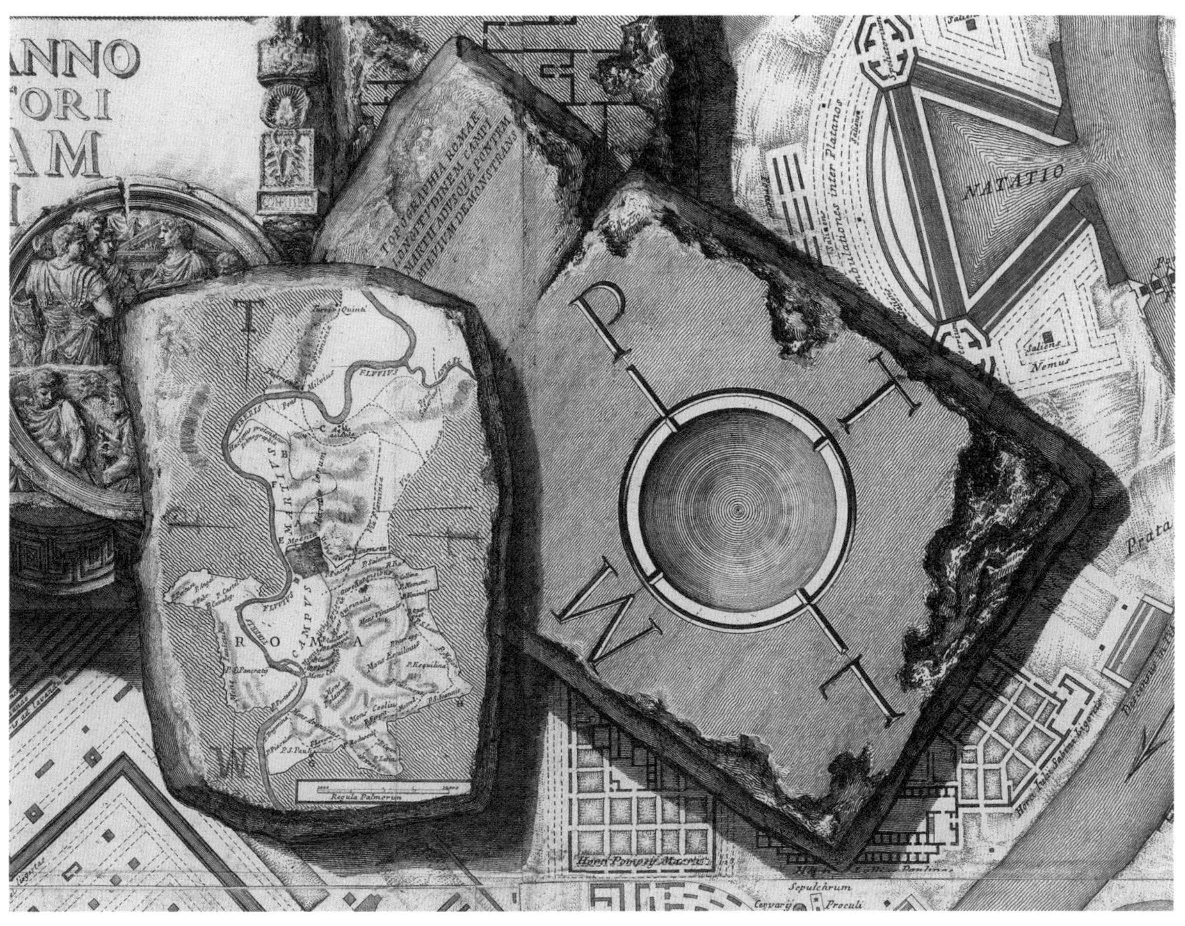

图75

皮拉内西,《战神广场平面图》,展示插图和罗盘的细节图(T= 北)

规划原则的角度来考虑问题,而不是从考古事实的角度出发。这幅地图中还遍布着许多复杂、庞大且出于作者个人构思的建筑群,它们交错分布,将城市变成一个巨大迷宫,几乎没有为街道或其他城市元素留下任何空间。这些建筑群平面图具有高度几何化和对称性的特征,同时也带着些古怪。在皮拉内西的手下,罗马变成了一架错综复杂的机器。

修复战神广场只是一个托词:事实上,整幅地图都充满了皮拉内西的卓越想象。他的技巧精妙绝伦,绘制的内容充实丰富。地图仿佛是在一块不规则的大理石上刻画而成,而后被铁夹固定在墙上。其巧妙的笔触几乎可以肯定是对公元 3 世纪的《古罗马城图志》的致敬——我们已在第二章中对其进行了探讨(图 18—20)。在皮拉内西的时代,那幅古代地图的残片正是以这种方式在卡皮托林博物馆里展出。两者运用了完全相同的测量建筑语言。皮拉内西此前曾在自己的另一幅地图（图 21）的边缘描摹过那幅大理石地图，暗示那幅描绘了无可挽回的罗马古城的图画本身也永远无法复原了。相比之下，在这幅图中，皮拉内西不仅成功修复了战神广场，甚至超越了《古罗马城图志》，将战神广场连同罗马城一起恢复至一种理想甚至超越现状的状态。

延伸阅读

Ames-Lewis, Francis. *The Intellectual Life of the Early Renaissance Artist*. New Haven: Yale University Press, 2000.

Barkan, Leonard. *Unearthing the Past: Archaeology and Aesthetics in the Making of Renaissance Culture*. New Haven: Yale University Press, 1999.

Burns, Howard. "Pirro Ligorio's Reconstruction of Ancient Rome: The *Anteiquae Urbis Imago* of 1561." In *Pirro Ligorio: Artist and Antiquarian*, edited by Robert W. Gaston, 19–92. Florence: Silvana Editoriale, 1988.

Connors, Joseph. *Piranesi and the Campus Martius: The Missing Corso: Typography and Archaeology in Eighteenth-Century Rome*. Milan: Jaca Book, 2011.

Grafton, Anthony, Glenn W. Most, and Salvatore Settis, eds. *The Classical Tradition*. Cambridge: Harvard University Press, 2010.

Hui, Andrew. *The Poetics of Ruins in Renaissance Literature*. New York: Fordham University Press, 2016.

Jacks, Philip. *The Antiquarian and the Myth of Antiquity: The Origins of Rome in Renaissance Thought*. Cambridge: Cambridge University Press, 1993.

Karmon, David. *The Ruin of the Eternal City: Antiquity and Preservation in Renaissance Rome*. Oxford: Oxford University Press, 2011.

Pinto, John A. *Speaking Ruins: Piranesi, Architects, and Antiquity in Eighteenth-Century Rome*. Ann Arbor: University of Michigan Press, 2012.

Thompson, David. *The Idea of Rome, from Antiquity to the Renaissance*. Albuquerque: University of New Mexico Press, 1971.

Weiss, Roberto. *The Renaissance Discovery of Classical Antiquity*. 2nd ed. Oxford: Basil Blackwell, 1988.

（马丁·路德）尊为圣城的这座城市，正是罪恶的渊薮。这里的教士俨然是异端，对自身的职务嗤之以鼻；教会的廷臣都是无耻之徒；他惯于重复一句意大利的谚语："假如这世上存在地狱，罗马就建在这地狱之上。"

——托马斯·M. 林赛（Thomas M. Lindsay），《路德与德国宗教改革》（*Luther and the German Reformation*），1900 年

第六章 圣徒与朝圣者之城

尽管不少学者都沉湎于罗马的异教历史，但 16 世纪时，这座城市作为基督教圣城的那一面激发了另一部分人最狂热的虔诚。纵使罗马在古代曾风光无限，但它最为恒久的吸引力还是在于其作为朝圣之地的这个身份。即使在 14 世纪这个没有教皇的最黑暗时期，朝圣者也源源不断地到来。甚至在面临最为致命和严厉的批判，在马丁·路德、约翰·加尔文（John Calvin）和其他改革者质疑罗马作为信仰者之灯塔的地位，在欧洲的基督教众走向分裂的危急时刻，也还是有朝圣者前赴后继地来到罗马。

实际上，宗教改革产生了一种双重效果：一方面，罗马教会不再骄纵狂妄；另一方面，它被迫重新振作。这种革新最终让罗马转变成一个样板城市：遍布着恢宏的教堂，不断举行着华丽的盛典。这段时期涌现出一种全新类别的印刷图像：宣扬罗马城的基督教特征，从而满足有利可图的朝圣者市场，并对那些攻讦罗马神圣性的言论予以反击。

因此，本章中将要探讨的这些地图迫切地想要将罗马塑造为一片神圣之地，从而掩饰它这一身份正岌岌可危的现实。像安托尼奥·拉夫莱利（Antonio Lafreri）出版的《罗马七教堂》（*The Seven Churches of Rome*，图 79），直接将罗马等同于此地的圣址，并借此发明出一种图绘形式的新型朝圣纪念品（这类图像连街道都没有纳入）。乔万尼·马吉（Giovanni Maggi）的城市图稍晚一些诞生，其中同样描绘了罗马的主要基督教圣殿，只不过它们被按照街道布局进行了排列，以便读者明确空间方位。这类新兴地图为特定的虔诚群体提供了一个片面的罗马形象。它们的生命力在三百五十多年后坦法尼和贝尔塔雷利（Tanfani & Bertarelli）公司定制的罗马重要教堂地图中得到印证。

是什么让罗马具有如此的吸引力？没错，这里的确有着许多受人尊敬的圣址，早期的圣人和殉道者在这里降生或死亡。但就此而言，耶路撒冷和圣地巴勒斯坦同样不逊于罗马。当然，在中世纪和文艺复兴时期，罗马相比耶路撒冷更容易抵达——但其实也没那么容易。对当时的大多数西方基督教徒而言，那些虔诚信徒的传统朝圣路线是穿越欧洲北部，向东南处汇合，前往西班牙的圣地亚哥－德孔波斯特拉古城（Santiago de Compostela），这条路线更加方便。不过罗马的圣址更加集中，各种重要遗迹汇集于此，易于同时游览。更重要的是，这些地点和赎罪相关，到了中世纪晚期，赎罪券对朝圣者而言已是“必购纪念品”。

所以朝圣者们所追求的这些奖励到底代表了什么？简单来说，赎罪券就是摆脱罪恶的票证，是一种虔诚的货币。其基本前提大致在于：所有人类都是罪人，有的人罪孽深重，有的罪行较轻。深重的罪行如果不加忏悔，就会成为通向地狱的单程票。但大多数罪行都是可以原谅的，如果想要弥补，最终获准进入天堂，就必须进行忏悔并得到一位神父的宽恕，然后在死去之后进入涤罪之所：比如在炼狱度过一千年左右。而赎罪券的作用就是缩短这个期限，从字面来看，这是一件好事。

赎罪券需要通过慈善这类无私之举，或是在特定地点依照惯例参加宗教仪式才能获得。在罗马，朝圣者可以像松鼠为过冬囤积松果一样收集到赎罪券，在这一点上罗马远比其他城市要方便得多。人们只需在指定时间，依规定方式进入某间大教堂，在某些存有圣人遗骨的祭坛前面匍匐拜倒（圣彼得和圣保罗墓冢之上的圣坛尤其受人尊敬），并进行一些耗费体力的活动，例如一边跪拜祈祷，一边爬上通往圣祠的楼梯。

理论上，朝圣是以信仰之名的献祭：献祭一个人在尘世中的安乐和资源，无论是金钱还是其他方面。赎罪券则承诺了来自天堂的救赎，是对当下那些加诸自身之困苦的奖赏。但朝圣的含义并非从一开始就带有交易性。在中世纪早期，这些精神之旅并不以获取可计量的回报为目的。朝圣者们的动机更加单纯、更具私人性。他们想要达到一种完美的虔敬状态，感觉自己与圣徒、殉道者和基督进行交流甚至合而为一，从而体会他们替人类承受的一切苦难。

图 76
老卢卡斯·克拉纳赫（Lucas Cranach the Elder），《奥古斯丁会修士马丁·路德》（*Martin Luther as an Augustinian Monk*），蚀刻版画，1520 年。大都会艺术博物馆，菲利克斯·M. 华宝（Felix M. Warburg）赠礼，1920 年

赎罪券的概念本就有些可疑，到中世纪晚期和文艺复兴时期更是经历了一段黑暗的转折。越来越多的人不用参与相应的奉献之举或善行就可以轻易购买到赎罪券。贩卖赎罪券的流动小贩已经成为常见的一景，他们通常是些江湖骗子，专门来到城镇里兜售那些印制好的且加盖印章的赎罪券。这样的买卖出现在 16 世纪早期，一个重要的理由是为罗马新圣彼得大教堂的修建筹措资金。

这在宗教改革者眼中是个相当有争议的问题，他们认为这种行为包括它所服务的修建工程以及罗马这座城市本身，都象征着腐败和尘世的功利主义，换言之，象征着罗马教廷所有的罪恶。马丁·路德的演说十分有魅力，常常能够引起基督徒的共鸣（图 76）。“这是为何，”路德激烈地谴责道，“如今的教皇已远比曾经的罗马首富李锡尼还要富有，他却不用自己的钱来建造圣彼得大教堂，而要动用可怜的信众的钱财？”他认为，赦免本不应由教皇来授予，这只是上帝的特权。居于瑞士的德国艺术家小汉斯·荷尔拜因（Hans Holbein the Younger）是路德的虔诚拥护者，他用木刻版画将教皇刻画为一个腐败的堕落之徒。在其中一幅画中，教皇分发着赎罪券，与此同时，他的脚边正进行着金钱交易（图 77）。

这种事情远不只在学术层面上意义深远。罗马之所以不断吸引着朝圣者的到来，主要原因之一就在于对赦免的承诺。尤其是大赦年，这是专门为基督徒们设定的时期，好让他们来到罗马城进行忏悔，求得赦免。对于宗教改革者而言，天主教的行事方式存在诸多问题，赦免只是其中一个方面。其他批评包含更深刻的教义问题，但对赦免的批评于教会、其等级制度和罗马这座城市而言同样是毁灭性的。

最重要的是，路德等人对于神职人员及其他中介者，例如圣徒，在救赎过程中所起到的作用提出了质疑。为何教士拥有原谅罪行的权力？信众原本应该只向基督和上帝祷告，又有何必要向圣徒祈祷？或者延伸一下，向着圣徒的遗骨祈祷？此外，行善举的意义也受到了质疑。根据路德的看法，救赎并不来自虔诚之举，而仅仅来自上帝的恩典。尘世的行为，

图 77
小汉斯·荷尔拜因，《贩卖赎罪券》（细节图）（*The Selling of Indulgences*），木刻版画，16 世纪。大都会艺术博物馆，哈里斯·布里斯班·迪克（Harris Brisbane Dick）基金，1936 年

例如做慈善或者朝圣，并无助于虔信者获取进入天堂的权利（尽管这些行为也并非不好）。所有这些观点显然都可以被视为对教会的攻击。

路德的这些观点引起了教会极大的怨恨。朝圣为罗马带来巨大的财富，是这座城市的主要产业。质疑朝圣净化的能力，不仅危及了城市基本的谋生之道，更影响了它的国际地位。罗马拥有不少圣人的遗迹，贬低其重要性也就公然冒犯了这座城市的地理神圣性。罗马是教会的总部，各类神职人员汇集于此，他们都通过维护自身在救赎过程中的地位分得了一份利益。此前，异教皇帝们过了很长时间才意识到基督教这股浪潮的到来，与之一样，教会及其代理者们如今也迟迟没有意识到来自北方的威胁的严重性——仿佛只要对其视而不见，危机就会自行退散一样。

当然，宗教改革的浪潮并没有自行退散。直到路德的改革发起近三十年后，教会和教廷官员才开始采取行动。他们的回应刚开始还有些

图78

《特兰托会议》（*The Council of Trent*），雕刻与蚀刻版画，罗马：克劳迪奥·度凯蒂（Claudio Duchetti）出版社，1565年，大都会艺术博物馆，罗杰斯基金，转自图书馆，1941年

迟疑，随后逐渐变得强烈起来。1545 年，教皇保罗三世召开特兰托会议（Council of Trent），以起草应对新教批评的教会官方意见（图 78）。讽刺的是，他是史上最腐败和最势利的教皇之一。这场大会召集了神学家、高级教士、教会法专家和其他身份显贵的神职人员，断断续续一直持续至 1563 年。他们的主要任务是从内部实施对教会的改革，与此同时对他们认为是异端邪说的改革者言论予以反击。为了完成这项任务，不少宗教修会涌现出来——其中不仅有耶稣会，还有戴蒂尼会、乌尔苏拉会（Ursulines）、嘉布遣会（Capuchins）和奥拉托利会等，到处弥漫着传道的热情。

在罗马，文化和艺术的发展经历了一段保守甚至受到压迫的时期。教会思想家对于任何看起来违背教义的表述或行为都予以指责，宗教裁判所则对公开发表“异端邪说”的基督教徒施以严惩。此行越演越烈，高调的违规者甚至市井无赖也一并被警示惩罚。赫赫有名的伽利略大胆质疑关于宇宙的传统教义，因此与这群强硬派人士发生冲突，面对肉体折磨，他最终被迫退缩了。但是，随着 16 世纪末的到来，风向开始发生转变——这不是指宗教裁判所，因为它所实施的压迫又持续了好些年（伽利略的审判就发生在 1633 年），而是指罗马的氛围。或许是因为城市和教会的地位逐渐稳固，罗马的整体基调也明朗起来，对文化和艺术的压迫感逐渐消散。

与此同时，教会赞助者还意识到文化表达也可以成为一件武器：用来强化信念，阻止其他基督徒掀起浪潮，甚至吸引新的皈依者。此前阴郁而谨慎的氛围一扫而空，艺术家和建筑师们开始拥抱激情，他们活力十足，甚至进入了感官超载的状态。这种精神特质正是与宗教具有密切关联的巴洛克时期的内核。卡拉瓦乔（Caravaggio）、贝尼尼、普罗密尼（Borromini）等人正是这段情感爆发时期的代表性人物。巴洛克时期的罗马是个迷人的地方，也相当激励人心。其文化潮流在新教徒的眼皮底下迅速爆发，后者将这座城市比作巴比伦，还预言——或者说期待着它的毁灭。但作为天主教世界的中心，罗马再一次重生了。

这段时期前往罗马的朝圣者数量迅速增长。1575 年的大赦年吸引了近四十万朝圣者，人数比前一个大赦年增长了近十倍；而1600年那次更是吸引了五十万人之多，是当时罗马常住人口的五倍有余。随之而来的则是包括作为纪念品的地图等图片的大量生产。新型印刷品也开始出现，它们的主要作用是宣扬这座永恒之城的神圣性和在基督教中的中心地位。前面章节所介绍的地图都出自对古罗马感兴趣的学者，并以同样群体为目标读者，他们有限且专注过去的目光似乎是有意避开当时的宗教争论。相比之下，我们现在要了解的这些地图主要面向那些虔诚的游客，对他们来说，这座城市的异教遗迹或许令人好奇，但仅居于次要地位。他们的目光牢牢锁定在罗马那些光荣而数量众多的圣地上，以及其所提供的那些世俗和神圣意义的奖赏之上。

虔信者之路

这幅地图（图79）由罗马的印刷经理人安托尼奥·拉夫莱利出版，其作者可能是斯特凡诺·杜佩拉克，也可能是乔万尼·安布罗焦·布兰比拉（Giovanni Ambrogio Brambilla）。这幅地图的影响无可估量。在其面世后的几十年甚至几百年间，它激发了人们的无数想象，更是新地图类型——“七教堂”地图的原型。拉夫莱利出版的地图何以如此成功？简言之，这是一幅将罗马朝圣目标、理想和经验融为一体的完美之作。

拉夫莱利的地图于1575年大赦年间发售，正好借蜂拥而来的虔诚游客渴望购买一幅图画纪念自己在罗马的时光的愿望打入市场。大赦持续了一整年，与奥林匹克运动会具有某些相似之处：它们都会间隔一段固定的时间再举办，其间会推动新建筑和新发明出现，促进基础设施的维护和发展，而这一切都是为了能够吸引远近的大批游客，并从中获利。正如前文提及的西斯图桥和西斯图斯五世道路交通网，这类工程回应了一种双重需求：短期方便了朝圣者，长期来看则会让住民得益。这座城市的宏伟教堂因藏有罗马最神圣的遗骨而成为主要景点，所以对它们的维护和修缮都是重中之重。

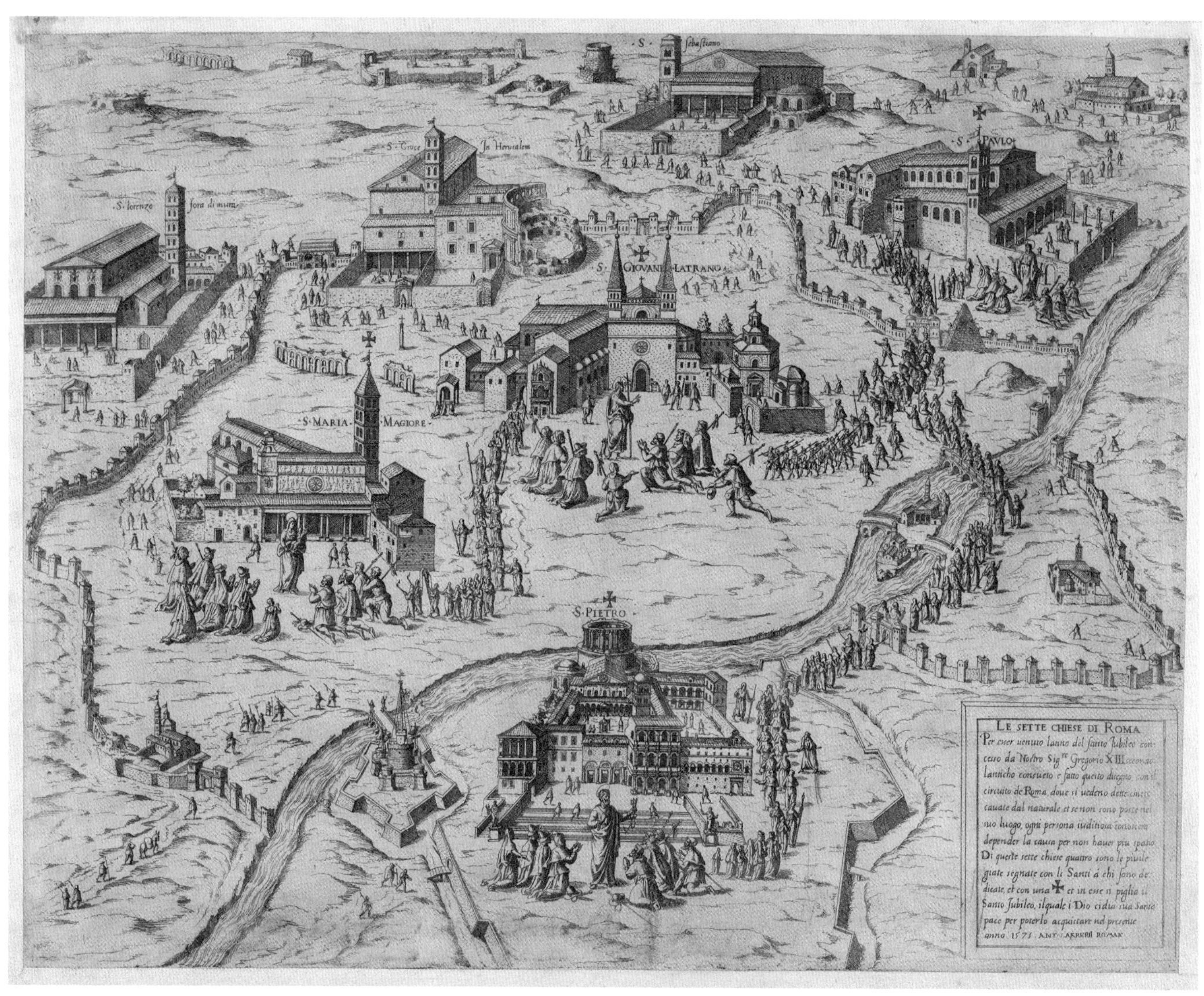

大赦年同样是地图制造业的催化剂，但并不是因为朝圣者需要地图来指路。文艺复兴时期，游客通过向他人问路、跟随人流或者雇用导游的方式游览城市。像《罗马七教堂》这类地图并非实用性工具，而是供游客们带回家的纪念品。在这幅地图面世之前的大半个世纪里，罗马的各种印刷图像勉强满足了这类需求，但都没能精确地描绘出真正吸引朝圣者的罗马面貌。正因如此，没有一幅能如《罗马七教堂》一样在目标群体中受到这般欢迎。

图79

《罗马七教堂》，雕刻与蚀刻版画，罗马：安托尼奥·拉夫莱利出版，1575年。大都会艺术博物馆，罗杰斯基金，转自图书馆，1941年拉夫莱利的地图对朝圣者而言类似于一份指导手册。他在地图右下方的文本中尤其提及了 1575 年大赦，并呼吁朝圣者造访城市的主要教堂以获得赦免。这类赦免可以说是全方位的，能够免除忏悔者的全部炼狱审判。这一传统始于 1300 年卜尼法斯八世举办的第一个大赦年，这位教皇宣布将为前来罗马的朝圣者提供丰厚的奖励。为了能够得到赦免，朝圣者们得花上十五天的时间造访彼得和保罗的教堂（罗马本地的朝圣者只需一半的时间，因为他们不必把时间花费在路上）。后来的教皇们还在朝圣名单上添加了拉特兰圣约翰大教堂和圣母大殿，这四座教堂共同组成了罗马的主堂。1575 年，又有三座教堂加入了这条传统朝圣路线，它们分别是城外的圣洛伦佐大教堂（San Lorenzo fuori le Mura）、圣十字大教堂（Santa Croce in Gerusalemme）和城外的圣塞巴斯蒂亚诺大教堂（San Sebastiano fuori le Mura）。

拉夫莱利的地图将聚光灯对准了这些彼此独立的教堂，此外的城市风光则相当简略，只是大致凸显出罗马的轮廓而已。这幅地图从西北方向鸟瞰罗马。奥勒利安城墙盘踞其中，但它只标志着罗马城的物理界限，并不代表其圣迹界限，因为许多教堂都位于这条环路之外。台伯河自左下方至右上方蜿蜒穿过整座城市，河中岛屿清晰可见。但罗马那些著名的山丘却没有被刻画出来，其他自然地形特征也几乎不存在。图中没有交通网，更无所谓城市的基础设施。无论是这幅图还是它所指涉的这座城市，实际上都只和这些教堂有关。

罗马的主教座堂拉特兰圣约翰大教堂位于图中中心位置，圣彼得大教堂坐落在中轴线靠下的地方，它未完成的穹顶高耸于旧堂的中厅之上。这两座教堂都被转了个向，将最完美的那一面朝向前方，其他教堂同样被如此刻画：包括左边的圣母大殿及其上方的圣洛伦佐大教堂，接下来是顺时针方向上的圣十字教堂、圣塞巴斯蒂亚诺大教堂和圣保罗大教堂。尽管图中没有街道，但从一座教堂走向另一座教堂的朝圣者们暗示了无形的道路。这幅图的设计者移除了所有障碍，忽视了文艺复兴时期真实罗马的混乱之处，为穿梭在这些圣址之间的朝圣者提供了便利。这种思维模式为西斯图斯五世提供了灵感，十年后，那些极具革命性的连接城市主教堂的新街道诞生了。

在这幅图中，一行零星的朝圣者正从左下角的人民之门进入城市，他们的旅程将自此开始。朝圣者们在沿着四座主堂移动的过程中逐渐汇集，最终集合成一支有序的队伍。这项活动与史实相符：1575 年大赦年间，一些宗教兄弟会首次成功引领了朝圣队伍，从此以后这便成为大赦年朝圣的普遍方式。过去的朝圣者倾向于与亲朋好友结为小团体，匆忙辗转于各地，然后在大教堂中参加更正式的仪式。而到了 1575 年，朝圣城市各处圣址这项活动开始变得更具仪式感、更有规划。这些大型游行队伍有时会汇聚成千上万的群众。作为奖励，朝圣者们为求得赦免所需的时间也从十五天减少为三天。

这幅图的另一特征是选择性的比例缩放。相比城市，教堂和朝圣者

图 80
《罗马七教堂》，朝圣者向圣约翰大教堂祈祷的细节图

图81
《罗马七教堂》，地图顶端的模糊遗址细节图

的比例都被放大，随着人流汇聚到主要建筑，其比例也在不断增大。四座主教堂前，朝圣者们虔诚地跪拜圣者。彼得、约翰、保罗和玛丽亚仁慈地俯瞰众人（图80）。这些人物形象指示着各大教堂中保存的圣人遗骨：这些实物痕迹是真正吸引人的地方，代表着信徒们获得救赎的希望。因此尽管这些圣人遗骨通常只在特殊的节日才向公众展示，但它们才是罗马具有恒久魅力的首要缘由。

拉夫莱利的地图展现了这座城市的其中一面，但如果认为朝圣者对于罗马的其他古代遗迹完全视而不见，那也并不正确。中世纪大众指南《罗马奇观》（*Mirabilia urbis Romae*）中记载了许多关于这些遗迹的传说，虽然其中通常夹杂着一种基督教式的偏见，认为真正的信仰战胜了异教。在文艺复兴时期，这些遗迹依旧受人关注，并且不局限于学者，尽管它们并不是朝圣者的关注重心。拉夫莱利的地图上清楚地显示了这一点：少数几处遗迹出现在地平线上，其中包括切奇利娅·梅特拉（Cecilia Metella）的墓冢和马克森提乌斯竞技场（Circus of Maxentius）。这些遗迹在图画顶端挤成一团（图81），显得有些模糊，因为虽然在众多遗迹中脱颖而出，但它们仅仅是这幅地图的次要点缀。通过将七座教堂集中起来，这幅图画证明了广义上的朝圣的变革性力量，尤其是在罗马朝圣——这里遍布着意义超然的文物，令人叹为观止。走进反宗教改革的浪潮之中，这幅图就成为对批评意见隐秘而有力的反驳，不过它很快就变成一种符号，超越了任何具体的历史语境。

朝圣途中的风景

乔万尼·马吉为接下来1600年的大赦也创作了一幅以七教堂为主题的作品。这幅图画同样获得了巨大的成功，其名声之显，几与拉夫莱利的地图齐名。在后来的1625年和1650年大赦中，新的版本相继出版（图82即为1650年版）。与此同时，这幅地图也被售卖给许多定期前来罗马朝圣之人。直到1750年，这幅地图还在更新。马吉的这幅图在规模上与《罗马七教堂》大致相仿，而二者都比滕佩斯塔或者布法利尼的平面图小

图82
乔万尼·马吉，《新版罗马地图》（*Descriptio urbis Romae novissima*），雕刻版画，1650年。盖蒂研究所，盖蒂开放资源项目电子图像

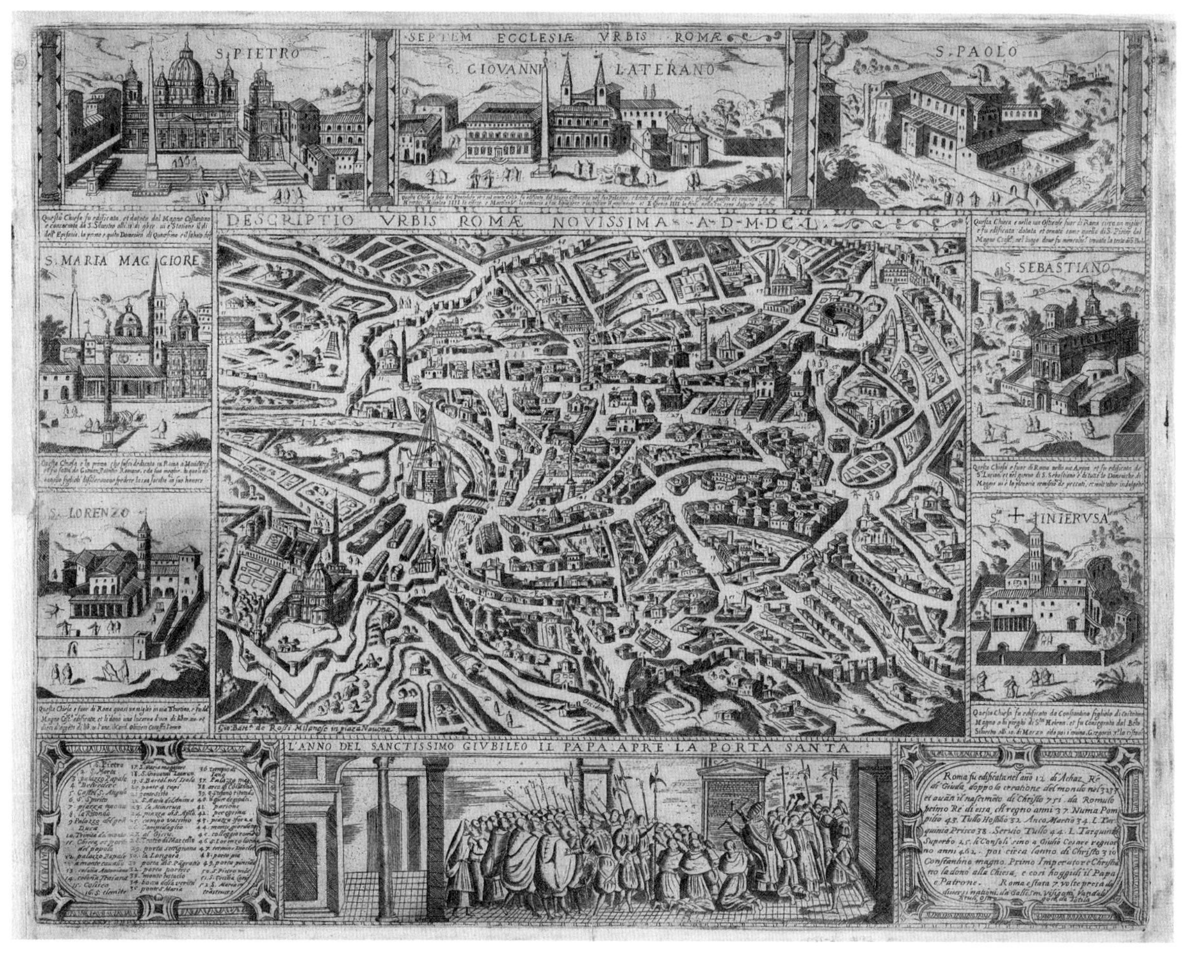

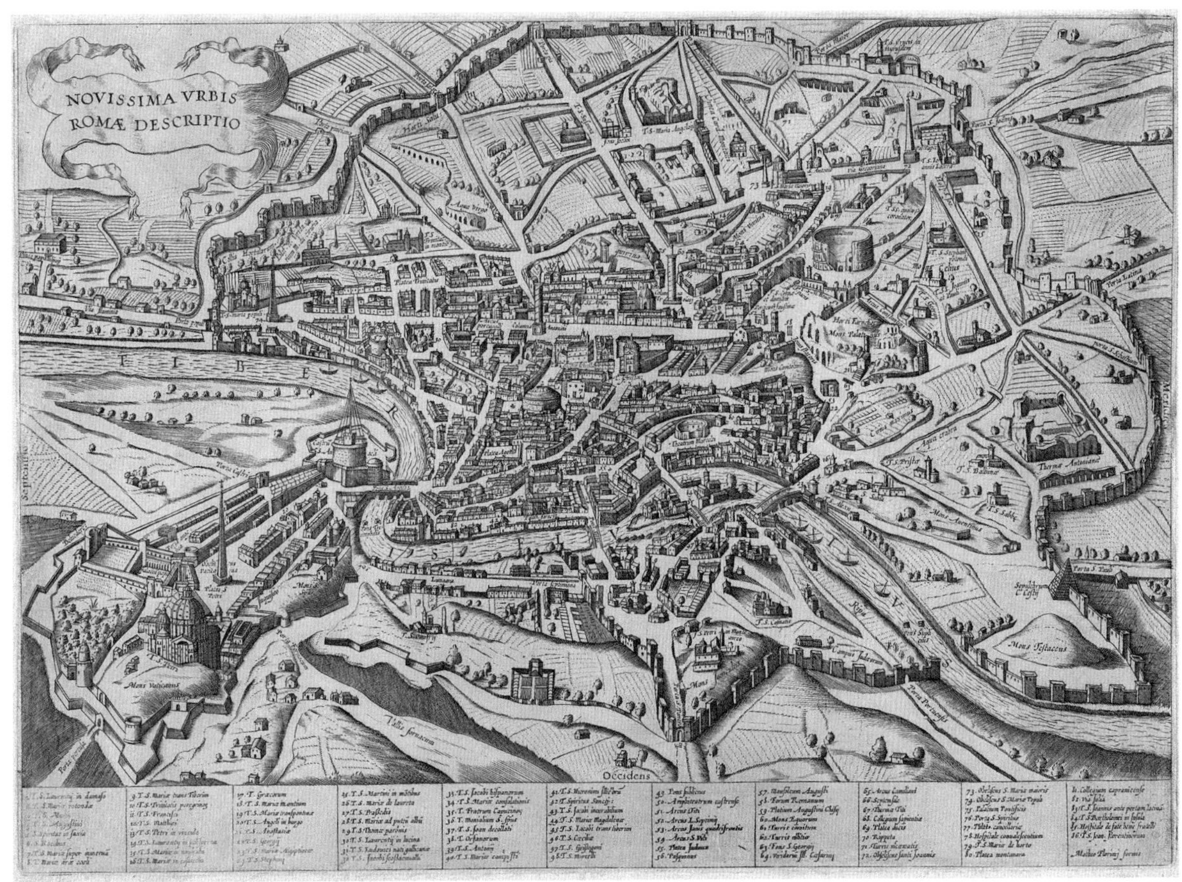

图83

马泰奥·弗洛里米，《新版罗马地图》（*Novissima urbis Romae descriptio*），雕刻与蚀刻版画，16世纪90年代。盖蒂研究所，盖蒂开放资源项目电子图像

上许多。尺寸缩小就意味着价格更低。拉夫莱利和马吉实际上在迎合朝圣者市场，他们的目标在于吸引更多的收藏家，创造更高的销售量。

马吉的地图比拉夫莱利的更符合制图学标准。他将一幅相当详细的街道平面图置于地图中间位置，周围环绕着主要教堂，底部附加了一幅和大赦年相关的插图。从这幅图所包含的元素来看，我们完全有理由认为这幅地图的目的是帮助朝圣者在罗马纵横交错的街道中找到方向。但这种解释存在一个问题。就这幅图的中心部分而言，马吉借鉴了更早时期马泰奥·弗洛里米（Matteo Florimi）的一幅地图（图83）。为了给周边的小插图腾出空间，马吉不得不在弗洛里米地图的基础上对边缘进行裁剪，只保留城市中心部分。结果七座朝圣教堂只有三座出现在了街道之中。这样一来，这幅地图还能有多大作用？相比导航，这幅地图的主要作用似乎是为朝圣者提供一种对罗马的基本认识。和 18 世纪之前许多其他的印刷地图一样，这幅图也只是纪念品，而非实用性工具。

马吉地图的纪念性最集中地体现在底部那幅插画（图 84）。画面中，教皇在圣彼得大教堂开启神圣之门（Porta Santa）。这扇大门位于画面右侧，从门厅看去正对着教堂。直到今天，它也只在大赦年才开放，其他时候则被砖块和灰泥从内部紧紧封闭。到庆典之日，教皇会用锤子将其砸开，标志着大赦年正式开始。文艺复兴时期的评论家乔万尼·鲁切拉伊（Giovanni Rucellai）曾提及这种传统，并描述了那些到现场参加破墙仪式的朝圣者是如何争抢这面墙的碎片的。朝圣者们将碎片带回去做纪念，像珍惜圣人遗骨一般珍视。正因为朝圣者们需要通过神圣之门的门槛才能获得大赦年的赎罪券，这幅图对那些怀此目的前来罗马的人具有非凡意义。

尽管有这样精美的插图和中心的街道平面图，这幅地图最引人注目的还是罗马那些神圣的教堂。三座最重要、时间最早的教堂以插图的形式绘制于地图顶部。左边的是朝圣的第一目的地：圣彼得大教堂（图 85）。这幅插图记录了在滕佩斯塔描绘教堂被加上其穹顶部分之后，这座建筑所发生的变化及其周边景象。在那之后的几十年间，老圣彼得大教堂的遗迹及其附属建筑都被清除得一干二净，教堂前方出现了一片不太规整的空地，中心屹立着西斯图斯五世放置的高大方尖碑。贝尼尼设计的巨大广场如今广为人知，但在那时还尚未修建。

相比之下，图中展示的圣彼得大教堂立面源自卡洛·马代尔诺（Carlo Maderno）的设计，于 17 世纪初改造完成。不过马吉的图里包含着一处假象，那就是教堂两端的钟塔。马代尔诺的设计的确包含这两部分，也正因如此，马吉在 1625 年的地图版本上就添加了这两个元素，尽管直到那时它们依旧只停留在图纸上。到 17 世纪 30 年代末，建造钟塔的任务被委托给了贝尼尼，他是罗马巴洛克时期那繁荣文艺界中的天之骄子，最受主教和教皇们的喜爱。

尽管事先得到警告，教堂正立面的构造将无法承受这些庞大附属物的重量，贝尼尼在对建筑结构进行审查后还是保留了南边的钟塔。就在他着手建造北边的钟塔时，建筑正立面突然因负重过大开始产生裂隙。1646 年，为防止造成更严重的损失，贝尼尼不得不拆毁已经完成的建筑部分。这是贝尼尼光辉的职业生涯中一个颜面尽失的时刻。马吉在 1650 年的地图版本中否认了这个悲伤的结局，拒绝将这个命途多舛的建筑元素从画面中移除，并选择以这种方式展现圣彼得大教堂在 17 世纪中期时

图 84
左图：马吉，《新版罗马地图》，描绘神圣之门开启场景的插图

图 85
下图：马吉，《新版罗马地图》，圣彼得大教堂插图

图 86
马吉，《新版罗马地图》，圣保罗大教堂插图

的实际状态。这则故事提醒我们，有时候建筑师们一厢情愿的设想也会被包含在地图之中，制图者甚至会故意让谎言流传下去。

地图右侧，与圣彼得大教堂相呼应的是城外的圣保罗大教堂（图 86）。从中世纪到文艺复兴时期，这两座教堂都不分上下，正如它们得名的圣人曾是（现在也是）罗马的双子主保圣人。彼得是犹太人的使徒，作为罗马公民的保罗则是异教徒的使徒。尽管如今献给保罗的教堂在重要性上已远远不如它那更著名的兄弟教堂，但它原本和纪念彼得的教堂一样辉煌伟大。不仅如此，和圣彼得大教堂与罗马其他的早期教堂都不同，圣保罗大教堂被保存得十分完整，一千五百年来，它在形制上没有什么重大改动。实际上，直到 1823 年那场惨烈的火灾烧毁了它的房顶导致其坍塌之前，它一直都非常坚固。朝圣者和游客如今能够造访的那座教堂是重建的结果。新教堂或许同样令人印象深刻，但从各个层面上来说，它也彻底扫除了曾经屹立于此地的那座教堂的痕迹。

在马吉的地图上，圣保罗大教堂看上去保守而宏大。中厅高耸于较矮的通道上方，与耳堂构成一个拉丁十字平面结构。位于教堂正前方的是中庭，或称前院，这是早期基督教建筑的一种典型特征，老圣彼得大教堂也曾有此结构。图中围绕着圣保罗大教堂的是一些在中世纪时期逐渐修建的建筑结构，包括一座修道院和一座防御性建筑遗迹。这些层层累积的建筑表明，像圣彼得或者圣保罗大教堂这类建筑，要想享有如此长久的生命力，就不得不让自身成为活的历史。也就是说，它们必须不断发展变化，以免陷入停滞。

位于圣彼得和圣保罗大教堂之间，占据地图顶部最中心部分的就是拉特兰圣约翰大教堂：罗马的主教堂和教皇第一教座（图 87）。和所有早期教堂一样，它也在一千多年的历史中被拼凑上各种元素。这座教堂的核心部分可追溯至 4 世纪早期，图中带有拱廊的北立面和毗邻的教皇宫是西斯图斯五世在 16 世纪 80 年代增修的。带有这位教皇鲜明特色的方尖碑主导着前方空地，右边那座八边形洗礼堂则修建于 5 世纪，距离这幅图画的创作时间已有千年之久。拉特兰圣约翰大教堂的盛名并不在于供奉圣徒墓冢，而是因这里与相邻宫殿中的至圣堂（Sancta Sanctorum）一起珍藏着这座城市最受尊敬的一些遗物，包括使徒彼得和保罗的头颅、耶稣最后的晚餐时所用餐桌的木块，以及取自圣地巴勒斯坦的犹太总督彼拉多（Pontius Pilate）的楼梯——耶稣正是从那段楼梯走向死亡。

以上三座教堂与马吉地图周边所绘制的其他四座建筑都是罗马神圣皇冠上耀眼的珍宝。到 17 世纪中期，印刷出版商开始大力开发图像市场，将这些圣址与城市本身的肌理交织在一起。就罗马而言，它不仅延续了 16 世纪稳步上升的平稳态势，甚至变得欣欣向荣起来。无论在异教还是

图 87
马吉，《新版罗马地图》，拉特兰圣约翰大教堂插图

基督教遗产方面，这座城市都散发着无穷的魅力。它已为在此后的几个世纪里成为一座旅行胜地做好了万全的准备。

面向现代的朝圣地图

这幅地图（图 88）可追溯至拉夫莱利地图和马吉地图之后的三百年，在很多重要方面都可算是二者的继承之作。这幅图专为大赦年所作，主要关注点在于罗马的圣址，目标读者是虔诚的游客。自北方鸟瞰城市的视角正是中世纪时盛行的“朝圣视角”。街道平面图上，四座主教堂格外凸显：右下方的圣彼得大教堂、地平线处的圣保罗大教堂、左上方的拉特兰圣约翰大教堂及其下方的圣母大殿（图 89）。它们都被不成比例地放

图 88

坦法尼和贝尔塔雷利，《罗马：四大教堂与教区：非凡的神圣之年，1933—1934》（*Roma: Le quattro S. S. Basiliche e le parrocchie: Anno santo straordinario MCM XXXⅢ – MCM XXXⅣ*），彩色平版印刷，1933—1934 年，波兰国家博物馆，网站：europeana.eu

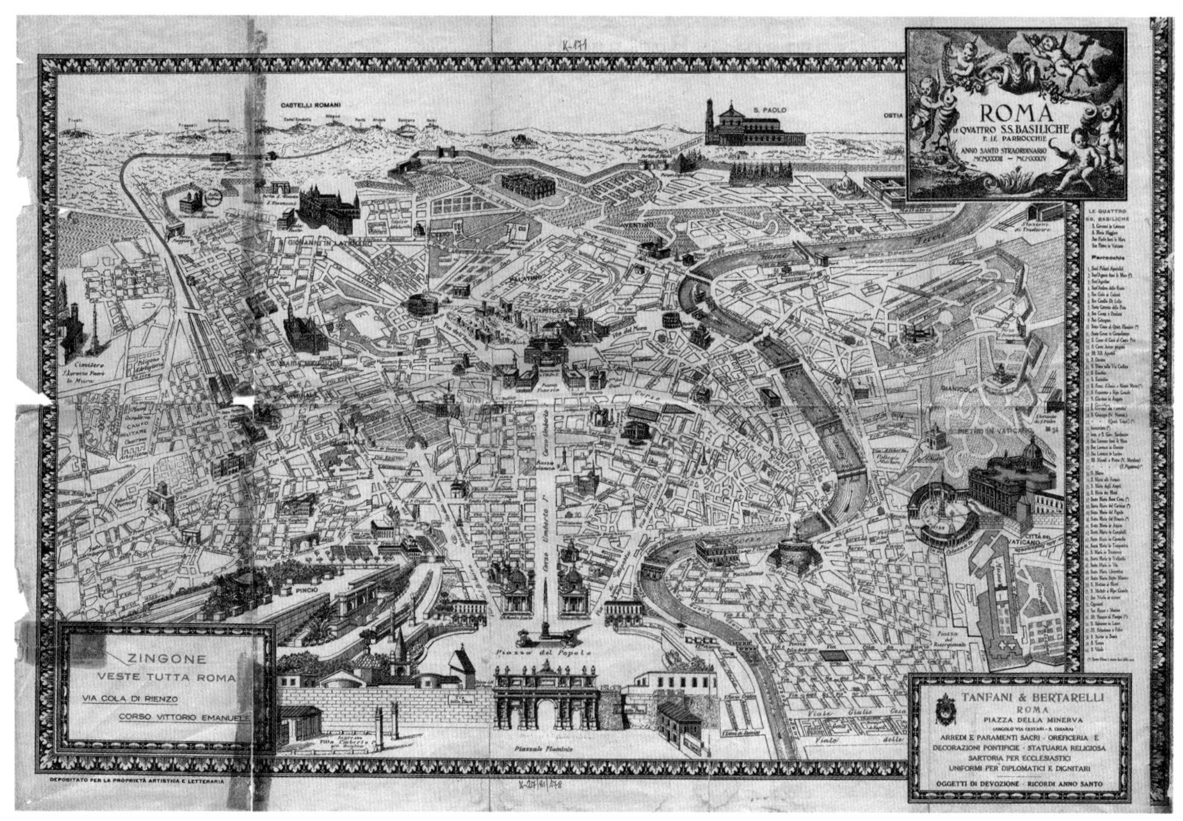

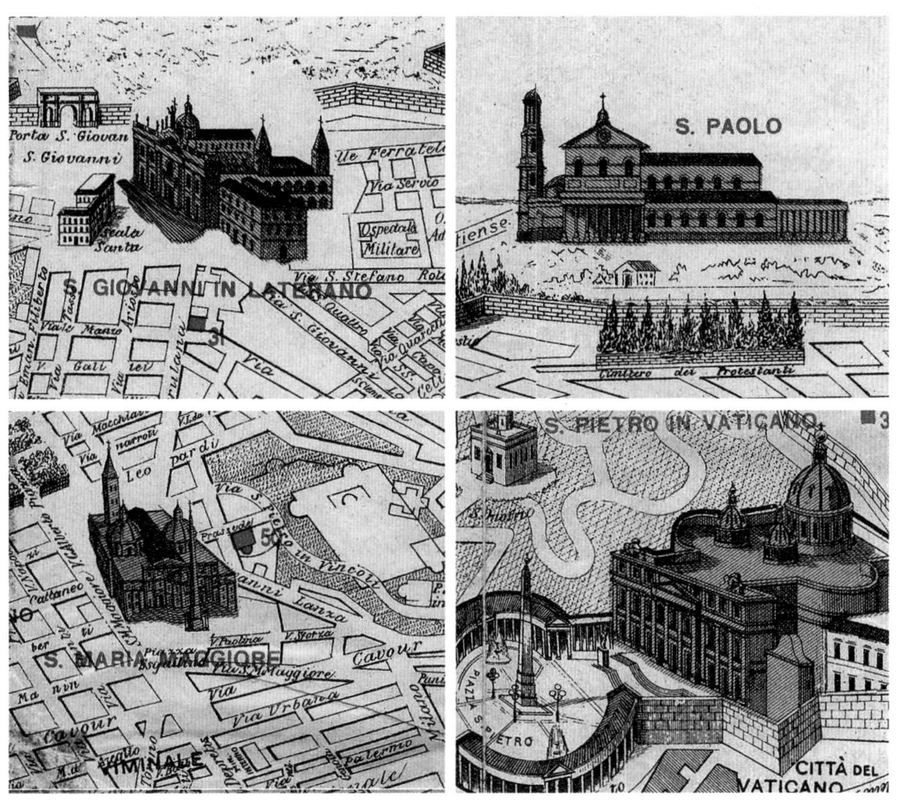

图 89
坦法尼和贝尔塔雷利，《罗马：四大教堂与教区：非凡的神圣之年，1933—1934》，四教堂细节图

大，并用红色显示。此外，地图中的红色部分还指示了城中的其他教区教堂，详情可见地图右侧的文字说明。

不过这幅图与其原型也有不少差别。首先也是最重要的一点在于，它具有某种先前地图所不具备的用途。这幅地图深受人们喜爱，战争的印迹可以为此作证。为了便于携带，它常被折叠成小册子大小，轻薄而泛黄的纸张在某些应力点处已被磨破，有些地方甚至被撕开过，黏合剂的痕迹十分明显。此外，这还是一幅套色印刷作品（为大批量生产而运用的一种廉价彩色印刷技术），价格相对低廉。

这幅地图原本是为坦法尼和贝尔塔雷利公司制作，这是一家经营宗教器物，比如圣餐杯和念珠以及珠宝这类东西的罗马供应商。他们的广告出现在了地图右下方及外盒的封皮上。另外一家宗教服装零售商津戈内（Zingone）的广告出现在了地图左下角，表明他们也为地图印刷提供了赞助。因此这幅地图大概是这些商家印制的赠品，当然也可能会象征性地收取一点费用。无独有偶，两家公司都在地图上标红了自己的位置（他们也共同赞助了 1925 年大赦年时的早期版本地图）。所有这些迹象表明，这并非一件纪念品，而是具有实用性的一次性物品。

不过从历史的角度来看，这幅地图和其他先例一样有意思，因为它反映了罗马和教会历史上一个脆弱的时刻。这幅地图是为 1933 年至 1934 年的特别大赦年所制作。这次活动名义上是为纪念耶稣受难一千九百周年（耶稣走向死亡又复活），但其中包含了一层潜台词：教会刚刚和意大利政府之间结束了长达数十年的有关罗马最高统治权问题的争论——也就是所谓的“罗马问题”。1929 年，法西斯独裁者贝尼托·墨索里尼和教皇庇护十一世（Pius Ⅺ）签订《拉特兰条约》，正式将梵蒂冈城设立为一个独立国家。

如此特许不过是个安慰。差不多六十年前，在 1871 年，刚刚统一的意大利宣布罗马为其首都，教会因此失去了对该城所有的世俗权力以及整体被称为“教皇国”的领地。1933 年至 1934 年的大赦年是一个多世纪以来最盛大且欢乐的一次庆典，宣告了教会与意大利法西斯政府之间的和解。在宗教改革和反宗教改革的几百年后，这幅地图适时地提醒着我们，在罗马的事务中，教会和国家从未真正分离，而朝圣则可能潜藏着某种政治内涵。

延伸阅读

Balbi de Caro, Silvana, ed. *Roma tra mappe e medaglie: Memorie degli Anni Santi*. Rome: Libreria dello Stato, 2015.

Birch, Debra J. *Pilgrimage to Rome in the Middle Ages: Continuity and Change*. Woodbridge, UK: Boydell Press, 1998.

Fagiolo, Marcello, and Maria Luisa Madonna, eds. *Roma sancta: La città delle basiliche*. Rome: Gangemi, 1985.

Higginson, Peter. “Time and Papal Power: The Pilgrim's Experience of the Old and New in Early Modern Rome.” *In The Enduring Instant: Time and the Spectator in the Visual Arts*, ed. Antoinette Roesler-Friedenthal and Johannes Nathan, 193–208. Berlin: Gebr. Mann Verlag, 2003.

Marigliani, Clemente, ed. *Le piante di Roma delle collezioni private*. Rome: Provincia di Roma, 2007.

McPhee, Sarah. *Bernini and the Bell Towers: Architecture and Politics at the Vatican*. New Haven: Yale University Press, 2002.

Robertson, Clare. *Rome 1600: The City and the Visual Arts under Clement Ⅷ*. New Haven: Yale University Press, 2015.

Wisch, Barbara. "The Matrix: 'Le Sette Chiese di Roma' of 1575 and the Image of Pilgrimage." *Memoirs of the American Academy in Rome* 56/57 (2011/2012): 271–303.

如今，我终于来到了这个世界第一城！……我年轻时所有的梦想都实现了。
父亲曾将罗马的风景画挂置于门厅当中，我印象中的第一幅印刷画如今出现在我的眼前……
一切都如我所想象的那样，而一切又都如此新鲜。

——约翰·沃尔夫冈·冯·歌德（Johann Wolfgang von Goethe），
《意大利游记》（*Italian Journey*），1786 年

第七章
旅行者的罗马

17 世纪时，蜂拥至罗马的朝圣者们受到了世俗旅行者们的挑战。这些所谓的“巡游者”（Grand Tourists）大多是一些贵族青年（偶尔也包括女性），来自阿尔卑斯山以北，尤其是大不列颠，试图通过加强文化和历史学习来提高自身素养。罗马是他们意大利之旅的其中一站，也是许多人最期待的一站。富裕的旅行者们有时会在城中驻留数月之久。他们资金充足，热衷收藏有关旅程的任何物品：城市景观图、地图、各种印刷图像（皮拉内西的蚀刻版画尤其受欢迎）、绘本、艺术品、古董、科学仪器、地理标本等等。

乔万尼·保罗·帕尼尼（Giovanni Paolo Panini）是位典型的巡游艺术家，他的城市风景图和富有创意的意大利风景组合画完美迎合了顾客的品味。某种程度上带有讽喻性质的《古代罗马》（*Ancient Rome*，图 90）连同其姊妹篇《现代罗马》（*Modern Rome*，图 91）捕捉到了这座城

图 90
乔万尼·保罗·帕尼尼，《古代罗马》，布面油画，1757 年。大都会艺术博物馆，格温妮·安德鲁斯（Gwyne Andrews）基金，1952 年

市的气质及城中最重要的珍宝。两幅画面都展现了一个消费品市场，富丽堂皇的古典大厅中布满了著名的古物和城市古老景点的图绘。这些作品齐整地排列开来，像是待售之物，仿佛等人拿取的糖果。热切而眼光挑剔的贵族买家四下闲逛，位于中央的艺术品赞助商手里拿着旅行指南，紧盯着观赏者。为了奉承收藏家，这幅画将其描绘为一位富有且品味高雅、地位不凡的人士，同时将城市美不胜收的风景打包成可供拿取和控制的商品。当然，现实往往和理想大相径庭，不过消费的欲望也从未真正与现实相关。

无论如何，并非每个旅行者都能够在市场上找到帕尼尼、卡纳莱托（Canaletto）或巴托尼（Batoni）。为了填补这个市场空白，罗马的印刷产业在 17 世纪末期到 18 世纪飞速发展。正如他们为朝圣者所做的那样，越来越多有胆识的出版商开始迎合游客的心愿，让他们在旅程结束之后还能带一件图画纪念品回去挂在墙上（或正如歌德那样，在旅程开始之前就已经打定了主意）。

图91
乔万尼·保罗·帕尼尼,《现代罗马》,布面油画,1757年。大都会艺术博物馆,格温妮·安德鲁斯基金,1952年

这种竞争的氛围催生了一大批图像。从书册中详细展示具体路线的小型插画;到逐渐向实用型转变的中型地图,比如下文将要提及的弗朗索瓦·诺多(François Nodot)的早期旅行规划图;再到那些大型主题作品——它们会被挂在墙上,给任何有幸见到或拥有之人留下深刻印象。某种程度上来说,那些大型作品,比如乔万尼·巴蒂斯塔·法尔达(Giovanni Battista Falda)、詹巴蒂斯塔·诺利和朱塞佩·瓦西(Giuseppe Vasi)的作品,原本就是被当作城市的替身而创作出来的。和罗马一样,它们的形制颇具规模,充盈着视觉趣味,营造出浓厚的文化氛围。更妙的是,它们仅在二维空间中就达到了这个效果。

巡游之旅在一定程度上脱胎于早期的艺术朝圣现象。北方的艺术家们一项历史悠久的传统就是旅行至意大利,吸收同行的创新成果,观摩学习过去的伟大之作。阿尔布雷特·丢勒(Albrecht Dürer)在威尼斯待了很久,马滕·范·海姆斯凯克(Marten van Heemskerck)和其他荷兰艺术家则辗转于罗马和其他意大利城市。海姆斯凯克及其同时代人被后来

图 92
乔万尼·保罗·帕尼尼，《西班牙大台阶》(*Scalinata della Trinità dei Monti*)，水彩画，约 1756—1758 年。大都会艺术博物馆，罗杰斯基金，1971 年

17 世纪的画家效仿，比如鲁本斯（Rubens）和普桑（Poussin），后者更是在罗马度过了大部分的时光与职业生涯。旅居罗马对艺术发展至关重要，这个观点在 17 世纪时逐渐形成。当时的法国画家、雕刻家以及建筑师每年都会竞争罗马大奖（Prix de Rome）：这个极富声望的奖项由法国国家赞助的美术学院颁布，将资助获奖者前往罗马进修数年。

此外，富有的上层阶级更将这样一段旅程视为一项重要成年礼。1796 年，爱德华·吉本在他的回忆录中写道："依据风俗习惯，也许还有理性的原则，海外旅行真正标志着一位英国绅士完成教育。”这些游客中的大多数人都是真正意义上的艺术和文化业余爱好者。越来越多的人开始了他们的巡游之旅，因为这被视为一种阶级标志：具有一定社会地位的人必经的仪式。而和那些艺术家前辈不同，这些人的旅行自有特色。

那么这些旅行者想要看到罗马的哪些景点呢？答案就在帕尼尼那两幅古代和现代罗马图画里，尤其是那些画中之画。这些富人游客的兴趣在很大程度上都与艺术家和朝圣者的兴趣重合。早期的基督教堂和殉道之地既吸引了虔诚先辈，又使许多后来的游客着迷。不过这类地方却很少出现在帕尼尼的两幅画作之中，说明这些旅行者虽然会前往那些景点，却并非被自身的虔敬之心所驱使。的确，他们许多人都是新教徒，所以在某种程度上罗马天主教的那些东西并不重要。对他们而言，那些景点的意义、其值得一游的地方，在于其（世俗的）历史和艺术价值。

正如帕尼尼的《古代罗马》所示，旅行者的主要关注点都是古典时期的景点：罗马帝国时期的广场、卡皮托林山和帕拉丁山、罗马斗兽场的遗迹、帝国浴场，诸如此类。帕尼尼将《古代罗马》与《现代罗马》相搭配，尤其反映出罗马城中文艺复兴时期建筑物受到的与日俱增的关注，其中不少开始被视为“新”古典建筑。《现代罗马》中还包含了很多新近出现的城市风光，例如西班牙大台阶（图 92）——由弗朗西斯科·德·桑克蒂斯（Fancesco de Sanctis）设计，1725 年竣工。游客们惊异于巴洛克时期罗马的富丽堂皇，这里到处充满了雄心勃勃的建筑工程，的确是个值得观光的地方。

同早期的艺术家们一样，旅行者们也被各种杰作深深吸引。罗马曾经是、如今仍是一座露天博物馆，比如喷泉用它那甘甜的泉水为人们提供了一场视觉盛宴。16 世纪 80 年代，多梅尼科·丰塔纳设计的那座摩西喷泉（Fountain of Moses）被绘制在了帕尼尼的《现代罗马》中，此外还有贝尼尼于 17 世纪 50 年代设计的四河喷泉（Fountain of the Four Rivers）。罗马的教堂中随处可见各种雕塑和绘画，至今依然如此，比如米开朗基罗的《圣母怜子雕像》（*Pietà*）和《摩西》（*Moses*，帕尼尼将其巧妙地置入了《现代罗马》的画廊中）、卡拉瓦乔的《圣马修的召唤》（*Calling of St. Matthew*）以及贝尼尼的《狂喜的圣特雷莎》（*St. Teresa in Ecstasy*）。

不过这一时期大部分公共博物馆还有待开发，或者说即使到大巡游时代末期，博物馆也尚处起步阶段。罗马碰巧拥有世界上两座最早的公共博物馆，即卡皮托林博物馆和梵蒂冈雕塑藏馆。除此之外，直到 18 世纪末期，向大众开放的艺术藏品概念才逐渐开始受到关注。在此之前，除非在上层阶级有朋友，否则普通游客是无法参观罗马那些重要的私人藏品的。这也是罗马和其他地方的旅行业长久以来都专属于上层阶级的一个重要原因。

随着巡游在 17 世纪晚期的迅速发展，围绕旅行展开的新文学体裁开始出现，19 世纪流行的大众旅行指南写作传统因此萌芽。其中一种常见的形式叫作旅行见闻：通常是那些环游欧洲的贵族所发表的回忆录。理查德·拉塞尔斯（Richard Lassels）于 1670 年发表的《意大利行纪》（*The Voyage of Italy*）是其中最早的一批。这本书的内容十分丰富，但最畅销的当属托马斯·纽金特（Thomas Nugent）的《巡游》（*Grand Tour*，1749 年），最著名的则是歌德的《意大利游记》（1786 年）。虽然宣称是回忆录，但这些作品与后来出现的那种信息丰富而个人观点不多的指南十分不同。它们的确提供了不少关于游览地和观赏物的小建议，也推荐了一些路线，但其中几乎从未包含任何地图或插画，没有为读者提供直观的空间指引。

在同一时间段，一些更具实用性的书册也开始出现在人们的视野中。1722 年，乔纳森·理查森（Jonathan Richardson）和他的儿子小乔纳森·理查森出版了《关于意大利一些雕塑、浮雕、素描和绘画的介绍》（*Account of Some of the Statues, Bas-Reliefs, Drawings, and Pictures in Italy*），为富有探索精神的游客提供了一份游览清单。1763 年，朱塞佩·瓦西出版了《古代和现代罗马的旅行指南》（*Itinerario istruttivo di Roma antica e moderna*），该书后来多次再版，在实用性上更进一步。这本便携的口袋指南计划了一场为期八天的罗马徒步之旅，并介绍了各种景点的

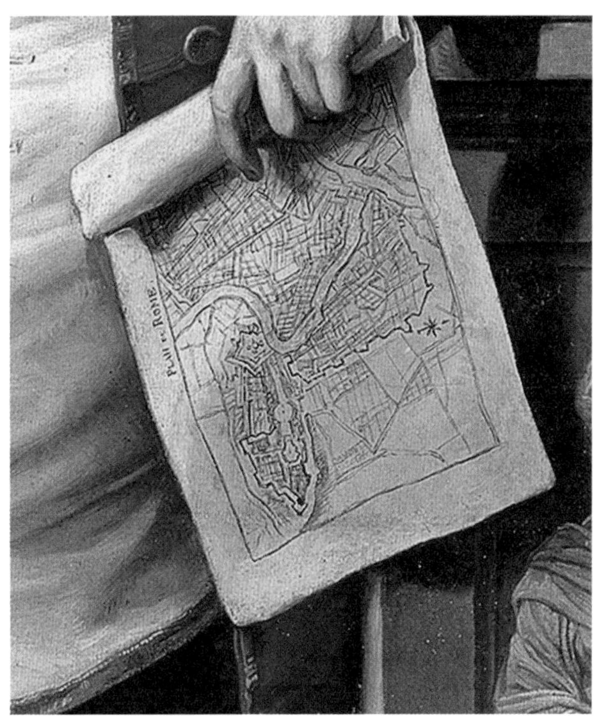

历史和重要性。这本书既作为指南销售，也被当作纪念品赠送，尤其是读者如瓦西希望的那样购买他的其他巨著，比如配有大量插图的七卷本《罗马的辉煌》（*Magnificenze di Roma*），或者大型俯瞰图《罗马全景图》（*Prospetto dell'alma città di Roma*，图 104）时。

瓦西的旅行指南与现代指南不同，其中插图不多，虽然涉及不少空间信息，但没有任何地图。如果没有其他辅助手段，很难想象这本指南能被用来在罗马导航。不过在那个时代，还是有一些地图被用作现场导航工具。正如我们将看到的那样，有时候地图本身就暗示了自身的实际用途，但也存在例外。当时的罗马艺术家常常为英国绅士绘制“时髦肖像”，以作为其巡游的纪念品。巴托尼为弗朗西斯·巴西特（Francis Basset）绘

图 93
左图：巴托尼，《弗朗西斯·巴西特：邓斯坦维尔男爵一世》（*Francis Basset, 1st Baron of Dunstanville*），布面油画，1778 年，© Museo Nacional del Prado, Madrid（普拉多国家博物馆，马德里）

图 94
右图：巴托尼，《弗朗西斯·巴西特：邓斯坦维尔男爵一世》，地图细节

制的肖像画（图 93）就是其中一例。画面中的人物年轻而时尚，以一种考究又随意的优雅姿态斜倚在一座饰以古典浮雕的雕像基座旁。他的左手拿着一幅半卷的罗马地图，展开的部分恰好展现了梵蒂冈城和罗马北部城区（图 94）。

画中的背景也恰好是这片区域，远方的圣彼得大教堂和圣天使城堡清晰可见。这让人联想到彩绘的舞台布景，又像落下的人造幕布。整幅图布局巧妙，呈现出一个精明而自信的年轻人形象，他掌握着的旅行精髓，对西方文明的各个遗址了如指掌。尽管他手中的地图只是件装点画面的道具，但意涵深远，暗示了主人公正是利用它来了解甚至掌握周围的环境（他亲自走向世界，而非如帕尼尼在《古代罗马》和《现代罗马》中所表现的赞助者那样，让世界来到他们身边）。无论巴托尼的这幅人物肖像有多么做作、不自然，它依旧在某种程度上体现出地图功能的转变。

但就大体而言，地图在当时还没能作为导航工具流行起来。现代观光图也尚未被发明：我们将在下一章看到，它是随着大众旅行的兴起而问世的。无论如何，巡游之人一般不需要这种实用工具，因为他们通常会雇用专业而学识丰富的导游陪同自己环游城市。卡纳莱托等人绘制的城市风景图常被上层阶级当作旅行纪念品，我们经常能在其中看到这些导游一边凝望着那些宏伟的废墟，一边向自己的顾客们做着手势（图 95）。

正如那些纪念图画及为朝圣者绘制的七教堂图一样，这类面向巡游者的地图大多都是经过美化的纪念品，供游客们日后回忆在这座城市的特殊经历。就此而言，它们与巴托尼的肖像画具有异曲同工之妙，尽管后者更个人化，但它们所服务的主顾却是同一批人：需要为自己的罗马之旅寻找到某种实体象征物的不列颠贵族游客。

巡游地图具有各种不同的形制，较大的那些更是贵重之物，专为研究、欣赏、展览所用，让观者隔着时空的距离感受这座永恒之城。接下来我们将看到的图像几乎都属于这种类别，包括诞生自巡游时代的那些壮观的印刷地图。当然，这些图像也体现出一种显而易见的炫耀感。如果说巡游者的动力一方面来自社会和阶级对他们的期待，另一方面源自对文艺复兴和古代的真诚热情，那么他们所购得并在家中展示的那些地图同样是一种地位的象征：这是本人的尘世之欲、格调品味和藏品资源丰富的象征。在巡游者于旅途中热切收集的各类物品当中，它们占有重要的一席之地。

1648年，《威斯特伐利亚和约》的签订结束了欧洲国家之间近一个世纪的战争状态，大巡游在此之后兴起。1796年，拿破仑入侵意大利，一段长达二十年的战争时期就此开始，大巡游也被中断。当然，在此之后，贵族阶级的旅行者们仍会来罗马度假，但随着19世纪早期大众旅行的兴起，巡游的声望不断下降。一百五十年间，在这条富有艺术气息的精选旅行路线中，罗马始终如桂冠上的宝石般耀眼。但也正是在这段时期，教会以及这座城市的政治势力也在显著衰落。为欧洲带来和平的1648年条约使得教皇在国际事务中的影响几乎损失殆尽。如今罗马的重要性体现为一座文化之都：在城市之中随处可以见到各种著名景点。

图95
卡纳莱托，《君士坦丁凯旋门与罗马斗兽场》（*View of the Arch of Constantine with the Colosseum*），布面油画，1742—1745年。盖蒂研究所，盖蒂开放资源项目电子图像

剧院般的罗马

17 世纪时，巡游者对有关罗马的图画日益感兴趣。一位名为乔万尼·贾科莫·德·罗西（Giovanni Giacomo de Rossi）的野心勃勃的出版商是最早投资这一领域的人之一。德·罗西赞助了才华横溢的蚀刻版画家乔万尼·巴蒂斯塔·法尔达，与其合作出版了一系列华美的图册和夺人眼球的地图，专门迎合这个市场。1676 年的《新版罗马平面及立面图》（*Nuova pianta et alzata della città di Roma*，图 96）就是他们的代表作：这是对巴洛克时期的罗马——这座“世界剧院”最完整而精确的视觉记录作品，生动再现了 17 世纪时罗马城的壮观景色。教会盛典、节庆和游行，无论是本地人还是外来者都对此惊叹不已。尽管法尔达的地图中没有人物，却足以展现出这座城市的辉煌。

这幅壁画规模的蚀刻版画由十二幅铜板在同样数量的纸上印刷而来，整幅地图长宽约为一点五米。地图采用了自罗马碧空俯瞰的视角，以高度写实为特点，完美呈现了城市的每个细节特征。按照惯例，城市边界仍由公元 3 世纪的奥勒利安城墙限定，北部的人民之门位于地图左边，左下角是圣彼得大教堂与梵蒂冈城，卡皮托林山大致位于地图中心位置，台伯河则自左向右（自北向南）蜿蜒流过。

地图中，标志性的巴洛克式城市工程可谓耀眼夺目，尤以教皇亚历山大七世（Alexander Ⅶ）主持开展的那些项目为典型。他最杰出的计划是将圣彼得广场（完工于 1667 年，图 97）改造成全意大利最宏大、最具舞台美学特征的广场之一。依据贝尼尼的设计，广场边的两条半弧形柱廊连接教堂侧翼，仿佛教堂张开的双臂将信徒们拥入怀中。

法尔达所绘制的其他建筑工程有不少是私人出资建造的，比如地图上半部的城市绿地中零星分布着的一些豪华别墅。如巴尔贝里尼（Barberini）、美第奇（Medici）和蒙塔尔托（Montalto）这类富裕而强大的家族，他们位于城郊的寓所正是罗马丰富的文化生活中的新秀。这里往往存放着私人藏品，越来越多的文化沙龙也在此举办，文人雅士们热切聚集于此。

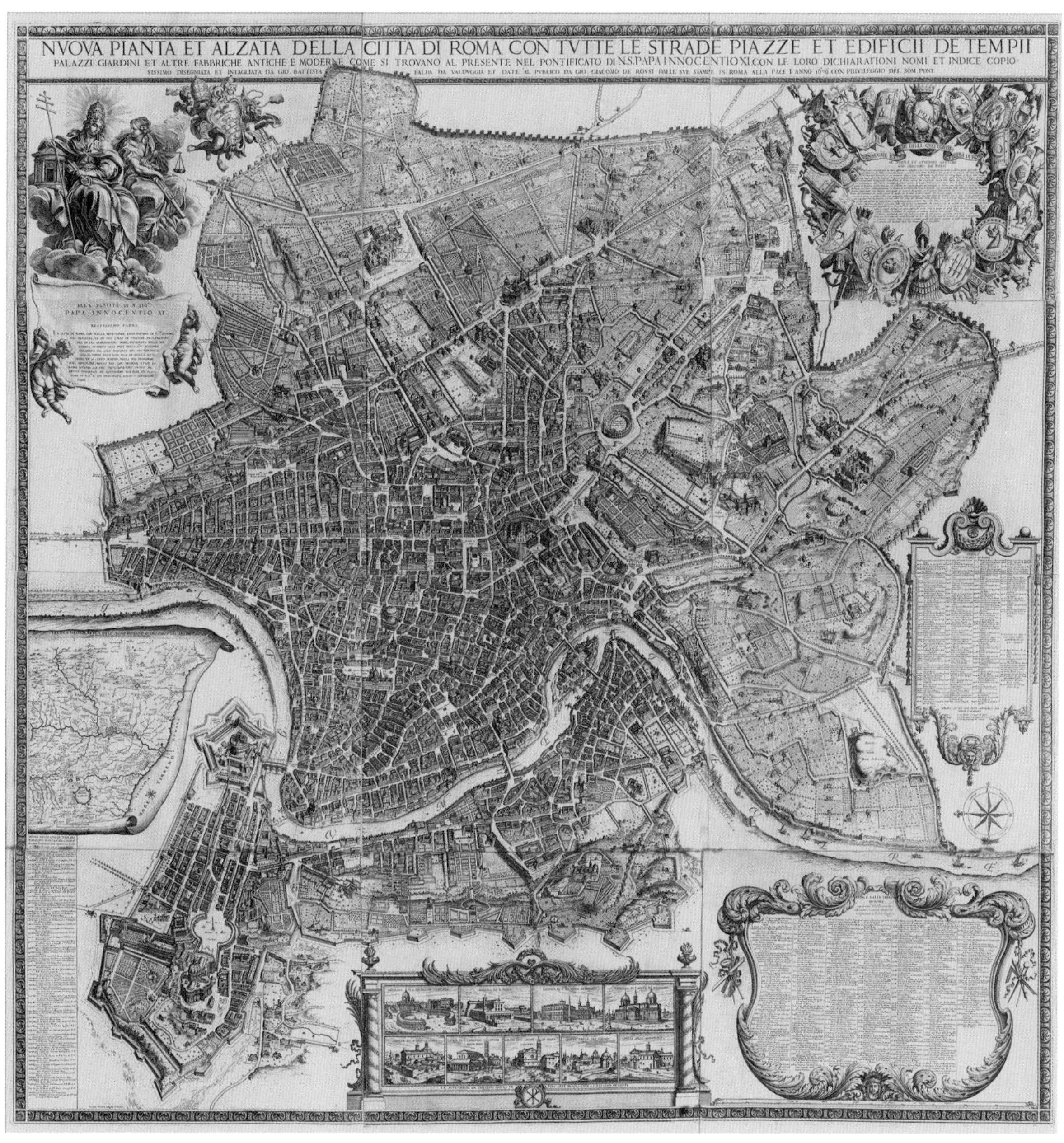

图 96

乔万尼·巴蒂斯塔·法尔达，《新版罗马平面及立面图》，雕刻与蚀刻版画，罗马：乔万尼·贾科莫·德·罗西出版，1676 年。文森特·J. 博南诺（Vincent J. Buonanno）收藏

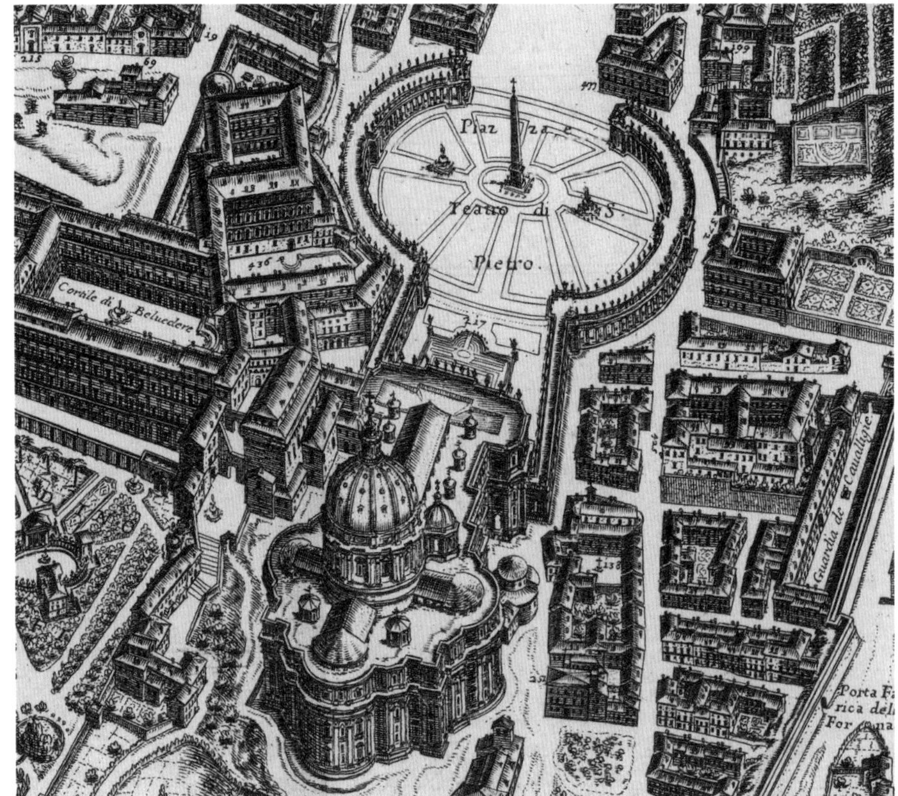

图 97
法尔达，《新版罗马平面及立面图》，圣彼得广场细节图

《新版罗马平面及立面图》的迷人风采并非只在于城市景观，边缘的图饰同样十分精致。地图下端的装饰图画展示了各大主要朝圣教堂的小型建筑图例。左上方的两位女性形象分别象征着公正与教会——后者头戴教皇的三重冕，正守护般俯瞰着下方的城市。其他图饰还包括一份记录着罗马重要教堂和宫殿的详尽目录，以及一幅描绘城市周边环境的插入地图。在右上方由罗马的十四个行政区的纹章所包围的区域中，德·罗西还加入了一段公开致辞，邀请“尊贵而热心的读者”沉浸于地图之中，“用双眼在城市的街道、广场、花园和各个区域之间尽情漫步”。这段文字生动描述出远方观众试图通过观赏《新版罗马平面及立面图》这类地图所想获得的体验——想象自己走进罗马的城市风光之中，享受城市带来的各种乐趣。

旅行平面图的起源

尽管大众旅行指南产业及随之而来的旅行图册传统直到19世纪才完全成形，但其根源可追溯至更早时期。尤其是1706年，我们发现这一年出版的一幅地图首次明确声明它将“对旅行者非常有用”。这些字眼出现在由弗朗索瓦·诺多出版的一幅图顶端，这幅图出自《诺多先生新版回忆录，他在意大利旅行期间所做的观察记录》（*New Memoirs of Mr. Nodot; or Observations He Made During His Voyage to Italy*）一书。这本书一部分是旅行行纪，另一部分是具有指导意义的指南。全书分两卷，第一卷描述了罗马的基督教圣址，第二卷则记录了城中古代和现代的世俗标志性建筑。在这本所谓的回忆录中，作者的个人感观远远少于他对参观景点的建议：这种基调上的转变预示了后来这类书籍的发展趋势。

在向实用性转变的过程中，许多地图都让诺多这本五百多页的回忆录增色不少，但我们将要看到的《新版罗马平面图》（*Nouveau plan de la ville de Rome*，图98）却是其中最精致、信息量最丰富的一幅。这幅图的版面很大，位于第一卷前言之后，从右边折叠起来，非常显眼，在整本书的开头为读者们提供了一个广阔的城市观察视角。诺多的地图严格遵照了佛兰德蚀刻版画家列文·克鲁伊尔（Lieven Cruyl）于1667年创作的地图的样式，后者将城市绘制成椭圆形，与周边分隔开来。追根溯源，这种形式源自滕佩斯塔1593年创作的那幅影响深远的地图，且其在1662年发行了第五版。诺多和在他之前的克鲁伊尔一样，借鉴了滕佩斯塔那幅早期地图的轮廓、街道、方位和整体形制等特征。诺多的地图还对城市进行了透视缩短的处理，观者自城市上方向西边望去，地图中的建筑同样以类似的视角呈现。

和滕佩斯塔的地图及很多其他地图一样，这幅地图将北方放在左边。图中罗马的轮廓由城墙显示，包括背景中的3世纪奥勒利安城墙，以及前景中那段17世纪时贾尼科洛山上修建的延长防御工事。在城墙之内，罗马的“主要街道”，即科尔索大道从左边的人民之门开始，水平贯穿整座城市。在这条大道下方，台伯河从左至右蜿蜒流过，向书页两侧延展而去：这似乎是连接罗马与其边界之外的世界的唯一元素。

令人震惊的是，诺多仿照克鲁伊尔，将大量普通建筑从罗马的城市风光中抹除，只在地图中以立体图标的形式保留了少数重点建筑，例如地图左下角十分显眼的三维立体圣彼得大教堂和梵蒂冈城（图 99）。这幅地图既由鸟瞰视角绘制，又包括精确的图示，凸显了其中的关键建筑以及连接它们的道路。就此而言，这幅地图与现代的旅行图册已经十分接近了。

图 98

弗朗索瓦・诺多，《新版罗马平面图》，雕刻与蚀刻版画，阿姆斯特丹，1706 年。波兰国家图书馆，europeana.eu

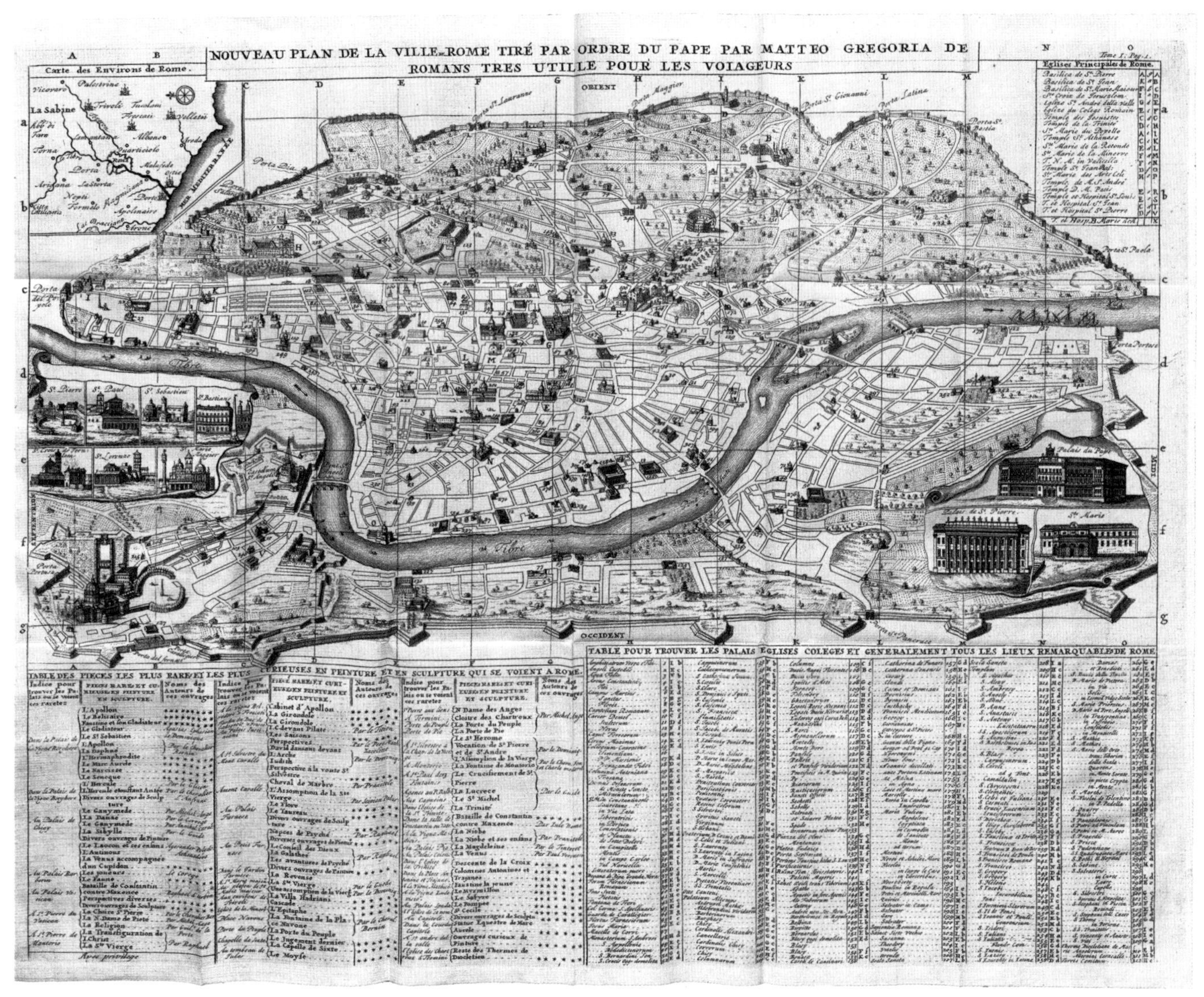

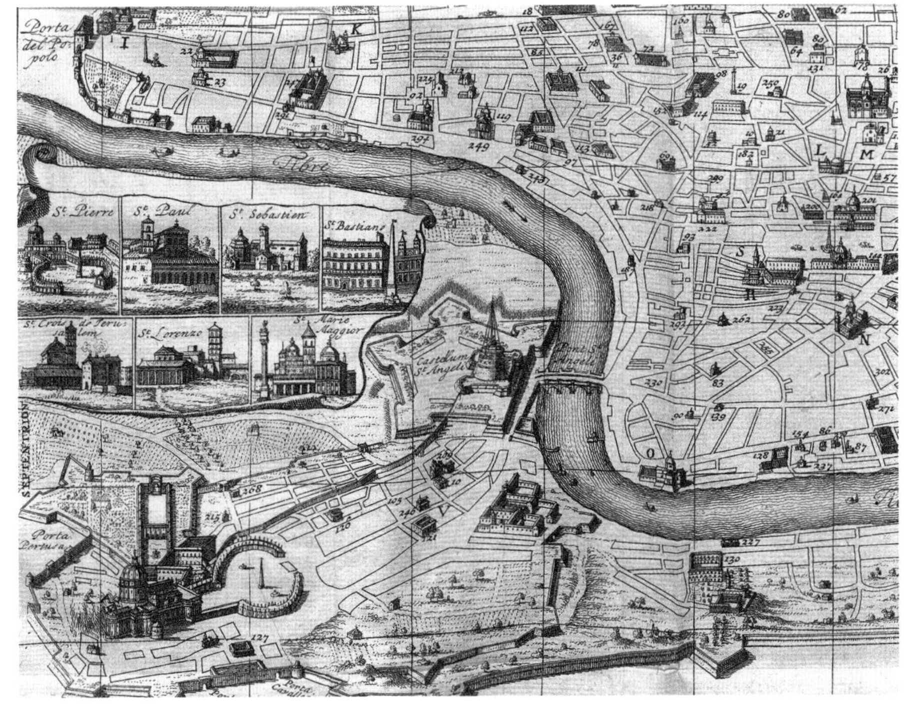

图99
诺多，《新版罗马平面图》，圣彼得大教堂、梵蒂冈以及城中心的部分细节图

不过这幅地图中最具旅行性质的元素是底端那份名录，其中所列举的著名景点可通过字母、数字和区域在图中寻找。诺多罗列了一些主教堂、宫殿和城中“几乎所有非凡之地”，以及“能在罗马看到的最稀有、最珍贵的绘画和雕塑作品”。对于不知疲倦的文化观光客而言，这幅地图上汇集了许多有用的信息。但人们似乎也不太可能携带着它和剩下的书卷一起畅游城市，用其现场指路：无论是从这本书的内容，还是它的重量，抑或地图本身的尺寸来看，都很难让人联想到那种情景。至于去罗马旅行的游客会将其存放在住宿处用于日常的查阅，倒完全是有可能的。

关于这幅地图的功能，我们可以参考法尔达那幅极具纪念意义的平面图。例如，诺多在地图左侧绘制了七座主要朝圣教堂的小型插图，右边则是几幅重要宫殿的景观图。他的目的很明显，就是创作一张大而美观的地图。和本章中探讨的其他地图不同，诺多的地图并非用于展示。它附于一本书内，主要是为了向读者提供指引，无论读者准备用这幅地图来探索城市的大街小巷，还是用来远距离了解罗马城本身。尽管在诺多的时代地图还不被视为常规的旅行辅助工具，但他的地图本身已经预示着这一天即将到来。

勘测罗马城

通过詹巴蒂斯塔·诺利于1748年绘制的《新版罗马平面图》（*Nouva pianta di Roma*，图100），我们得以走进那个风靡一时的纪念性地图领域。但这幅地图与其他同类地图存在显著差别。就庞大的尺寸和技术改进而言，诺利的这幅地图可与法尔达的地图相提并论，其在测量精准度方面已大大进步，而非仅仅一幅俯瞰之景。这幅地图的形制大部分要归因为启蒙时代的影响，当时的知识分子在科学和理性方面倾注了大量信仰。诺利是一位来自科摩的工程师，作为勘探专家带领一支大型团队自1736年开始为罗马绘制地图。这项工程得到了罗马文化界和学术精英团体中有影响力之人的支持。《新版罗马平面图》的绘制持续了十多年，是制图史上的一块里程碑，其精确度几可与现代电子地图相比肩，因此声名卓著。

诺利的地图印制在十二张纸上，所附名录列举了一千三百多处景点。将这些图纸拼合起来，整幅地图约一点八米宽，二点四米长。诺利特地偏离了此前的罗马地图绘制传统，将北方置于地图顶端而非左侧：这种定位方式在不久后便成为惯例。如今居于整幅图最上方的是人民广场，三条文艺复兴时期的大道自此向下方的城市辐散开去。诺利绘制城市肌理所使用的方式类似于如今建筑师们所熟知的“图形－背景”平面图。街道、广场、教堂内部和庭院这种公共区域都不予着墨，而由周边建筑结构和墙体凸显轮廓，表示可以进入。私人或封闭场所则呈现为灰色，表示不可通行（图101）。诺利地图的全面性甚至超过了法尔达的地图，图形精确性更是史无前例。诺利不仅记录了排水管和喷泉的位置，而且仔细区分了不同年代的建筑（纯黑色代表古代建筑），并用轮廓线标示出了有待完成的重建工程。

诺利的地图为科学绘制罗马和其他所有城市的地图奠定了新的基准，但它的首要目标还是富有的收藏家。从令人眼花缭乱的工艺和复杂的装

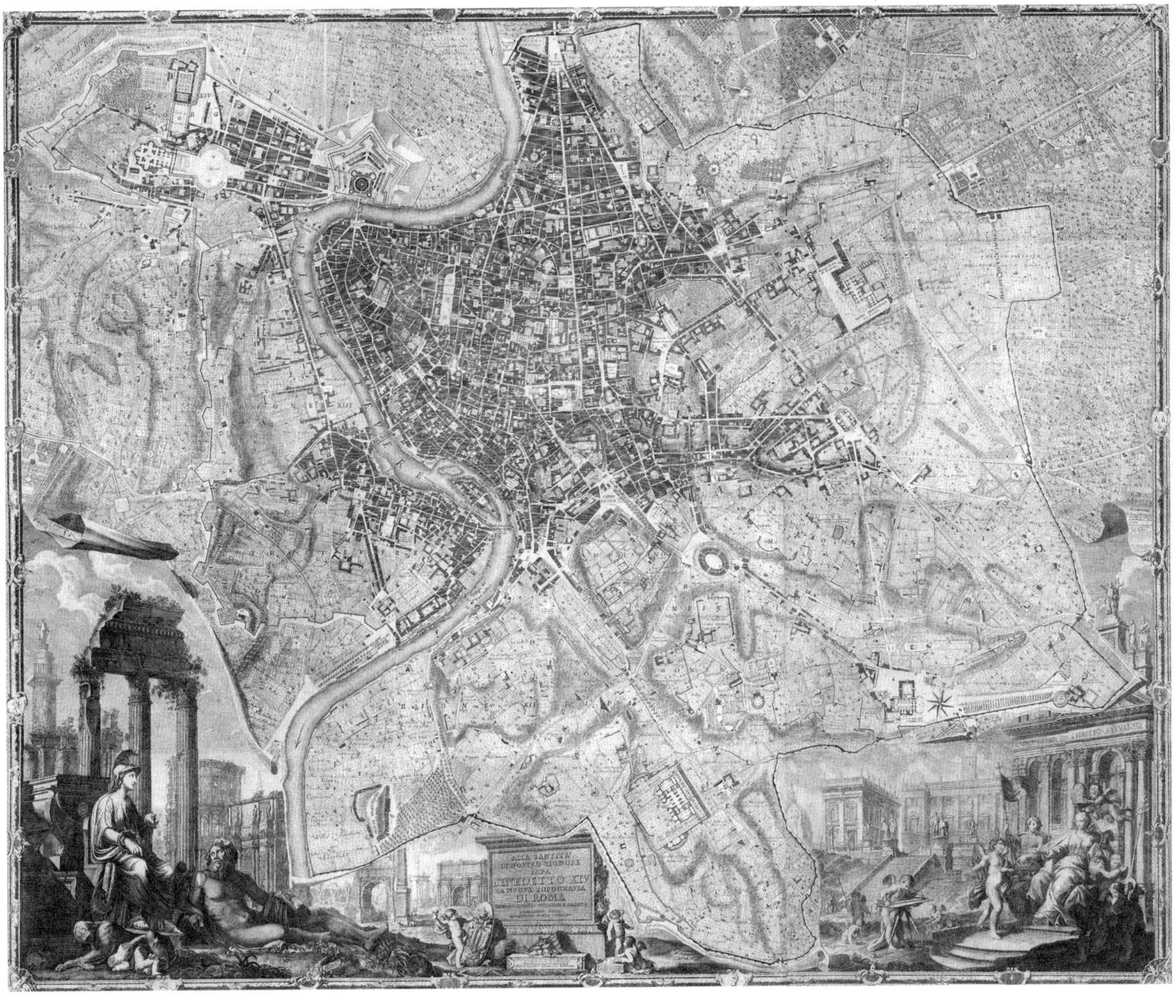

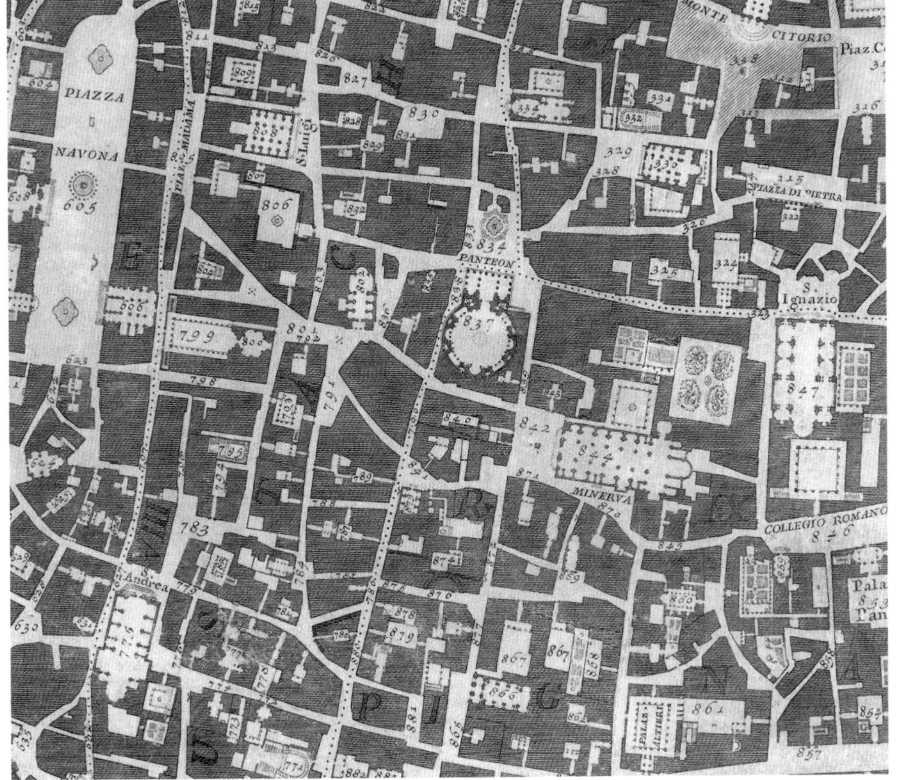

图 100

上图：詹巴蒂斯塔·诺利，《新版罗马平面图》，雕刻与蚀刻版画，罗马，1748 年。大卫·拉姆齐地图收藏，www.davidrumsey.com

图 101

下图：诺利，《新版罗马平面图》，城中心细节图（中央是万神殿，纳沃纳广场在左边）

图 102
诺利，《新版罗马平面图》，左下方装饰图细节

图 103
诺利，《新版罗马平面图》，右下方装饰图细节

饰中不难看出这幅地图所具有的商业和颂扬目的。地图的下方边界由帕尼尼设计，他抛弃了启蒙时期所推崇的理性，呈现出一个想象中的罗马，使这一部分比地图上方精准测量的内容更加生动。这幅地图巧妙发挥了视觉陷阱的功用，整座城市就像被不规则裁剪的纸张，自南部边界向上方卷起，露出了位于下方的图画（图 102）。

图 104
朱塞佩·瓦西,《罗马全景图》,蚀刻版画,罗马,1765年。文森特·J. 博南诺收藏

在地图下方,化身女性的古代罗马坐落于废墟中的王座之上,身边是各种可以辨认却残破的古代雕塑。她呆坐于阴影中,忧郁地望向右方。另一边,被一群欢乐的侍从围绕着的女性形象神情更加活泼和明朗,她正遥遥回应着前者的目光。这位年轻的女性身边全是新近的地标性建筑,盘旋在她头上的丘比特正为其戴上教皇三重冕。她代表着教会,也代表

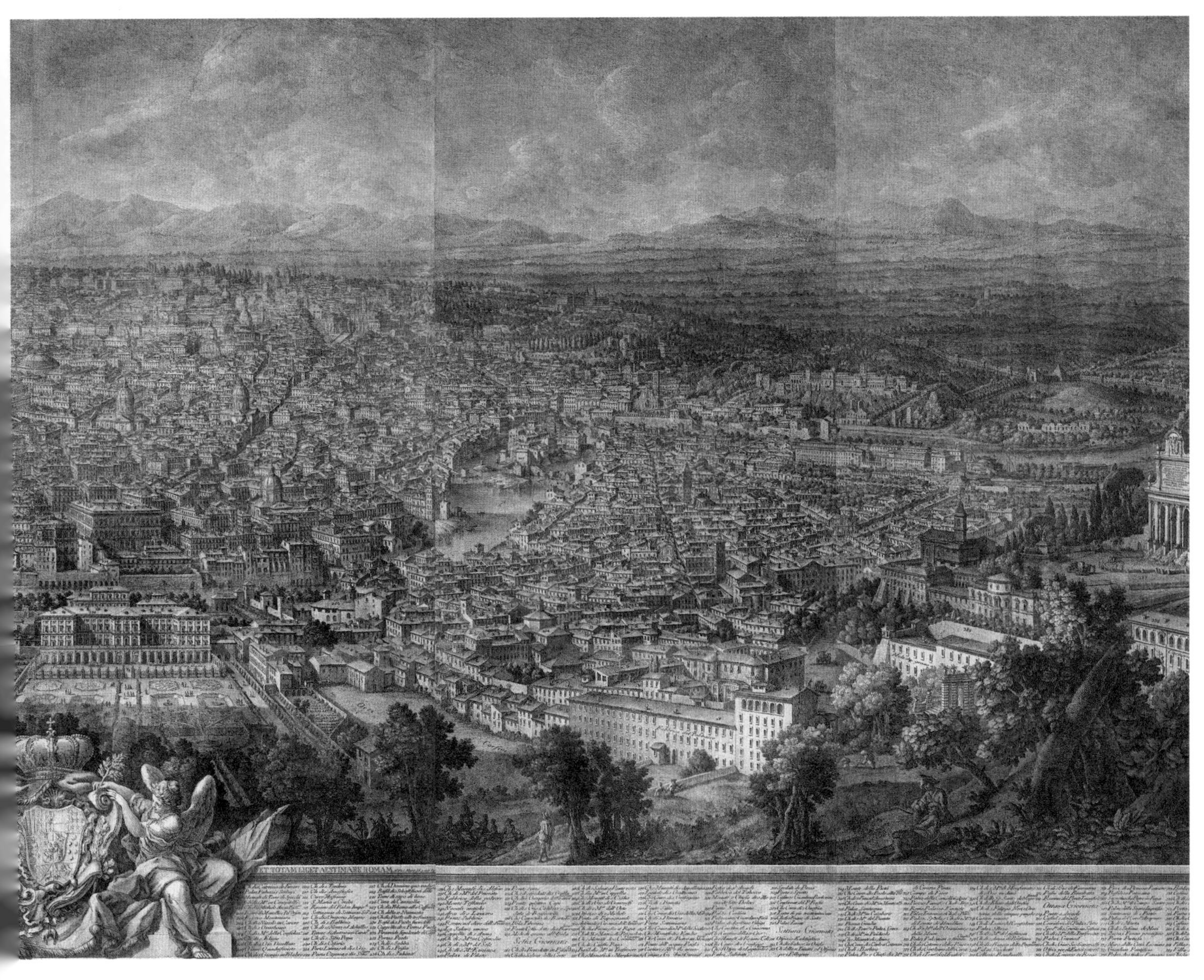

着新罗马（图 103）。这一对形象象征着城市最重要的两重身份——至少就巡游者而言是这样的。

但这幅艺术杰作中最能彰显其特点的元素或许是新罗马脚下那群忙碌着的身影。四位天使正在执行勘测城市的任务：其中三位用测链度量距离，而他们的首领，即诺利本人的象征，正在一台名为测绘板的相对先

图 105
瓦西，《罗马全景图》，艺术家细节图

进的仪器上记录着方位。这些迷人而有趣的角色正在参与一项最严肃的事业：为现代罗马城绘制地图。

全景视野

1765 年，朱塞佩·瓦西绘制了一幅视野广阔的《罗马全景图》（图 104），其中同样隐藏着寓言式的自画像：一位艺术家置身于前景的阴影中，他背对着我们，正在速写眼前的城市风光（图 105）。这位艺术家所在之处正是罗马城中最高的山丘——标志着罗马西部边界的贾尼科洛山。和诺利图中那些用工具测量城市的天使不同，瓦西笔下的艺术家以自己的双眼为工具直接观察绘制着罗马城。这个全景图深受巡游者的喜爱，他的观测点也成为城中最受欢迎的“观景点”。滕佩斯塔和其他制图家也曾从这个视角描绘过罗马，但无一能如此生动地将罗马展现在观者眼前。

瓦西出生在西西里，于1736年来到罗马。他在这里开了一间印刷店，专门向那些需求日益旺盛的巡游者售卖有关这座永恒之城的蚀刻版画。《罗马全景图》是其最具野心的作品。这幅图印制在十二张纸上，约一点二米高，二点六米宽。底部目录列有三百九十处罗马景点，瓦西将它们安排进一场为期八天的旅程中。不过，这幅图显然不以策划旅行路线为目的：观者若想在其中找到一条明确的步道，恐怕只会无功而返。

当然，我们还是能在图中辨识出几处亮点。左侧圣彼得大教堂的比例稍微有些夸张，事实上，从贾尼科洛主峰上是看不见它的（图106）。圣彼得大教堂的右边是圣天使城堡，大炮口里升腾起翻滚的浓烟。越过

图106
瓦西，《罗马全景图》，圣彼得大教堂和圣天使城堡细节图

蜿蜒的台伯河，仔细观察城市中心，就会在各种地标建筑中找到万神殿那低矮的穹顶。整体而言，瓦西这幅氛围感十足的《罗马全景图》再现了观察这座城市时的感受，呈现出它伟大而瑰丽的一面。远远望去，罗马本身就是一件引人驻足远眺的艺术品。

瓦西在绘制过程中运用了一些艺术性技巧，最终呈现的结果仿佛是从广角镜中看到的画面（或是由零散图片组成，类似于现代的拼合全景图），且观景点不像是在贾尼科洛山上，而像是在另一个更高的地点。不过总的来说，这幅《罗马全景图》还是小心地贴合了现实，尤其让人有身临其境之感。观众甚至可以感受到前景中拂过树叶的一丝微风，感受到当遥望远处那座闪闪发光的城市时洒在脸庞上的和煦阳光。与诺利那幅充满科学性却透出疏离感的制图不同，瓦西的全景图让巡游者重新体会到旅居罗马期间的感官之乐。

延伸阅读

Benson, Sarah. "Reproduction, Fragmentation, and Collection: Rome and the Origin of Souvenirs." In *Architecture and Tourism: Perception, Performance and Place*, ed. D. Medina Lasansky and Brian McLaren, 15–36. Oxford: Berg, 2004.

Bevilacqua, Mario. *Roma nel secolo dei lumi: Architettura, erudizione, scienza nella pianta di G. B. Nolli "celebre geometra."* Naples: Electa, 1998.

Black, Jeremy. *Italy and the Grand Tour*. New Haven: Yale University Press, 2003.

Haskell, Francis, and Nicholas Penny. *Taste and the Antique: The Lure of Classical Sculpture, 1500–1900*. New Haven: Yale University Press, 1981.

Hibbert, Christopher. *The Grand Tour*. London: Spring Books, 1969.

Krautheimer, Richard. *The Rome of Alexander VII, 1655–67*. Princeton: Princeton University Press, 1985.

Maier, Jessica. "Giuseppe Vasi's *Nuova Pianta di Roma* (1781): Cartography, Prints, and Power in *Settecento* Rome." *Eighteenth-Century Studies* 46 (2013): 259–79.

McPhee, Sarah. “Falda’s Map as a Work of Art.” *Art Bulletin* 101 (2019): 7–28.

Sánchez-Jáuregui Alpañés, María Dolores, and Scott Wilcox, eds. *The English Prize: The Capture of the* Westmorland, *an Episode of the Grand Tour*. New Haven: Yale University Press, 2012.

Tice, James T. “ ‘Tutto insieme’: Giovanni Battista Falda’s Nuova Pianta di Roma of 1676.” In *Piante di Roma dal Rinascimento ai catasti*, ed. Mario Bevilacqua and Marcello Fagiolo, 244–59. Rome: Artemide, 2012.

Tice, James T., and James G. Harper. *Giuseppe Vasi’s Rome: Lasting Impressions from the Age of the Grand Tour*. Eugene, OR: Jordan Schnitzer Museum of Art, 2010.

Wilton, Andrew, and Ilaria Bignamini, eds. *The Grand Tour: The Lure of Italy in the Eighteenth Century*. Exhibition catalogue. London: Tate Gallery Publishing, 1996.

我见识过三“群”（这样的游客），且从未见到过如此粗俗之举……
意大利的城市已经到处都是这群生物，因为他们从不分开行动。
你经常能看到大概四十人左右的团队蜂拥至大街上，
导游……像是牧羊犬一样把他们集中起来，整个过程简直像极了放牧。

——科尔内利乌斯·奥多德
［Cornelius O’Dowd，查尔斯·利弗（Charles Lever）创作的角色］

第八章
罗马的大众旅行

爱尔兰小说家查尔斯·利弗借自己虚构的评论家角色科尔内利乌斯·奥多德之口，说出了这段对遍布意大利的不列颠群岛同胞的嘲讽之语。对此，所有去过罗马、佛罗伦萨或者威尼斯的读者或许都深有同感。不管是参加了大型旅行团，刚从威尼斯潟湖上一艘没什么意思的大型旅行船上下来，还是定制了私人旅程，准备独自游览意大利的著名景点，你都有可能碰到这样一群观光客——如果不把自己也算在内的话。这些粗野之人被利弗称作市井之徒。这种典型的现代现象可追溯至19世纪，尤其是1815年之后。当时拿破仑战败，不列颠群岛与意大利之间再次变得畅通无阻。

正是从那时起，闸门大开，罗马成为备受新兴游客追捧的旅行胜地：非上层阶级的旅行团从欧洲各地涌来，感受着这座城市的文化财富。拜伦（Byron）勋爵在1817年时以巡游的方式游遍了意大利，他相信这股浪潮只是暂时性的。他写道，罗马“到处充斥着讨厌的英语……除非这些家伙都被赶回国，否则谁要在这个时候去法国或者意大利旅行，那就是大蠢蛋”。“不出两三年，”他继续写道，“这股浪潮就会结束，届时欧洲大陆便又会变得广阔宜人。”但拜伦失算了：这股势头越演越烈，除了在战时短暂地消停过一段时间，从此再未消退。

与巡游者不同的是，这个新群体人数更多，出行方式更简单，旅行活动远算不上奢华。这一群体标志着大众旅行的开始。他们携带着旅行箱，乘坐二等车厢，住在廉价旅社或者招待所里，在小酒馆里吃喝。他们一般会报名价格亲民的旅行团，而不是雇用专业导游；也有的人抱着自力更生的态度，带着一本新型旅行手册就来了（图 107）。

大众游客们逐渐开始依赖那些大批量生产的旅行计划图——上面不仅标注着景点信息，还列出了哪里能够满足游客们的日常需要，包括旅馆、餐饮店以及其中的连接路线和公共交通线路。这种廉价而实用的制图类别正是本章的主题，与前一章所探讨的那些华丽地图具有天壤之别。其中包括卡尔·贝德克尔（Karl Baedeker）等人出版的大众旅行手册中的折叠地图，以及罗莫洛·布拉（Romolo Bulla）发行的独立地图。它们便于携带，可以为人们提供更加迅捷便利的参考。大体而言，这类地图的产值虽然急剧下降，实用性却日渐增强。

图 107
“英国游客”，来自艾伦 & 金特香烟（Allen & Ginter Cigarettes）的“世界花花公子”（World's Dudes）系列，1888 年。大都会艺术博物馆，杰弗逊·R. 伯迪克（Jefferson R. Burdick）收藏，杰弗逊·R. 伯迪克赠送

除了这些地图和相关出行工具，大众旅行者游览景点时的速度也与巡游者大不相同。后者一般要花上一两年来游览某些地方，前者则可将行程压缩至数周之内。和如今大多数度假者一样，这些经济不那么宽裕的游客无法承担长时段的旅程费用：他们还需要工作来养家糊口。这些

大众旅行者的探险只是短暂的度假，不带有什么高深而重大的意义。巡游者至少会给罗马分配六周的时间甚至更久，而报名托迈酷客（Thomas Cook）旅行社那匆忙的意大利之旅则只需在罗马城里花上两天半的时间。大众旅行者们是在观看景点，而非沉浸在当地的历史和文化之中：对他们来说，旅行是娱乐活动，而非自我教育过程。

19 世纪中晚期，一系列因素促进了这类休闲旅行的发展。工业革命推动了经济繁荣，越发壮大的中上层阶级拥有了更多可支配收入。从某种意义上来说，他们在旅行上的花费是超乎想象的：他们效仿富人的旅行习惯，尽管方式更为节俭，预算也有限。毫无疑问，许多旅行者被一种真正的热情所驱动，想要去见识新的地方，但旅行变成一项炫耀性消费也是不争的事实。

旅行者主体依然还是来自英国，其次是德国和其他北欧国家，也有少数美国人。这些游客得以进行长途旅行的一项关键因素在于运输技术和交通网络的极大发展。18 世纪时，巡游者如果不想穿越阿尔卑斯山，就只能选择乘船出游，例如从尼斯到热那亚，途中必须忍受晕船的痛苦，还要面临频繁的由恶劣天气造成的延误等风险。当时最常见的出行工具是一种叫作三桅小帆船（felucca）的简陋船只，上面配有船帆和船桨，但不适合暴雨或大风天气。随着蒸汽船的面世，海上航行变得简单许多。1816 年，蒸汽船首次穿过了英吉利海峡，随后它们的身影出现在欧洲大陆的大河中。19 世纪 30 年代时，马赛和意大利西部的港口之间开始有了固定的航行服务。

就陆路旅行而言，拿破仑在意大利、法国和瑞士都修缮或新建了不少道路，这不仅大大方便了阿尔卑斯山附近的交通，各地之间的交流也更加便捷了。许多游客可以通过大型公共马车——这正是现代灰狗巴士的原型——来进行自己的旅程。尽管速度较慢，也更为颠簸。此外，同样的路线，人们还可以通过“邮寄”的方式出行，即租用一辆马车和几匹马，从一个站点前往另一站点，沿途在那些能提供食宿和供下一段旅程换用的新马匹的站点停留。在意大利，还有一种“驾驶四轮马车的人”（vetturini），他们是私人导游，会陪同小型旅行团一直抵达终点，并在途中安排交通工具和食宿。这种旅行模式十分流行，因为它以较低的价格提供了“一站式”服务，但也因为效率低和不舒服而备受批评。

19 世纪 40 年代，随着铁路旅行的登场，这一切有了极大改善。尽管意大利和瑞士的铁路系统远不比英国和法国的发达，但 1860 年时，人们坐火车只需几天就能从伦敦抵达那不勒斯。就在五十年前，以其他方式走同样的路线则需花费好几个月。随着意大利在 1861 年统一，亚平宁半岛上的铁路系统覆盖范围进一步扩大。这个系统由多家公司共同组成，直到 1905 年意大利国家铁路公司成立，意大利的铁路系统才全面实现国有化。18 世纪时的巡游者不缺资金，但他们只能借助私人马车缓慢而艰难地向南行进，翻越阿尔卑斯山时甚至需要乘轿子，途中还要胆战心惊地提防强盗。相比之下，19 世纪时，那些地位相对低下的游客却可以乘船或者乘坐火车更加舒适地旅行，他们花费在路上的时间、金钱和精力也相对更少。

运输方式的发展反过来促进了经济型旅行的开端。托马斯·库克（Thomas Cook）是首个真正意义上的旅游业经理，他的主要成就在于利用铁路这种新型运输工具，让人们实现快速而实惠的长途出行。如今随处可见的团体优惠策略正是出自库克之手，他通过这种方式为游客们策划经济实惠且便利的旅程，同时解决了从前困扰着那些时间或资金不够充裕的游客的官僚机构及后勤方面问题。

库克在 19 世纪 40 年代时发明了包价旅行，起先他带着一群游客前往不列颠群岛的一些地方——这些地方如今听起来一点都不新奇，比如利物浦；到了 60 年代，旅行目的地还包括了瑞士、意大利甚至埃及（图 108）。无论去到哪里，他的顾客们都以一种极快的步伐行进，以便在极短的时间内看到尽可能多的事物。库克自己也是个传奇人物：他曾是个浸礼宗传教士，提倡禁酒，后来转变成企业家，享受着自己在民主化旅行业中所扮演的角色。作为对利弗和拜伦这类精英主义者的回应，库克曾经写道："上帝的土地富饶而美丽，是为人民所准备的；铁路和蒸汽船是科技之光普照大地的结果，也应为人民所使用。"

商业利益并非驱使库克的唯一动力，他还从政治层面来定义自身的角色。他认为亚平宁半岛上的不同地区都隶属于一个统一的文化圈，而旅行业就是推动意大利统一的一条重要途径。事实上，大众旅行的开端与意大利复兴运动（Risorgimento）基本重合，后者是一场长达数十年之久的民族主义运动，其间伴随着起义、革命以及镇压性的对抗措施。复兴运动的最终结果是意大利正式统一为一个单一民族的国家。1870年，罗马被定为这个国家的首都。尽管在理论上实现了统一，但实际上，这个国家是由文化和语言差异极大的群体拼合而成，直到今天，这些群体之间的相处也非完全和谐。库克以一种乐观的态度试图向外国游客和本地人传输这样一种信念，即意大利是个统一国家。与此同时，他也为这个危机中的国家带来了可观的旅行业收入。

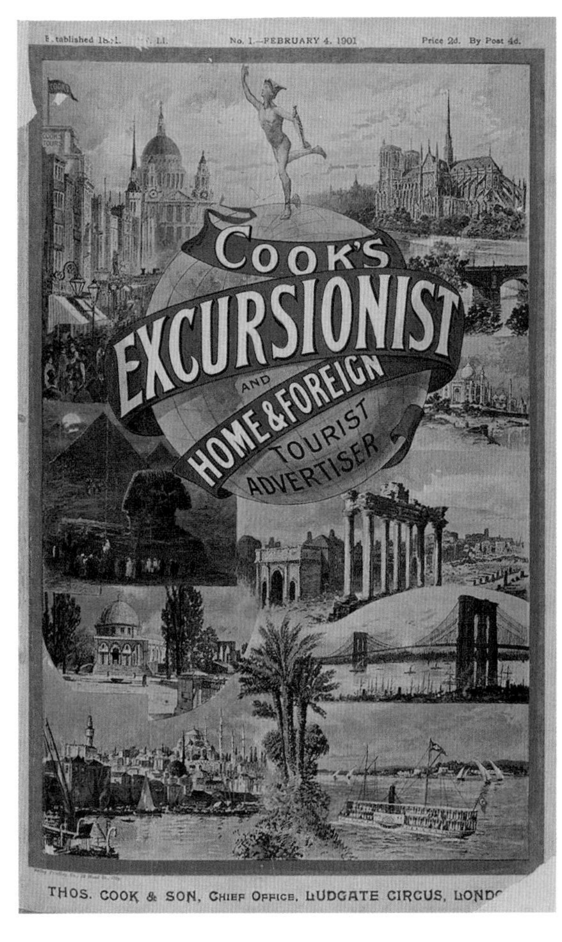

图108
《旅行者》(*Excursionist*) 封面，1902年，托马斯·库克资料

就在库克为多数人寻求旅行的契机之时，那些原本只向少数人开放的伟大艺术品也开始进入普通人的视野。一些公共收藏馆在17世纪时就开始敞开大门，但如今最重要的那些艺术博物馆直到18世纪中晚期才真正开放，它们在植物学、动物学、自然历史和人种学等更广阔的公共收藏领域占有重要的一席之地。大英博物馆于1759年开放，馆中藏有图绘、画作和包罗万象的捐赠品，乌菲齐美术馆开放于十年后，而普拉多博物馆（按照后世的命名）则开放于1785年。

这种现象深深植根于启蒙运动这个理性的时代。人们将化石、植物、骨骼、矿石以及各种标本、样品等艺术品以有序的方式进行展出，帮助大众理解这个世界的多样性及其在时间中的演化——也就是说在多种多样的框架（地理、年代，更不用说国家、宗教、种族、民族等框架）中对知识进行分类。与此同时，艺术品也被视为人类成就的闪光点，因审美价值而与众不同，艺术因此被认为是某种特别之物：是文明的标志。随着一些公认的杰作开始在西方标准中被视为某种重要的符号，它们也成为旅行的目的之一。

一座博物馆的诞生通常与动荡的政治氛围紧密相连。例如，卢浮宫的开放发生在法国大革命推翻君主制之后。如此一来，作为一种胜利的象征，那些原本被深藏于皇宫中的艺术瑰宝得以呈现在大众眼前。在罗马，教会也将许多珍贵的艺术藏品开放给大众，以表明其慈善之心——在一定程度上，这种公关举措是为了避免重蹈法国皇室的覆辙。卡皮托林博物馆在很长一段时间内处于半开放状态，直到 1734 年才成为一座正式运营的博物馆。梵蒂冈博物馆的部分展区也在 18 世纪 70 年代开放，这种状态一直持续到 19 世纪。

图 109
贝德克尔，《意大利中部和罗马地区游客指南》，1872 年。埃默里大学电子图书馆，archive.org

旅行业的发展离不开旅行手册的大量发行。1815 年后的旅行热潮推动了这类产品的生产。大巡游时代的旅行纪要和路线指南里那些华丽的语言，那些关于艺术、美和生活的长篇累牍而极具个人特色的沉思已不复存在，取而代之的是客观、实事求是的实用性建议。这些书籍大多采用一种极其平实的风格写作，回忆录中常见的那种诗意表达更是荡然无存。这类手册最重要的出版商包括英国的约翰·穆雷（John Murray）和德国的贝德克尔，他们所创立的范式和列举出的一系列“必看”景点清单，在过去的一个半世纪里几乎没有太大变化（图 109）。这两家的手册十分相似，贝德克尔借鉴了穆雷的版本，但当前者用英文出版时，却取代了后者的地位。

在第一次世界大战期间，贝德克尔手册的英语编辑获得了竞争对手穆雷手册的版权，并开始策划一套名为“蓝色指南”（Blue Guides）的全新系列。这一系列直到今天仍在出版，饱受那些更具学术品味的旅行者的喜爱。如今，针对预算水平和兴趣爱好各不相同的旅行者们，市场上也推出了不同类型旅行指南。从"福多尔"（Fodor's）旅行指南系列、"弗罗莫"（Frommer's）旅行指南系列再到"里奇・史蒂夫斯"（Rick Steves）系列，从"孤独星球"（Lonely Planet）和"简约指南"（Rough Guide）到DK"目击者"（Eyewitness）系列，各类出版物数不胜数。但追根溯源，这一切都要归功于穆雷和贝德克尔。即便在我们这个日趋电子化的时代，（在撰写本文时）也还没有哪款应用软件能在便捷性、功能性和流行性方面挑战这些实体手册。

大多数有关意大利的现代旅行指南都会提供一段迄今为止的意大利简史。其中19世纪的版本几乎不会涉及当时的政治局面，虽然那是意大利史上最动荡的几年。贝德克尔和穆雷的书中同样完全看不到19世纪中期时意大利的暴力与动荡。经过商家的精心包装，呈现在外国游客眼中的只有这个国家过去的辉煌，而无关当下的艰难处境。

本章所讨论的地图都诞生于这个不安的年代，外国旅行业的蓬勃发展和意大利的动荡情形矛盾共存。这些地图反映了当时旅行者的需求，不仅比17世纪的地图更加素朴，也不再具有象征和隐喻性内容。在罗马，宏伟的展示性地图于17和18世纪时达到黄金时代的巅峰，在那之后便逐渐衰落——即使地图已成为常见的旅行工具，它们也没有再恢复荣光。在此期间，罗马也从政治之都跌落为旅行胜地。本书前几章里描述的那些制图史上的荣耀之作和规模宏大的作品——包括滕佩斯塔和马吉，以及法尔达、诺利和瓦西的作品都已成为过去。如今很少有出版商继续制作大型地图，或是用鸟瞰图来重现罗马的辉煌。但是旅行产业还在继续发展，与那些不断迎合它的各种类型的地图携手并进。

旅行手册生产商的罗马

在现代旅行指南发展史上，无论如何强调卡尔・贝德克尔的名字都不为过。贝德克尔的英文版指南于19世纪60年代开始发行，第一部是1861年的《莱茵河》（*Rhine*）。正如他在1872年的《意大利中部和罗马地区游客指南》（*Handbook for Travellers to Central Italy and Rome*）前言中所写，他的目的在于“让游客尽可能不受导游、待客侍者这类服务的影响，为游客提供一些关于这个地区人民所经历的文明和艺术发展的评论，使游客充分体会到，就享受和教育意义而言，意大利是个资源极其丰富的地方”。

换言之，贝德克尔决心让游客除了他的指南之外不必依赖任何外部帮助。他以这种方式有效取代了观光导游的地位，而后者在巡游时代几乎是一项旅行标配。不过他还是没能打败利弗所取笑的那类廉价“牧羊

图 110
爱德华·瓦格纳，取自卡尔·贝德克尔《意大利中部和罗马地区游客指南》中的折页罗马地图，科布伦兹，1872 年。图像由作者电子合成。HathiTrust 数字图书馆 / 加州大学洛杉矶分校，archive.org

人”，也就是库克的旅行团领队那类角色。尽管如此，这些指南还是尽显胜者之姿，贝德克尔那些畅销指南的巨大成功便是明证。

相比穆雷，贝德克尔更强调自己这套丛书服务于预算有限的游客，因此极大迎合了中产阶级的需要。他在指南前言中写道，他想要“让游客尽可能节省时间和金钱，或许还有耐心，来参观那些最值得一看的地方和事物；因为没有哪里比意大利的某些地方更考验游客的耐心了”。贝德克尔指南那冗长前言的结尾处有一节名为“与当地人对话”的部分，他在其中将意大利人描述为一群性情冲动却精明的机会主义者，随时准备对那些容易上当受骗的傻瓜下手。“游客们，”他警告说，“通常会被地主、侍者、司机、脚夫这类人视为天然合法的猎物。”

虽然贝德克尔的描述形成了一种长期的刻板印象，让人们认为和贪婪狡猾的意大利人打交道多少潜藏着危险。但他还是很好地兑现了自己的承诺，通过提供一系列关于旅行、路线、目的地、旅馆、餐饮和地标等方面的海量信息，帮助游客独立旅行。他还是为景点标星打分的首倡者——如今这套体系已经随处可见。贝德克尔意识到，要让游客实现自主旅行，地图必不可少，为此他雇用技艺精湛的制图家来为指南制作精密的平面图。自那以后，地图在旅行手册中占有了重要的一席之地。

自 1867 年第一版开始，贝德克尔的《意大利中部和罗马地区游客指南》就包含许多平面图。仅罗马一地就包括一幅被塞在封底的口袋中的大型折页地图（图 110）、一幅与指南文字部分相关的小型核心区地图、一幅古代罗马地图，以及一幅罗马广场的细节图。读者可以交叉参考地图和文字信息，并从指南（和城市中）选出适合自己的路线，这对现代旅行指南的用户来说并不陌生。

贝德克尔指南中的大型罗马地图参考了另外一幅当时新近面世且十分严谨的意大利地图，后者同样出自德国制图家爱德华·瓦格纳（Eduard Wagner）之手，于达姆施塔特印刷出版。无论是在规模、形制还是相对精确性方面，贝德克尔指南中的这幅罗马地图都可以与 17 世纪那些贵重的地图相提并论，尤其是前一章讨论的法尔达地图（图 96）。不过，相似处也仅限于此。贝德克尔的地图是一幅直白而详细的街道细节图，没有任何修饰元素来掩盖其功能。为了能被折叠成指南大小方便携带，这幅地图选用了轻薄而廉价的纸张，通过石板印刷术印制。相比更古老的蚀刻或雕刻工艺，这种方式更加适合批量生产。

这幅地图被分为三个部分，以便人们不必“在每次需要查询的时候都展开这张巨大的地图”（此处所展现的地图版本是电脑拼合起来的）。对游客们而言，用这种方式使用地图尚算一种新鲜的体验，因此贝德克尔为新手提供了一个很好的建议：“没有经验的人想要借助地图来寻找路线时，最好在出发之前就用彩色铅笔标示出他们想要去的地点。这能让他们免于绕圈。”

在地图上，人们能够很容易地在界线分明的街道网络中规划出一条路线（无论是否需要用到彩色铅笔），并找到各种教堂、古代建筑、宫殿和其他在地图边缘的三份索引中被列出的地点。这幅地图新添了不少值得关注的信息，包括右上角罗马铁路总站的临时所在地。1863 年，罗马东北处建起一座临时车站；1868 年时开始建造永久性车站，最终于 1874 年竣工（又在 20 世纪进行了翻修）。

不过，尽管这幅地图的信息十分丰富，但本质上还是不太适合旅行时使用。因为其中没有任何关于旅店或酒馆这类设施的指示，而那些公众可以参观的景点也没有与游客勿进的私人场所区分开来。当然，这类信息在手册里很容易就能查到，地图本身只是关联之物。作为整体的指南包括其中的地图内容，这种模式类似于现在的网页界面，人们可以点击链接，根据自己的需求查阅信息，在电子世界里规划自己的旅行路线。

一位相当重要的女性游客眼中的罗马

这幅看起来十分普通的地图（图 111）有个不同寻常的出处。首先让我们来看看它的背景。这幅地图出自一本 1875 年的旅行指南，作者是著名的莎士比亚・伍德（Shakspere Wood）。这是一名移居罗马数十年之久的英国人，依据自己对这座城市的丰富了解写下了这本书。伍德的生平并不新奇：在伦敦皇家艺术学院接受雕刻训练后，来到罗马“锤炼自己在这方面的技艺”（据其1886年讣告所说）。结果这座永恒之城的魅力实在令他难以抵挡，伍德选择长久地居住了下来，并成为伦敦《泰晤士报》的驻外通讯员。他的这份旅行指南由托马斯·库克的旅行公司赞助出版。后者本指望能从被贝德克尔的“旅行者指南”占领的市场中分一杯羹，结果最后只出了一版，没能实现原本的雄心壮志，但1875年那一版的销量还是十分可观的。

伍德这本《新版城市寻奇：古代与现代罗马指南》（*The New Curiosum Urbis: A Guide to Ancient and Modern Rome*）中的罗马地图是在爱丁堡的威廉与亚历山大·肯斯·约翰斯顿（William and Alexander Keith Johnston）

图111
威廉与亚历山大·肯斯·约翰斯顿，《罗马地图》，出自莎士比亚·伍德《新版城市寻奇：古代与现代罗马指南》（伦敦：托马斯·库克，1875年）。林肯金融基金会收藏，archive.org

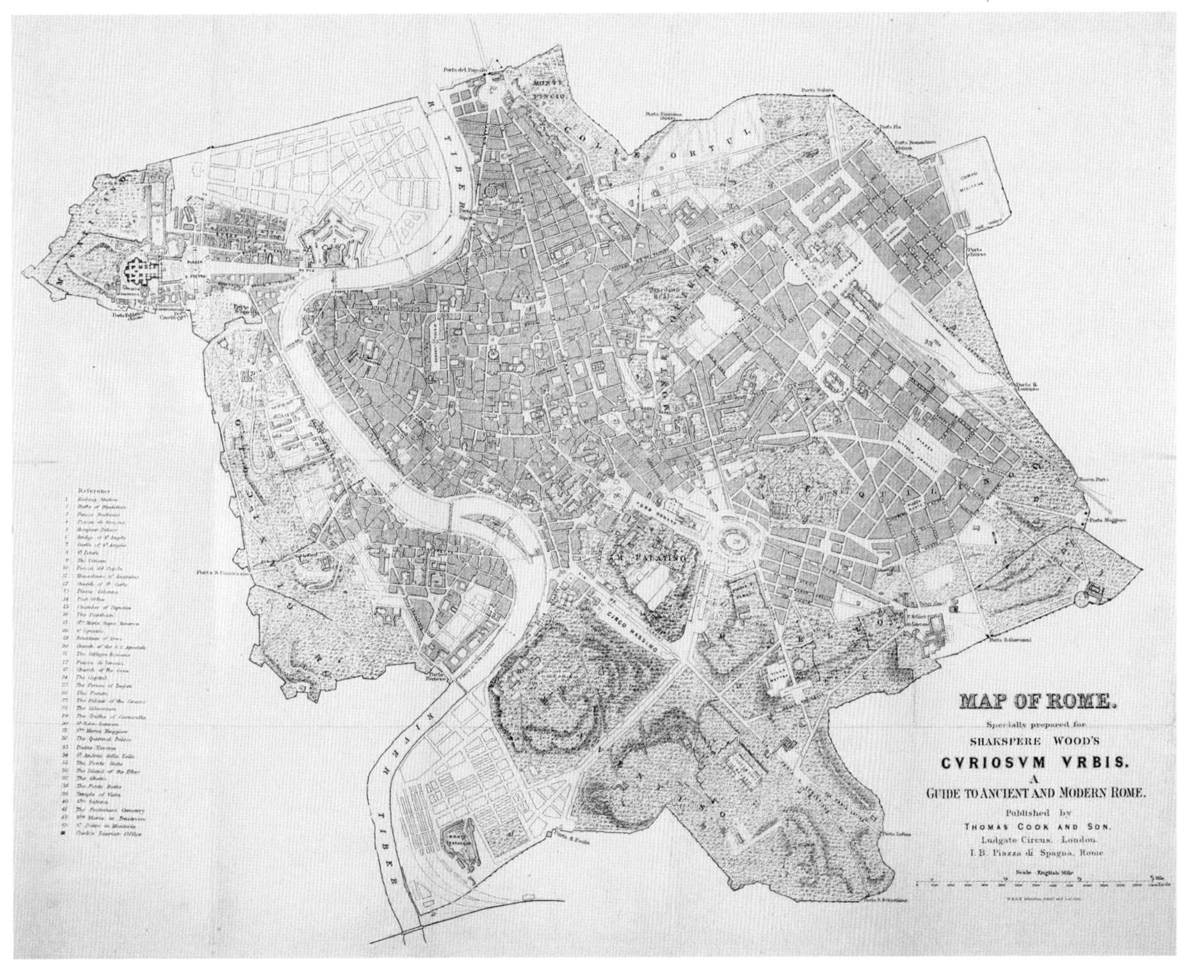

制图公司印制的。这幅地图和贝德克尔的地图一样都是折叠式，但版面更小，也没有那么多细节，上面只标注了三十二处地点以及库克旅行社的所在。后者位于西班牙广场的中心处（作为外国游客的文化和信息中枢，这个地方有着悠久的历史）。这幅地图完全可以充当街道图和指引方向的基础工具。除了那些在过去几个世纪里基本没有变化的历史文化中心，图中还展现了梵蒂冈东北面的新区（今天被称为城堡草地或草地的那片区域）、罗马的南端区域（陶片山区），以及靠近东部中央车站的一些新的街区。所有这些发展都反映了罗马在 1871 年被确立为首都后日渐重要的地位以及人口的迅速增长。总体而言，尽管产量并不起眼，但伍德的地图功能性极强。

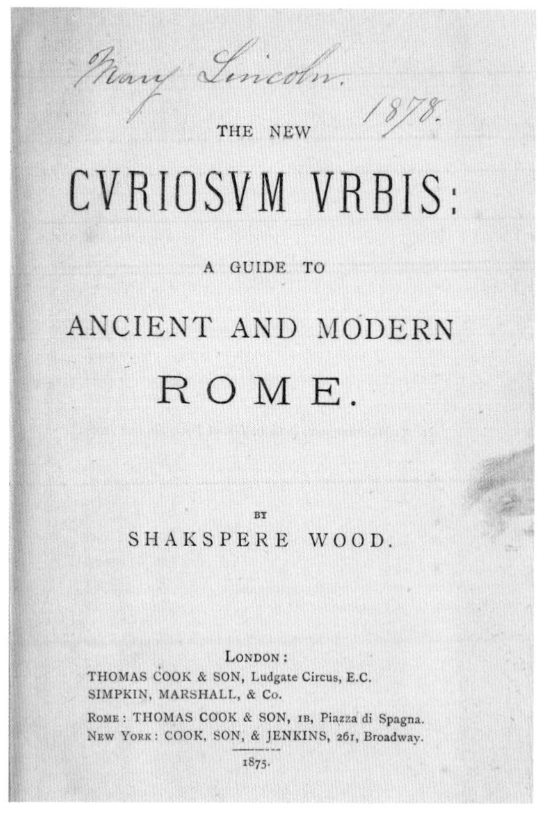
Mary Lincoln. 1878.

THE NEW

CVRIOSVM VRBIS:

A GUIDE TO

ANCIENT AND MODERN

ROME.

BY

SHAKSPERE WOOD.

LONDON:

THOMAS COOK & SON, Ludgate Circus, E.C.

SIMPKIN, MARSHALL, & Co.

ROME: THOMAS COOK & SON, 1B, Piazza di Spagna.

NEW YORK: COOK, SON, & JENKINS, 261, Broadway.

1875.

图 112

伍德，《新版城市寻奇：古代与现代罗马指南》，玛丽亲笔签名的封面页

更值得注意的是，图中所示的这一本书为玛丽·托德·林肯（Mary Todd Lincoln）所有，她的签名为封面页增色不少，上面还有手写的年份 1878 年（图 112）。她的丈夫于 1865 年被约翰·威尔克斯·布斯（John Wilkes Booth）刺杀，儿子托马斯（·塔德）· 林肯［Thomas（Tad）Lincoln］也在 1871 年继另外二子之后去世。此后玛丽陷入了极度的悲伤与绝望之中。19 世纪 70 年代，她的精神处于一种极端脆弱的状态，甚至一度被送进了精神病院。出院后不久，她在 1876 年从美国来到欧洲，一住就是四年。那段时期她住在法国的波城，却前后探索了意大利的不少地方，其中就包括罗马。

对于今天造访罗马的游客而言，玛丽的生平是个引人入胜的背景故事：在宏大的历史面前，任何个体遭遇都将显得微不足道，这不失为一个逃离个人悲伤情绪的方法。从更大的社会学层面来说，玛丽的故事揭示了更重要的信息，即大众旅行的第一波浪潮中的游客都是什么人。首先，越来越多的美国人在这段时期——尤其是美国南北战争之后那段相对繁荣

的岁月里来到欧洲旅行。事实上，跨大西洋的旅行在19世纪下半叶激增。不过，与欧洲游客形成对比的是，对美国人来说，这类旅行大体还是富人的特权。美国的中产阶级直到20世纪才真正受惠于托马斯·库克的影响力。

玛丽这则故事揭示的另外一项议题有关性别与旅行。巡游原是一种由男性主导的现象，库克的旅行团则更多地吸引了家庭出游。然而，女性并非总是要在其伴侣或亲属的陪同下旅行。19世纪时出现了一大批单独旅行的女性游客，这种活动也越来越受到社会的接纳。尽管大部分旅行指南的作者和读者都是男性，但勇敢的女性却以前所未有的规模踏上了自己的旅程。到19世纪70年代末，徘徊于古罗马广场、腋下夹着一本旅行手册的玛丽·托德·林肯，想必也不会显得多么特立独行。

口袋里的罗马

1885年，罗莫洛·布拉单独发行了这幅口袋大小的折叠《罗马城平面图指南》（*Pianta Guida della città di Roma*，图113），意在让读者能够快速查阅罗马主要建筑的位置，以及从一个地方到达另一个地方的最高效路线。该地图以彩色平板印刷术印制，这是当时一种相对先进且廉价的彩印方式，每种颜色由不同的石板印制而成。这幅地图包含了一整套颜色编码，以便区分遗迹、旅馆、剧院、教堂、喷泉和其他一些需要注意的城市旅行元素。与此同时，地图边缘处还有目录来帮助读者识别罗马的街道。

图中以鸟瞰视角展现罗马，营造一种从高空俯瞰的视觉效果，而不仅仅将这里视为建筑的占用空间。地图自东观测罗马城，观测点大概位于中央车站的上方，我们可以在地图下方看到这个显眼的建筑（图114）。如果说第三章中讨论的那些中世纪地图反映了某个自北方徒步而来的游客的“朝圣者视角”，那么布拉的地图则代之以“旅行者视角”——他们如今都是乘火车而来。到了19世纪末，抵达城市的主要站点成了中央火车站，而不再是人民之门。

布拉地图服务于观光目的的最显著标志在于其绘制罗马城市肌理的方式。其中大多数街区都以简略的平面图方式描绘，为少数精心挑选出来的重要景点节省空间。这些被放大的景点在按透视比例缩小的城市背景中脱颖而出。正如我们在前几章中所看到的那样，这是为某类特定的目标读者群体标示出风景名胜的常用策略（参见图 79、88 和 98 中的例子）。这是贝德克尔的景点星级系统在制图方面的类似表达，直到今天旅行路线图中也常常出现这种技艺。在布拉的地图上，只有部分地方以这种方式被标示了出来，包括梵蒂冈和圣彼得大教堂、罗马斗兽场、拉特兰圣约翰大教堂和圣天使城堡。

图 113
罗莫洛·布拉，《罗马城平面图指南》，彩色平版印刷，罗马，1885 年。哈佛地图收藏

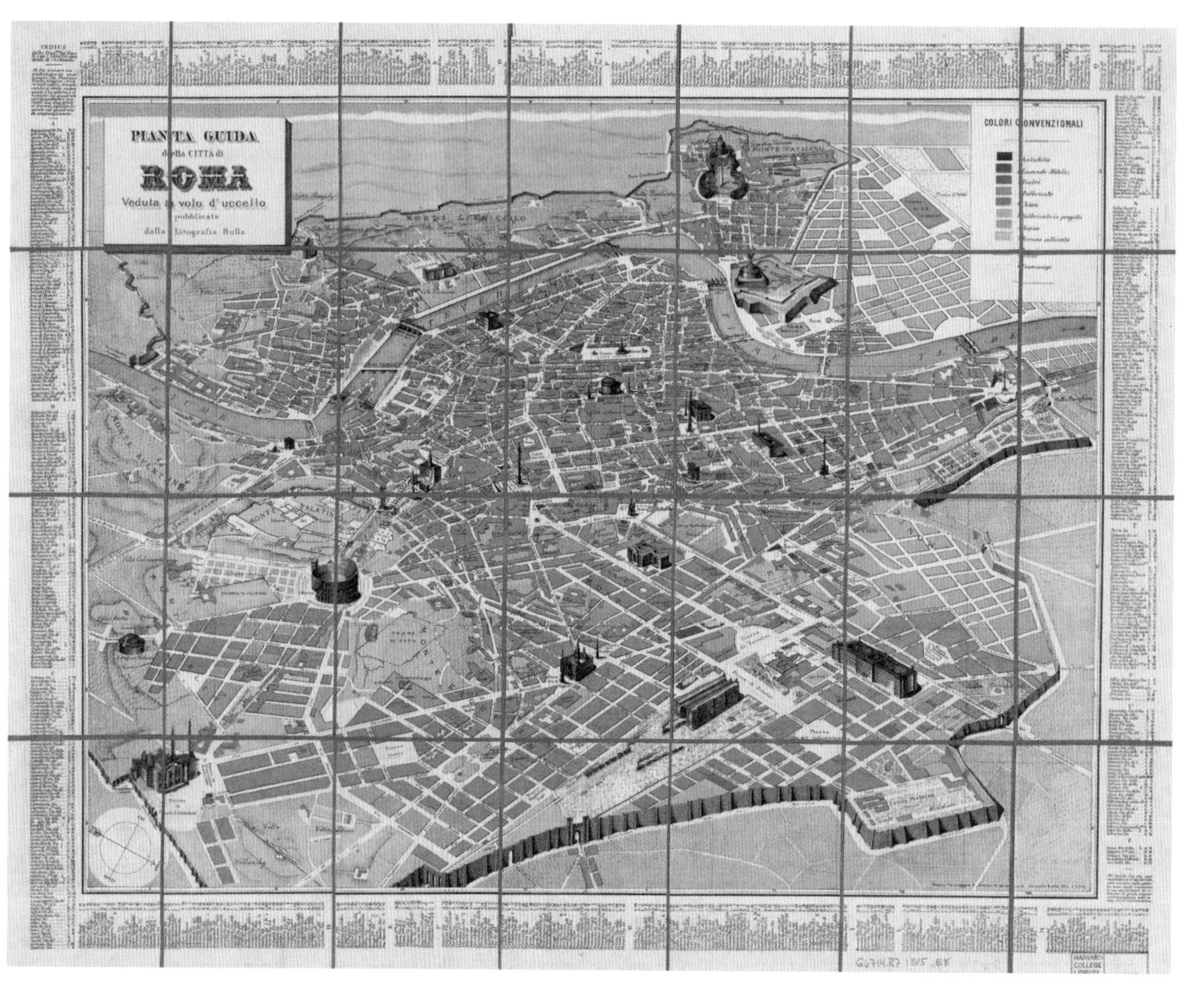

图 114
布拉，《罗马城平面图指南》，中央火车站及周边细节

1871 年之后，罗马城得到了飞速发展，布拉的地图记录了不少当时的改变。地图中心处出现了一条新的主干道：这是刚刚竣工的维托里奥·伊曼纽尔二世大道（Corso Vittorio Emanuele Ⅱ，图 115）。这条东西向道路大致沿着中世纪的教皇大道展开，延续了起自威尼斯广场（Piazza Venezia）的平民大道（Via del Plebiscito），一直通向台伯河对岸的梵蒂冈城方向。维托里奥大道本身并不是一条全新的街道，而是对既有街道的扩建，最终形成一条贯穿罗马城中心的宽敞但不规则的轴线。从这个意义上来说，这条道路的修建实际上是一种略带敏感意味的干预，比后来那些改造计划更甚。

布拉的地图还区分了罗马城的既有部分和规划区域，前者用较浅的灰褐色绘制，后者则是较深的赤褐色。19 世纪 70、80 年代，许多新的区域正处于不同的规划和建筑阶段：不仅仅是梵蒂冈附近的普拉蒂地区（Prati），还有中央车站两侧、埃斯奎林山上围绕着维托里奥·伊曼纽尔二世广场附近的区域，切利奥区［Celio，罗马斗兽场和圣斯德望圆形堂（Santo Stefano Rotondo）之间的那段斜坡］，以及沿着新民族街（Via

Nazionale）、阿文丁山和陶片山区延展开来的一片区域。网格化，即用笔直（或斜向）的街道划分出不同街区，是 19 世纪末罗马社区的显著特征。当然，文艺复兴时期也有一些笔直的街道，但它们一般都比较狭窄，划分的街区也更小，所构成的城市肌理因此更为紧凑。

布拉地图中的另一项现代化标志是罗马的新电车线路，这些灰色的虚线代表着沿城市主干道延伸的几条精选路线。这是罗马公共交通体系一个不起眼的开端，未来这里会挤满巴士、电车和出租车（如果算上地下交通，还要包括地铁，在罗马你通常会用到它）。当然，布拉的地图上没有展示这些内容，人流和车辆交通都不见于其中，这是为了让目标读者更清楚地识读地图。

图 115
布拉，《罗马城平面图指南》，维托里奥 · 伊曼纽尔二世大道

意大利旅行者的罗马

意大利国内的旅行业终于在 19 世纪末时开始发展。1894 年首次亮相的自行车协会意大利旅行俱乐部（The Touring Club Italiano）是第一个致力于鼓励意大利人游览自己祖国的大型组织。其创始人路易吉·维托里奥·贝尔塔雷利（Luigi Vittorio Bertarelli）追随托马斯·库克的理念，将大众旅行视为一种有助于意大利统一的重要途径。在不到几十年的时间里，这个团体就吸引了十余万会员，并逐渐将重点从自行车转移到了更广义的旅行上。

意大利旅行俱乐部于 1895 年发布了一份自行车骑行线路指南，并将其免费分发给俱乐部成员。随后该团体自 1914 年起出版了一系列标志性的指南手册，因其独具特色的红色封面（借鉴了穆雷和贝德克尔的配色方案）而被称为《红色指南》（*Guide rosse*）。这个名噪一时的项目从民族主义的角度出发，使意大利人在想要了解自己的祖国时不必依赖外国的旅行指南。

直到今天，意大利旅行俱乐部的指南依然使用红色封面，二十三卷内容全面覆盖了意大利的所有区域，被认为是关于意大利的学术指南之典范。这套书提供了极为丰富的权威信息，每一卷往往超过千页。其版本也在频繁更新，依据最前沿的研究发现一丝不苟地进行修订。该指南自发行之初就以制图技艺而享有盛名，这或许是因为原本的服务对象是自行车旅行者，他们比火车旅行者更加需要精准的导航工具，因为后者根本就不需要自己来寻找路线。这套指南的每一卷都带有几十幅高度精准、细节充实的地图和平面图。事实上，如今这个版本的罗马指南更包含了上百幅图。

这幅罗马地图（图 116）出自意大利旅行俱乐部为 1925 年的大赦年出版的《罗马及其周边》（*Rome e dintorni*）的第一版。当时罗马正处于历史上的转型期，这座首都面临着陷入极端民族主义的危险境地。关于城市统治权的“罗马问题”还没有正式解决，教会在经历了数十年自愿却

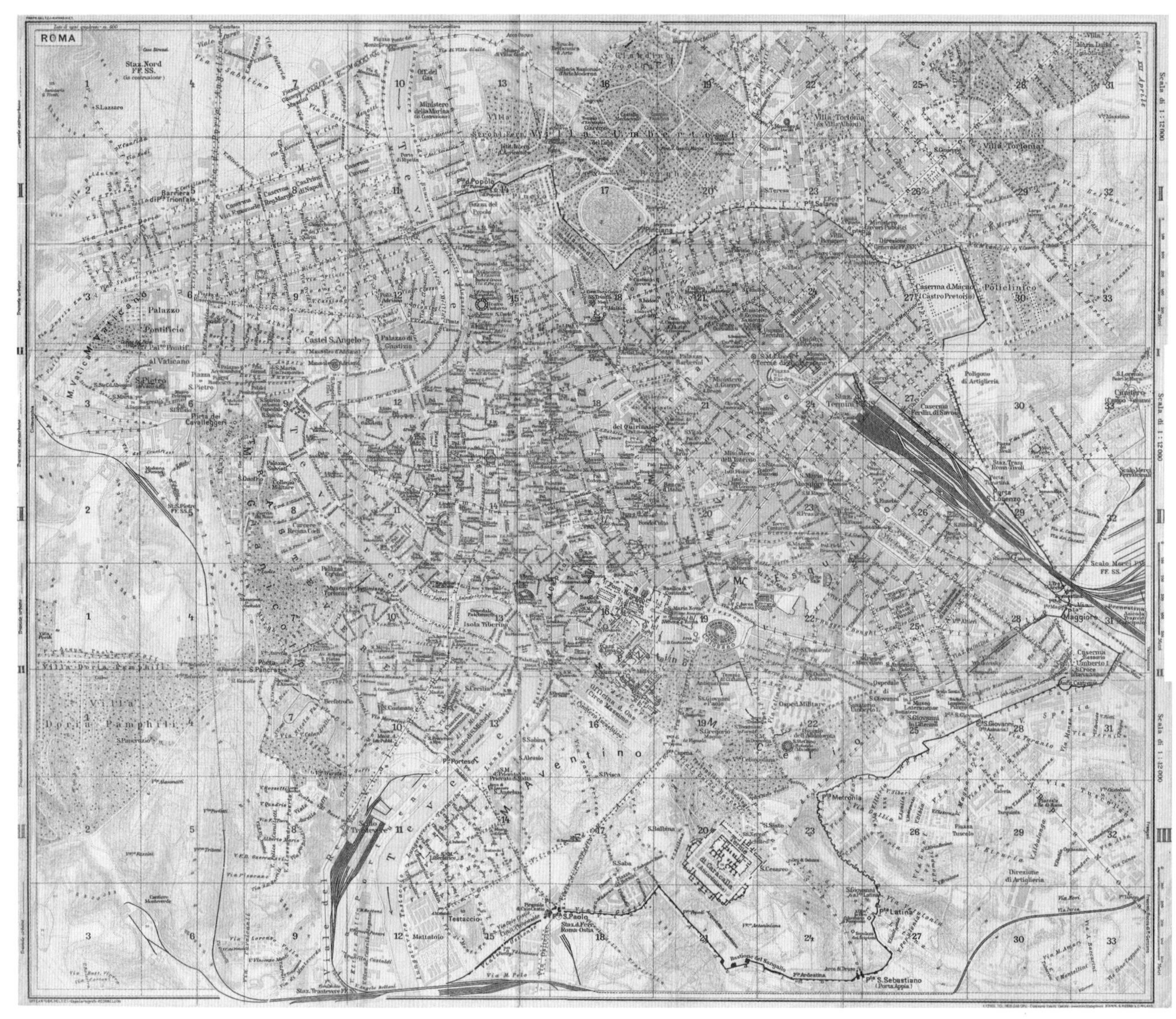

无效的放逐后终于看到了不祥之兆。政府和梵蒂冈之间的关系自1900年的大赦年就有所缓和。如今，一个新的政府，也就是由贝尼托·墨索里尼领导的法西斯政党上台，他们意识到与教会之间建立紧密联系将会为自身带来更多战略优势，因此城中蔓延着一种和解的氛围。1925年的大赦年办得相当低调，但仍不失为一次谨慎的庆典。意大利旅行俱乐部的罗马地图及其指南都丝毫没有提及当时风云变幻、事后来看充满不祥之兆的政治局面，而这正是其出版背后的历史背景和契机。

图116
意大利旅行俱乐部《罗马及其周边》中的罗马地图，米兰，1925年。私人藏品

这幅地图的总体图画质量和产品价值远超本章中的其他作品。它以独立成册的方式附在旅行指南中，据 1∶12000 的比例绘制而成。这幅地图比我们目前见到过的其他地图更加精细，甚至有些过于细致了，可读性也更强。图形上的清晰度部分源自精确的色彩印刷和编码，色彩分组的设计让人直观感受到不同类别的元素特点。图中还运用了不同字体以区分不同类别的信息：公交车和电车线路、火车站、古代遗迹和建筑，以及地形差异和海拔（例如，罗马一些较高山丘被用等高线勾勒了出来）。

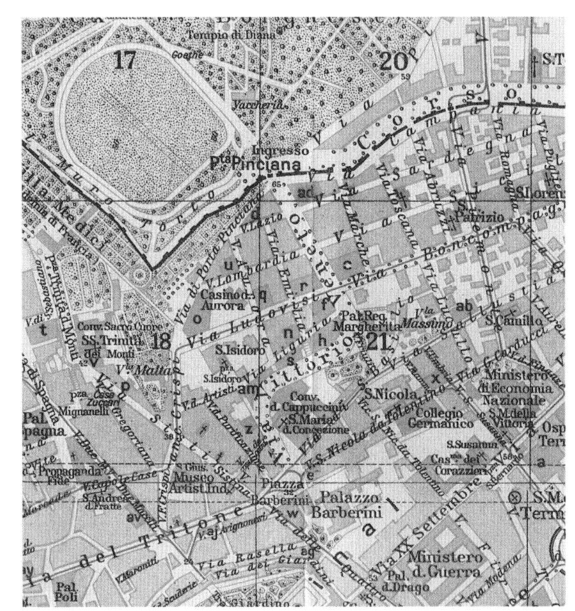

图 117
意大利旅行俱乐部《罗马及其周边》中的罗马地图，韦内托大道周边区域

从这幅地图不难看出，自布拉于四十年前出版《罗马城平面图指南》以来，罗马城经历了怎样的高速发展。时髦的韦内托大道（Via Veneto）通向城市北方的苹丘，这片区域（图 117）将在数十年之内变得闻名遐迩，吸引费德里科·费里尼（Federico Fellini）、马塞洛·马斯楚安尼（Marcello Mastroianni）和索菲亚·罗兰（Sofia Loren）这类名流前来。但在罗马实现“甜蜜生活”之前，还有许多变化将会发生——这不仅是针对这座城市，也包括意大利和整个世界。

延伸阅读

Baker, Jean H. *Mary Todd Lincoln: A Biography*. New York: Norton, 2008.

Blennow, Anna, and Stefano Fogelberg Rota, eds. *Rome and the Guidebook Tradition: From the Middle Ages to the 20th Century*. Walter de Gruyter GmbH: Berlin, 2019.

Hart, Douglas. “Social Class and American Travel to Europe in the Late Nineteenth Century, with Special Attention to Great Britain.” *Journal of Social History* 51, no. 2 (2017): 313–40.

Hom, Stephanie Malia. *The Beautiful Country: Tourism and the Impossible State of Destination Italy*. Toronto: University of Toronto Press, 2015.

Hooper-Greenhill, Eilean. *Museums and the Shaping of Knowledge*. London: Routledge, 1992.

Kallis, Aristotle A. *The Third Rome, 1922–1943: The Making of the Fascist Capital*. New York: Palgrave MacMillan, 2014.

Kostof, Spiro. *The Third Rome, 1870–1950: Traffic and Glory*. Berkeley: University Art Museum, 1973.

Palmowski, Jan. "Travels with Baedeker: The Guidebook and the Middle Classes in Victorian and Edwardian Britain." In *Histories of Leisure*, ed. Rudy Koshar, 105–30. Oxford: Berg, 2002.

Simmons, John E. Museums: *A History*. Lanham, MD: Rowman & Littlefield, 2016.

Withey, Lynne. *Grand Tours and Cook's Tours: A History of Leisure Travel, 1750–1915*. London: Aurum Press, 1997.

我们必须把古罗马从那些有损其形象的普通建筑中释放出来，
建造一个 20 世纪的伟大罗马，使其与古代和基督教时期的罗马能够携手并进。
罗马不可以也绝不能仅仅是一座现代城市……
它必须是个能与其荣誉相匹配的城市。

——贝尼托·墨索里尼

第九章

进入现代世界的罗马

罗马的存在通常由三段显赫的时代所界定：皇帝时代的第一罗马、教皇时代的第二罗马和官僚时代的第三罗马。其中最后一个时代是在罗马被确定为新近统一的意大利首都，被卷入现代世界之后突然开始的。在此之前，这个角色曾由都灵扮演，它在 1861 到 1865 年间被定为首都；其后佛罗伦萨占据这一地位长达六年。但无论是从象征意义上还是地理意义上来看，罗马都是意大利常设首都的天然选择。

限制因素只有一项：罗马仍在名义上属于教会。这一情况一直持续到 1870 年 9 月 20 日，意大利军队攻破庇亚门（Porta Pia），最终暴力夺取了这座城市。教皇庇护九世（Pius Ⅸ）退守教会领地，宣称自己是“梵蒂冈的囚徒”：后世几代教皇将这一自我放逐和此称谓延续了六十年，他们对丧失历史座席的抵抗都是徒劳。罗马的命运在不久后被决定下来，1871 年 7 月 1 日，官方法定文件的签署标志着它作为意大利首都的新身份的开始。

图 118
维托里奥·伊曼纽尔二世国王纪念堂。照片：保罗·科斯塔·巴尔迪（Paolo Costa Baldi）/ 维基共享资源，

其后为了对这座拥有两千七百年历史的古城进行现代化翻新，人们投入了一系列艰难甚至富有争议的努力。在 1870 到 1871 年之间的短暂余波及之后的几十年间，人们提出各种方案来探讨如何更新和建设罗马，使其符合新角色的定位。城中的大部分中世纪基础设施都需要进行大刀阔斧的改造，从中开辟出更符合伟大首都形象的现代道路和空间，为新的政府部门和交通系统腾出余地，更不用说还要考虑急剧增长的人口。在本章所讨论的这个时期，罗马的人口增长了十倍，从 1870 年的二十余万增长到 1960 年的两百万之多。

但无论如何定义，罗马在 1870 年之后的发展中还是经历了不少明显的阵痛。如今，很少有游客会意识到他们眼前的这座城市在多大程度上是现代化的产物——这表现在个别古代遗迹和景点优先于其他景点，只有少数几处现代建筑受到公众关注，还有城市景观的设计，居民区、行政地点和考古区域之间的平衡，以及城市街道的样式和交通情况。

本章中的地图之所以被选择出来，是因为它们为我们提供了一扇窗口，让我们了解到罗马成为首都之后的这段加速关键转变期是如何为其走向现代铺平了道路。1883 年的罗马官方总平面图让我们得以回溯其建设概念及具体实施的早期阶段，后来的地图则揭示了这份平面图在多大程度上得到（或没能得到）实现。在这个过程中，我们还将看到罗马公共交通体系的发展，以及为举办 1960 年奥林匹克运动会而进行的大规模城市建设，这项短暂的赛事是罗马后来持续建设转型的另一契机。

从一开始，作为首都的罗马就以一种惊人的速度发展着。上一章中，我们在旅行地图上看到了新的道路，从 19 世纪 70 年代和 80 年代起，新的整片街区也开始出现。那些年间罗马还诞生了最显眼的现代地标性建筑：这原本是献给意大利统一之后的首任国王——维托里奥·伊曼纽尔二世（Vittorio Emanuele Ⅱ，这个名字有时也被英语化为维克多·伊曼纽尔二世）的纪念堂，后来又同时纪念着意大利那些无名士兵。如今，这座巨大的建筑在威尼斯广场这片交通中心占据着主导地位，同时也是科尔索大道的视觉终点（图 118）。它的官方名称为“烈士祭坛”（Altare della Patria）或祖国祭坛，但人们一般称其为“维托里亚诺”（Vittoriano）。这里被视为意大利国家的世俗神殿——试图超越基督教的圣彼得大教堂及其所象征的教会权威。

维托里亚诺的建造始于 1885 年，1911 年竣工。这座建筑前方的那尊大型国王骑马青铜雕像效仿了邻近的卡皮托林山上的马可·奥勒留雕像，但规模更大，是整座纪念堂的核心部分，下方则是二十四位重要人物的浮雕。不过直到 1930 年，四马二轮战车（青铜制的驷马战车，由带翼的胜利女神驾驶，模仿了古代雕塑）被吊起来安置于两端的屋顶上，才标志着这座建筑的最后完工。

这座纪念堂一度被嘲笑为“打字机”，因为它的外观与一款经典的“好利获得”牌打字机十分相似。也有人嘲笑这是个“婚礼蛋糕”，因为它的层层结构都由大量泡沫一般的白色大理石覆盖。这些大理石来自遥远的布雷西亚——在其建造期间，罗马的公共建设部部长正好与那里有着密切交往。如今，这座庞大的新古典主义混合式建筑之所以受到人们的欣赏，是因为它对古罗马模式的无意识讽刺，甚至带有后现代色彩的改造；或者从严肃意义上来说，是因为这里作为军事博物馆和临时展厅的功能，以及从这里俯瞰城市全景的震撼视野（多花些钱乘电梯到顶层绝对是值得的）。从这里看去，人们很快就会忘记那些已经被铲平的建筑，正是它们的牺牲才换来了脚下这座浮夸而巨大的建筑。

但是，另一项显著改变了城市形态的现代化建设项目则没有那么浮夸。该项目也极好地概括了城市发展与其带来的损失之间令人忧虑的内在关联：这就是台伯河的岸堤修建工程。这项工程开始于 1875 年，一直持续到 20 世纪早期（图 119）。对这个项目的规划源自 1870 年的洪灾，这座城市常年遭受洪灾的严重危害，这只是其中一例。为了让罗马一劳永逸地摆脱这些周期性的灾害，市政府官员们通过了一项强硬的计划：用巨大的石块筑成石堤来加固河岸，从而稳定台伯河的流速，实现对河流的控制。为了实施这项计划，邻近的街道被重新规划，位于岸边的历史建筑也不得不被大量拆除。

这几个老犹太区的很大一部分都被牺牲了，还有一个叫作里佩塔（Ripetta）的上游河港，那是亚历山德罗·斯佩基（Alessandro Specchi）在 18 世纪早期设计的一处典雅的俯冲式城市布景。新建的河岸两边是绵

图 119
台伯河岸的老照片。俄勒冈州立大学特别馆藏与档案 / Wikimedia Commons

延数千米的宽阔林荫大道。这些高容量的道路自城市中心穿过，被统称为台伯河滨（lungotevere，字面意思即台伯河沿岸）。如果说罗马城摆脱了那骇人的洪灾，那么台伯河也同样失去了鲜活的生命力。它消沉衰退，不再是罗马搏动着的命脉。它所扮演的角色逐渐被车辆所取代。

当罗马成为首都的时候，人们为如何将政府机构融入城市肌理之中设计出了许多方案。其中一个计划是将政府机构全部集中在奎利纳尔山上，沿着九月二十日大道（Via XX Settembre）排布开来——这里原名庇亚大道，后来为纪念罗马归属意大利的日子而更名。大道西端坐落着奎利纳尔宫（Palazzo del Quirinale），这是 16 世纪晚期的一座教皇行宫，后被用作皇室宫殿，二战后则成为意大利总统的府邸。附近那座 18 世纪的协商宫（Palazzo della Consulta）是另外一处被征用的教会地产，在 1874 年成为意大利外交部（后来成为立宪法院）的办公地。在接下来的几年间，战争部和财政部也在这条街上修建了大型总部建筑。

其他一些政府部门的建筑沿着民族大道（Via Nazionale）修建，这条路与九月二十日大道平行，彼此间仅相距一个街区。作为官方展品陈列地，皮奥・皮亚琴蒂尼（Pio Piacentini）所设计的展览宫（Palazzo delle Esposizioni）于 1883 年投入使用。沿着这条街往下走，就会看到意大利银行那宏伟的总部大楼，这是加埃塔诺・科赫（Gaetano Koch）1885 年设计的作品。

政府部门专区的概念没能延续下去。相反，各种官方建筑开始零散地嵌入城市各处，形成一种新旧建筑混合的景象。蒙特奇托里奥宫（Palazzo Montecitorio）是位于万神殿北边的一座豪华宫殿，由贝尼尼在 17 世纪时设计，后来成为众议院的所在地。意大利的参议院则设立于附近的夫人宫（Palazzo Madama），这是文艺复兴时期美第奇家族所修建的宫殿。宏伟的司法宫（Palazzo di Giustizia）为意大利最高法院的所在地，由古里莫・卡尔代里尼（Gugliemo Calderini）设计，于 1889 年开始建造，坐落于梵蒂冈东侧，台伯河岸边。

一国之都还少不了外国大使馆和领事馆。在罗马，这类建筑的数量远多于其他国家的首都。因为随着 1929 年《拉特兰条约》的签订，梵蒂冈成为世界上最小的独立国家，但其领土之内无法容纳下众多的大使馆，因此前往圣座的外交使团都得在罗马停留。如今，这座城市已经容纳了有关梵蒂冈的近九十个使馆，以及来到意大利的一百四十余个使馆，更不用说还有其他性质的使馆（例如驻马耳他骑士团的大使也驻扎在罗马）。其中许多使馆停驻的建筑都是当地极为珍贵的房产。文艺复兴时期修建的宏伟的法尔内塞宫在 1936 年时成为法国大使馆，巴西大使馆则自 1920 年以来就驻扎于纳沃纳广场（Piazza Navona）上那座 17 世纪的潘菲利宫（Palazzo Pamphilj）。

到 20 世纪初期时，罗马已经变得相当活跃，这种状态持续了数十年之久。尽管出于某些含混的理由，这座城市没能举办 1908 年的奥运会，但三年之后的一场国际性展览弥补了这个遗憾。罗马借此展示了自己的实力，同时庆祝了意大利建国十五周年。然而这种繁荣没能持续很久。第一次世界大战爆发时，意大利的经济危机已经相当严重；1915 年春，意大利宣布参战后经济情况更是每况愈下——当时许多公民都不支持这个决定。1918 年战争结束时，意大利在表面上属于战胜国，实际上却已一败涂地。通货膨胀严重，生活成本倍增，工人问题无处不在，民众的不满情绪弥漫，而真正的统一似乎仍是海市蜃楼。民族主义的生存条件已然成熟，开始展露它丑恶的嘴脸。

1922 年，在一步步走向独裁的贝尼托·墨索里尼领导下，法西斯政府夺取意大利政权。墨索里尼和他的部长们认识到罗马的强大象征力，并试图将其与法西斯意识形态相关联，因此开启了城市建造历史中的又一关键篇章。“罗马性”（romanità）的理念（或者文化）是这个政权形象中的关键元素。墨索里尼将自己塑造成一位新的帝王，坚信他的城市将不仅与古代罗马并驾齐驱，甚至会吞并后者，最终凌驾其上。“五年之内，”他曾写道，“罗马定会让全世界大吃一惊。地域辽阔、秩序井然、实力强大，正如屋大维建立的罗马帝国。”

尽管墨索里尼的干预计划在很多方面都延续了 1870 年以来的政策和思路，但他将其中的毁灭性冲动推向了极致，且常常出于个人意愿而傲慢地挥舞着铁镐，将火力对准那些尚存的建筑。法西斯政府的城市化建设通常包括挑选个别著名的古代遗迹对其单独展示——同时还会清除其建成之后，通常是中世纪时期的附属之物；对罗马的基础设施进行现代化改造，尤其是街道；以及开辟广阔的公共空间，以便举行军事庆典等活动。

这类活动大多围绕着墨索里尼所在的威尼斯宫展开，他正是在这里的阳台向下方广场聚集的民众发表了著名的演讲。为了建造维托里亚诺，这片空间已经经过部分清理，随后为了展示法西斯罗马及其“首领”形象又被彻底清理。在墨索里尼的授意下，位于维托里亚诺和罗马斗兽场之间那片原本繁荣的工人社区被夷为平地，取而代之的是一条宽阔而笔直的街道。这条大道是举行阅兵活动的理想场所，后来被称为帝王大道（Via dell'Impero，也就是如今的帝国广场大道）。这里原本的住民则被迁至罗马城边缘那些脏乱的新居民区。

帝王大道的两边，帝国议事广场上的中世纪和文艺复兴时期遗迹被移走后，又被单独置放展示，正如附近的卡皮托林山一样。墨索里尼的大本营威尼斯宫离这些新近被清除过的遗迹近在咫尺，这显然并非偶然：

图 120
从圣彼得广场后的圣彼得大教堂楼顶所见之景，以及协和大道。照片：大卫·艾利夫（David Iliff）/ 维基共享资源，CC BY-SA 3.0: https://creativecommons.org/licenses/by-sa/3.0/legalcode

相反，这都在他的宏大计划之内，因为他要把罗马辉煌的过去与法西斯统治下的现实和未来紧密相连。

同样惊人的变化也发生在其他区域。台伯河附近里佩塔大道上的奥古斯都陵墓失去了附属建筑，被一群理性主义的法西斯建筑包围起来。被移至此地的奥古斯都和平祭坛也被封印在了现代主义的包装盒里。与此同时，在梵蒂冈的博尔戈，一整片街区都被拆毁，以便为协和大道（Via della Conciliazione，图 120）这条通向圣彼得大教堂的雄伟大道腾出空间。这些举措背后的动机部分是为了巩固意大利法西斯政权和教会之间新近修好的外交关系。从功能及审美层面来说，这些新的街道的确为朝圣者提供了便利，同时也在台伯河到大教堂之间创造了广阔的观景视野。但与之相对的是，一整片居住区，包括许多纪念性建筑都遭到了毁灭性的打击。

除了清除后世的添缀元素，展现古代的建筑原貌，墨索里尼还带头修建了宏伟的新型中心，以满足治下日常生活的各方面所需：包括生理健康、教育和娱乐活动。被命名为墨索里尼广场（Foro Mussolini）的运动场地于 1933 年开放，这显然是为了提高法西斯青年的身体素质。罗马大学则是为了训练其思想。这座大型复合建筑坐落于埃斯奎林山上，在 1935 年迎来了它的第一批学生。1937 年开门营业的电影城则是法西斯的宣传工具。

第二次世界大战的爆发叫停了所有这些建造活动，但墨索里尼的许多工程都在战后得到了延续，在不同部门的主持和环境下得以存留。罗马大学仍是罗马各类大学中的佼佼者，俗称“智慧大学”（La Sapienza），登记在册的学生超过十四万人。电影城在 20 世纪 50 至 60 年代迎来了繁荣期，且直到今天仍在营业。近几十年来，这里制作的电影和电视剧包括马丁·斯科塞斯（Martin Scorsese）的《纽约黑帮》（*Gangs of New York*，2002 年）和美国 HBO 电视网的《罗马》（2005—2007 年）以及《年轻的教皇》（*The Young Pope*，2016 年）。与之类似地，墨索里尼广场被改名为意大利广场（Foro Italico），如今这里仍会举办一些运动赛事和演唱会。

总体而言，墨索里尼和他的部下们以便利和进步之名急切地对罗马的诸多历史和现存结构加以清洗——这和罗伯特·摩西（Robert Moses）

这位另类的独裁者于 20 世纪 30 至 60 年代在纽约所做之事并无不同（他崇拜汽车）。无数人在罗马留下了自己的权力印记，墨索里尼也是其中之一，但罗马的核心却一次又一次证明着这座城市有自己的灵魂。其城市的形制折射出一段持续千百年的拉锯战：一方面，强势的统治者要把自身意愿强加于罗马；另一方面，居民的集体意志在时间的长河中从功用出发有机塑造着城市。

意大利及其公民在第二次世界大战和墨索里尼与希特勒的灾难性联盟中遭受了毁灭性的打击，但罗马的物理结构大部分仍保存完整。在随后的十五年间，意大利逐渐恢复元气。1946 年，意大利成为一个共和国，并在 1949 年加入了北约组织。到 1950 年，在马歇尔计划的帮助下，这个国家的经济发展稳定下来；而到了 1960 年，它更是成为“经济奇迹”的中心地带。1957 年，随着两份协约的签订，罗马成为欧盟的诞生之地，这为其登上世界舞台接受世界的审视做好了准备。本章选择的地图将反映这座城市从 19 世纪 70 年代到 20 世纪 60 年代的奥林匹克运动会期间迈向现代化的艰辛历程。那场在电视上播放的重大赛事（奥运会）展示了罗马的凯旋，这座城市终于能在整体上代表整个意大利。

2500 年后，罗马的总规划图

当罗马被确定为意大利的首都后，市政官员很快就制订出一份城市的未来规划图纸。罗马因此受到了此前几千年里从未享受过的待遇：一份发展的蓝图。16 世纪时的西斯图斯五世曾有类似做法，但他的规划集中在一个区域，也就是未经开发的城郊部分。如今，罗马的市政官员们被要求出具一份全面的能够应对各个领域挑战的设计图——循环系统、住房和公共生活，既要考虑罗马历史核心区的更兴，也要涉及城市在新区域的扩展，以满足在可见的将来中城内常住人口和流动人口的需求。

第一份官方规划图诞生于 1873 年，出自城市规划师亚历山德罗·维维亚尼（Alessandro Viviani）之手，却从未真正得到批准或赞助，更不

图121
罗马市政府，《罗马城市总体规划与扩建》（*Piano regolatore e di ampliamento della città di Roma*），1882年。由国会历史档案馆－罗马首都文化遗产监管局授权，图13，109页

F
G
H
I
L
M
N
MONTE PALATINO
MONTE CELIO
S.P.Q.R.
PIANO REGOLATORE
E DI
AMPLIAMENTO DELLA CITTÀ
DI
ROMA
approvato dal Consiglio comunale nella seduta del 26 Giugno 1882 in relazione alla legge sul concorso dello Stato nelle opere edilizie nella Capitale del Regno
Leggenda
1
2
3
4
5
6
7
8
9
10
11
12

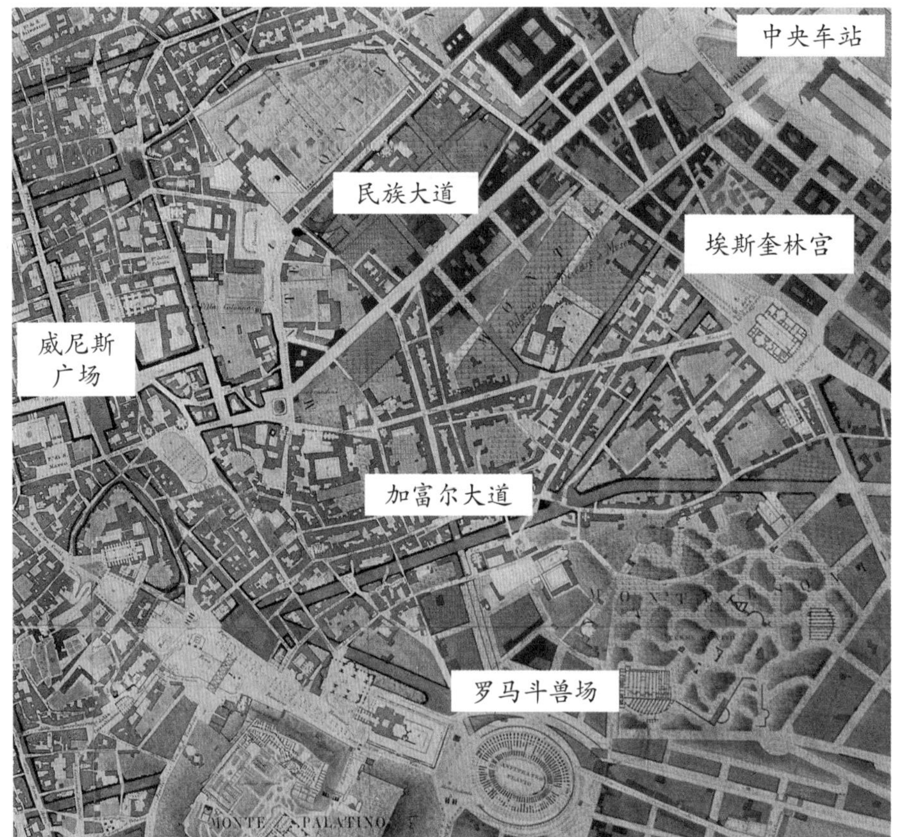

图 122
《罗马城市总体规划与扩建》，1883 年，奎利纳尔山和埃斯奎林山细节图

用说实施了。随着城市人口在那十年间急剧增长，大量私人和非常规建造活动填补了城市的空白。到了 1880 年，罗马显然已经不能再继续这样毫无章法地发展下去了。于是人们成立了一个委员会来更新 1873 年的规划图，以期对罗马毫无规划的发展加以控制。维维亚尼的新版规划在 1883 年初得到了批准，此处展示的正是 1882 年用于演示的一个版本（图 121）。通过图中一目了然的色彩编码，我们能看到许多规划或正在进行中的剧烈变化。

图中用浅橙色表示的“公共大道”指的是新建或扩建的道路，其中最重要的是规划图右侧的民族大道。这是一条横穿城市的新东西轴线的东部分支，与南北向的科尔索大道垂直，连接了中央车站与梵蒂冈（图 122）。这项工程在 19 世纪 60 年代就已开始，彼时意大利尚未实现统一。

这条街原本只在奎利纳尔山前的几个街区，从戴克里先浴场前的广场一直到四喷泉大道（Via delle Quattro Fontane，曾是西斯图斯五世的街道网络计划的一部分）为止。1870年之后，它被进一步延长至城中心，直抵图拉真市场和帝国议事广场，随后避开图拉真纪功柱右转下坡，然后又突然左转，绕过威尼斯广场的北沿，从那里汇入平民大道，而后者又汇入维托里奥·伊曼纽尔二世大道。

深橘色部分标志的是现存城市结构中将需拆除的那部分临时性街道和空间，比如从威尼斯广场向东南延伸的那部分。维维亚尼计划拆除该区域的部分建筑，创造更开阔的空间以及一条自罗马斗兽场延伸至此的更宽阔的街道。但比起后来的维托里亚诺建设工程，以及再后来墨索里尼的城市改造计划，这里所描述的规划也显得不那么激进了。

另外一条将被建成的大道同样以未间断的橘色线条标示，从圣母大殿北边的埃斯奎林广场（Piazza dell'Esquilino）出发，一路下坡向西延伸，

图123
《罗马城市总体规划与扩建》，1883年，维托里奥·伊曼纽尔二世大道和沿途的纪念建筑

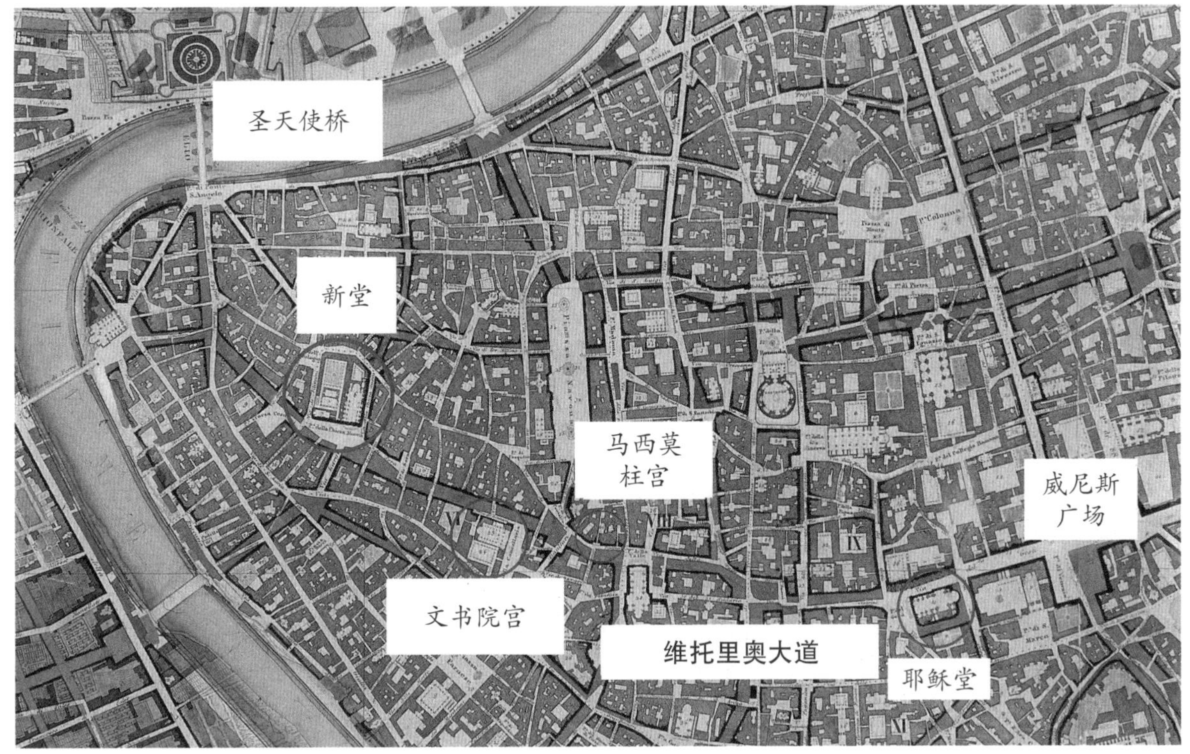

最后与古罗马广场汇合。这条路直穿加富尔大道（Via Cavour）的中心，于 19 世纪 80 年代修建，用于连接中央火车站和埃斯奎林广场。

维托里奥大道是维维亚尼最成功的创举。这条街在地图上蜿蜒穿过老城的中心（图 123），那些橘色的将被拆除的部分仿佛洪水穿过峡谷时扫清的障碍物。但实际上，这条大街的不同寻常之处在于它在保留过去的痕迹和现代化之间保持了微妙的平衡。尽管有些建筑被认为无足轻重而成为这条路的牺牲品，但它还是设法在重重障碍中努力绕过了一些文艺复兴和巴洛克时期的建筑——包括耶稣堂、马西莫柱宫、文书院宫、新堂等等——然后继续向台伯河方向延伸，途经圣天使桥（通向圣天使城堡的桥）以及当时还在规划中并于 1910 年完工的维托里奥 · 伊曼纽尔二世大桥，最后通向梵蒂冈。

台伯河沿岸仍在修建中的岸堤部分用黄色标示。这条河的沿岸两侧还有间隔均匀且不间断的粉红色线条，这表示规划中的建筑结构——在

图 124
《罗马城市总体规划与扩建》，1883 年，城堡郊区（普拉蒂）细节图

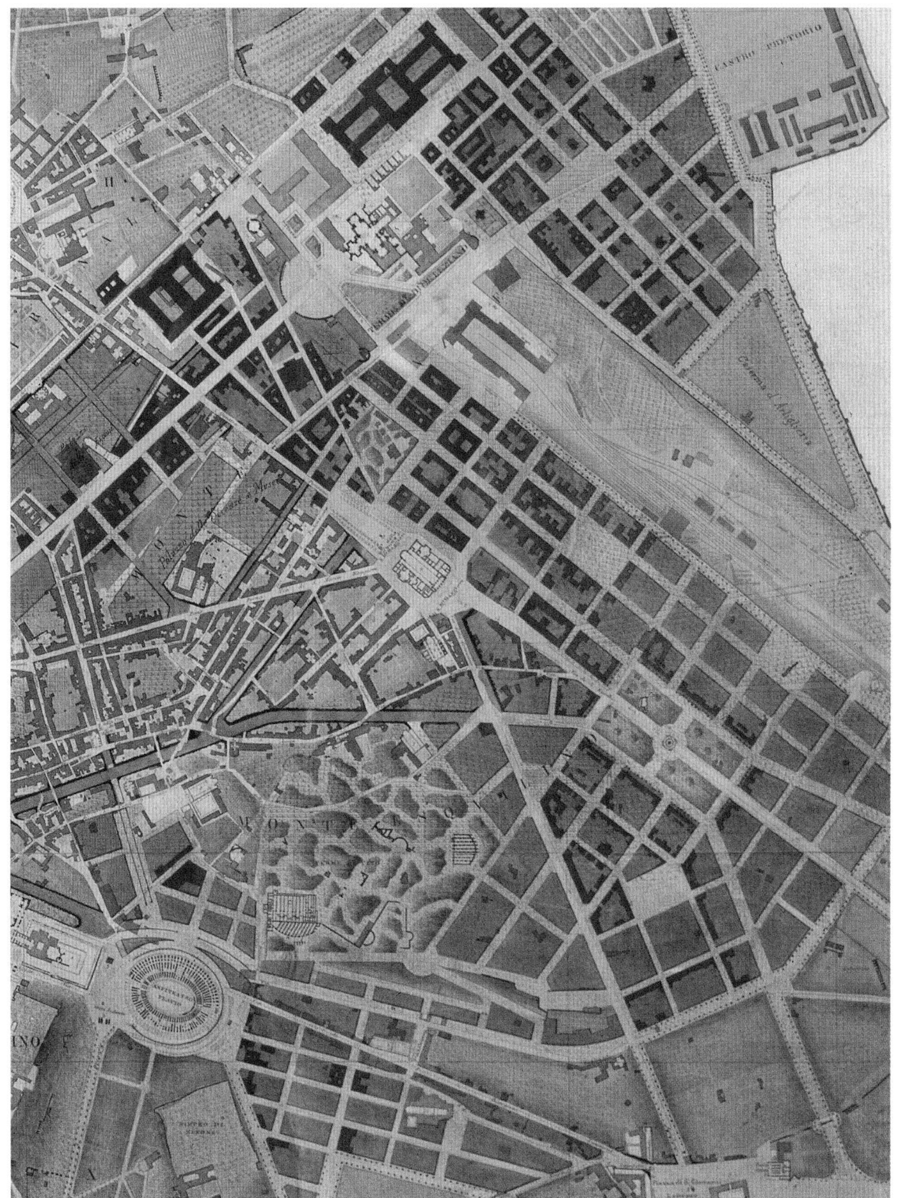

图 125
《罗马城市总体规划与扩建》，1883 年，城市东部的新街

这里指的是河岸大道。这份规划图还另外规划了横跨台伯河的八座新桥；1945 年之前它们都会实现。

图中的深粉色部分表示规划区域。大多数都集中在城市的南边：阿文丁山上、圣保罗门（Porta San Paolo），以及陶片山区附近。最大的一处是普拉蒂，它在地图左上方梵蒂冈的北部，被表现为一片网格状的空白区（图124）。附近的司法宫被描绘了出来，但当时尚未开始修建。普拉蒂是少数几片没有在很大程度上侵占其他现存居住区的街区之一，也是位于奥勒利安城墙之外的少数街区之一。1883年的这份规划并没有考虑到罗马的发展将会超出其古代边界。如今回看起来，这种想法显得有些目光短浅，但在19世纪80年代时，城墙之内的确还有不少空地和许多进行中的建造活动。

图中深橘红色部分表示那些已经动工了的新区。埃斯奎林区和右边的中央车站附近被涂上了这种颜色——这些大型城市街区与城中心形成了对比，它们不仅在几何形状上相似，配色方案也是一致的（图125）。

1883年的总规划图显然带有指导性作用，其中很大一部分都在接下来的二十年中逐步实现了。但是它并非罗马未来的解决方案，也没有缓解当时猖獗的腐败情况和房产投机行为，完整的建设计划因此屡遭挫败。地方和政府官员的目标常常南辕北辙。无论如何，罗马不存在自己的奥斯曼男爵——这个对巴黎进行大规模改造的主要策划者，他的工程在1870年才刚刚完成。相反，罗马的许多发展计划都半途而废，且夹杂着一些对现存建筑结构毫不贴合的干涉措施。这些计划的实现过程中，许多珍贵的历史遗迹被拆毁，一些历史悠久的功能性街区也被铲平。

与此同时，不少居民因为这些工程不得不迁至他处，他们的重新安置问题没有得到足够重视，因此住房成为一个持久的问题。尽管如此，损失也伴有一些成果。部分基础设施更新项目的确改善了罗马的环境，例如循环系统和卫生系统。拆毁与新建比以往任何时候都更加紧密地联系在了一起。

当电车占据了罗马

随着1870年之后人口激增，罗马的公共交通系统开始飞速发展，但这其中既没有完整的计划，也缺乏中央权威机构的指导。从1845年开始，乘客可通过马车（主要是大型马车）往返城中各地。一家私人公司——全民罗马协会（Società Romana Omnibus）负责相关运营，只是这些相对而言非正式的运输工具并没有一份统一的时间表。1877年时，马车开始被一些马拉轨道车所取代。这些车体形较大，沿着铁路行驶而摩擦较小，乘坐起来更加平稳，同时马匹还能拉动更沉重的货物。1880年，中央车站和威尼斯广场之间的线路开通。这些有轨马车与之前的普通马车属同一公司旗下——如今改名为罗马有轨电车公司（Società Romana Tramways e Omnibus）——沿着民族街提供有规律的班次。1890年之后，有轨马车逐渐转变为由电力驱动。这个交通系统格外受欢迎，罗马逐渐出现纵横交错的铁路网络。相互竞争，同时也互为补充的各家公司运营着它们。

市政电车直到1909年才出现，开始时和私营线路一起运营，第一次世界大战后前者逐渐将后者纳入自身体系。1927年，这个系统由一个新机构——罗马有轨电车和公共汽车公司（Azienda delle Tramvie e Autobus del Governatorato di Roma）监管。这是个覆盖范围极广却十分混乱的交通网络，由上百辆车和五十九条电车线路组成，覆盖近四百千米的路程。1930年，罗马有轨电车和公共汽车公司的规划者们计划巩固这一体系。具体措施包括取消重复线路并极大幅度缩减里程。最重要的是，这个计划将奥勒利安城墙内的有轨电车线路彻底废除，取而代之的是公共汽车系统。一条环形有轨电车线路开始绕着城市中心的周边运行，将城内巴士系统与城外有轨电车线路连接了起来。

该项目是墨索里尼重塑罗马计划中的一部分，他试图将罗马建设成一座20世纪的大都市。据称，禁运电车是为了缓解城内的交通拥堵，公共汽车系统实用且便于维护，并更方便机动车辆的行驶。1930年时，罗马的机动车已多达三万辆（且还在增加）。不仅如此，墨索里尼还认为有轨电车已经过时了，他想要为这座首都安排一套更加现代化的汽车运输系统。

此处展示的这幅高度细节化的地图（图126）描绘了1925年的罗马——正值电车时代的高峰期。这幅地图来自一本德国版的手册，作者是阿里斯提·塔尼（Aristide Tani），由罗马出版商恩里科·维德西（Enrico Verdesi）发行。红色的电车线路穿过城市，形成一个遍及全城的精密环路，从而暗示着它们无处不在的特性（图127）。这网络无孔不入，它环

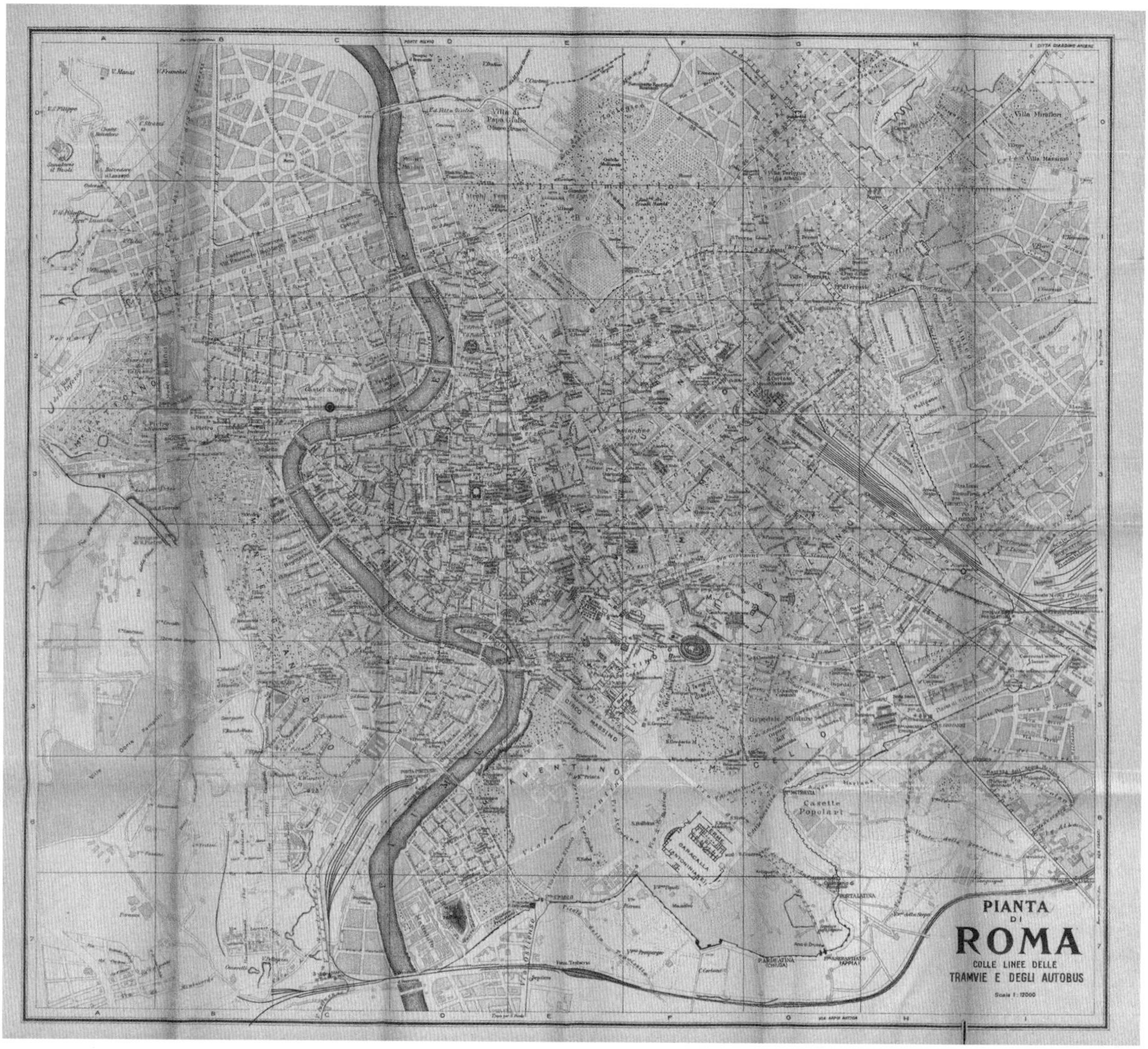

PIANTA
DI
ROMA
COLLE LINEE DELLE
TRAMVIE E DEGLI AUTOBUS

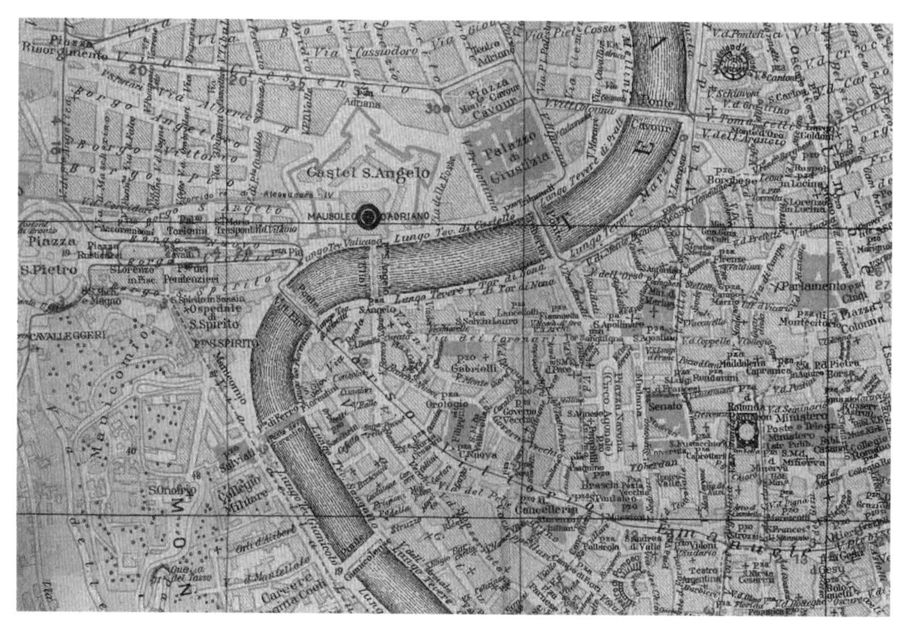

图 126
上图：《标注电车和公交车线路的罗马地图》(*Pianta di Roma con le linee delle tramvie e degli autobus*)，罗马：恩里科·维德西，1925 年。由国会历史档案馆 - 罗马首都文化遗产监管局授权，19056

图 127
下图：《标注电车和公交车线路的罗马地图》，细节图

绕着万神殿，从贝尼尼设计的廊柱那弯曲的底部绕向圣彼得广场，沿着维托里奥大道汇集，穿过新建的翁贝托一世大桥（Ponte Umberto Ⅰ）而直至司法宫，随后悄然绕过那座庞大的建筑，途经新修的加富尔广场（Piazza Cavour），奔入那如今已相当繁荣的普拉蒂区，并继续向前。

电车线路沿着新街铺设，后者的发展与前者几乎并行。加富尔大道如今已成为现实，让中央车站与威尼斯广场直接相连，不过帝国大道尚未建成。与之类似地，为修建通向圣彼得大教堂的协和大道而预备的拆迁工程也还未开始，因此在这片区域，电车往返于两条不同的街道上，这两条街道平行铺设在几排建筑的两侧。这些建筑在几年之后都将被拆除，从而为通向大教堂的神圣大道腾出空间。

地图上每条淡红色的电车线路都体现着 20 世纪 20 年代时罗马那种难以捕捉的感官体验：熙熙攘攘的拥堵街道、叮咚作响的铃声、推搡着上车的人群。十年之内，这些铃声将会被汽车的喇叭声和刺耳的刹车声所取代，而在彼时的城市中，它们才刚刚崭露头角。

一座奥运城市和一个新的开端

当罗马在 1955 年赢得了 1960 年奥运会的举办权时，人们认为这是意大利在历经数十年的动乱之后，重新向世界展示自己的一个大好时机。同时，这些赛事将会首次在国际范围内进行转播。意大利已从法西斯政权和第二次世界大战所导致的低谷中极大地恢复了元气，仅就罗马而言，也在过去的一个世纪里实现了多方面的现代化。罗马城中的街道网络系统已经与 1870 年时的有了显著不同。新型交通工具被引进城内。中央车站得到翻修，新的车站在 1950 年正式开通。许多古代和文艺复兴时期的地标性建筑都被纳入露天的博物馆中。总而言之，这座城市已经具备了一座首都应有的基础设施和纪念性特征。

作为一座奥运主办城市，罗马已经具备，或已经开始准备了相应的设施——讽刺的是，这还要归功于墨索里尼。与后来许多负债数十亿美元建造光鲜亮丽的大道，却在之后不久就弃之不用的主办城市不同，罗马试图利用现存建筑，或在其基础上加以扩建。这些建筑直到今天也仍发挥着作用。城市北端的墨索里尼广场由恩里科·德·戴比奥（Enrico del Debbio）设计，这里有着大型体育场馆和纪念碑，后来改名为意大利广场，成为当地两大活动中心之一。为了准备奥运会，原本的法西斯宣传口号和雕像都被进行了调整，一些现存的设施也得到了更新维护，还有新的设施添置其中。

另外一片主会场在城市南边，1935 年时墨索里尼在那里创建了一个新的重要片区。这里原本名为 E42（Esposizione universale di Roma'42），后来被称为 EUR，用于承办 1942 年的万国博览会，且是罗马城市扩展计划中的一个永久部分。然而第二次世界大战的爆发让这场博览会没能举办，这片计划中的经济文化中心也因此和墨索里尼其他许多雄心勃勃的计划一样，未能得到实质性的修建。二十年后，1960 年奥运会的举办使得人们再次热切地投入到建设中去。

早在"可持续性"成为一个流行术语之前，罗马的奥林匹克规划者们就承诺会对现存建筑加以循环利用，或者增建一些可以持续使用的新型基础设施。在意大利广场南边，位于弗拉米尼亚大道上的奥运村虽是为运动员们所建，但它将在赛后成为公务人员的永久居住区。这片街区由包括阿达尔贝托·利贝拉（Adalberto Libera）和路易吉·莫雷蒂（Luigi Moretti）在内的团队设计，其中不仅包括公寓大楼，还有一座教堂、商店、餐馆、酒吧（提供咖啡服务）和学校。

此外，奥运会还是推动公共交通持续发展的催化剂。罗马的主要机场莱昂纳多·达·芬奇机场位于城市西南部的菲乌米奇诺镇。原本是为了迎接因奥运而涌入罗马的人流而修建，但也被正确地设想了更为长久的活力。一条名为 B 线（Metro B）的新地铁线在 1955 年通行，将中央车站与 EUR 区连接了起来。这是另外一项始于法西斯政权时期（早在 1937 年就已提出构思），又因准备 1960 年的奥运而得以重启的工程。这场赛事还推动了一些主要干道的修建工程，其中最著名的要数奥林匹克大道（Via Olimpica），它连接了意大利广场与 EUR 区，并穿过了多里亚·潘

图 128
对页：《1960 年罗马奥林匹克官方地图》（*Roma Olimpica MCMLX*），罗马：恩里科·维德西，1960 年。私人藏品

ROMA OLIMPICA MCMLX
PER CESANO
PER GROTTAROSSA
PER PASSO CORESE
TIRO - POLIGONO CESANO
CICLISMO - STRADA CIRCUITO DI GROTTAROSSA
POLIGONO UMBERTO I GARA DI TIRO E PENTATHLON MODERNO
PASSO CORESE PENTATHLON MODERNO EQUITAZIONE
STADIO DEI MARMI - HOCKEY
STADIO OLIMPICO - ATLETICA - IPPICA
PALAZZETTO DELLO SPORT SOLLEVAMENTO PESI PALLACANESTRO
TIRO AL PIATTELLO TIRO A VOLO S.S. LAZIO
STADIO DEL NUOTO NUOTO - PALLANUOTO GARA PENTATHLON
STADIO FLAMINIO CALCIO
PARIOLI
SALARIO
NOMENTANO
PIAZZA DI SIENA - EQUITAZIONE
BASILICA DI MASSENZIO - LOTTA
TRASTEVERE
ARCO DI COSTANTINO - MARATONA
TERME DI CARACALLA - GINNASTICA
MONTEVERDE
MONTEVERDE NUOVO
TESTACCIO
OSTIENSE
GARBATELLA
TOR MARANCIO
LA PANNOCCHIETA
PIAN DUE TORRI
BORGATA LAURENTINA
PALAZZO DEI CONGRESSI PENTATHLON MODERNO SCHERMA
PALAZZO DEI CONGRESSI - SCHERMA
PALAZZO DELLE SCIENZE MOSTRA DELLO SPORT NELLA STORIA E NELL'ARTE
PALAZZO DELLO SPORT PUGILATO - PALLACANESTRO
VELODROMO OLIMPICO CICLISMO - HOCKEY
CICLISMO - STRADA CIRCUITO E.U.R.
PRATONI DEL VIVARO CONCORSO COMPLETO DI EQUITAZIONE
PER LAGO ALBANO E PRATONI DEL VIVARO
ACQUA SANTA PENTATHLON MODERNO CORSA CAMPESTRE
LAGO ALBANO CANOTTAGGIO - CANOA
PER NAPOLI
GOLFO DI NAPOLI - VELA
EDIZ. E VERDESI - ROMA VIA PO 1F
TELEF. 848.035
COPYRIGHT - STAB. L. SALOMONE - ROMA

菲利别墅（Villa Doria Pamphilj）。这座别墅占地约 450 英亩，属于罗马最显赫的古老家族之一。未来十年间罗马获得了这片土地的所有权，并将此地改造成了罗马第二大公园（但这块土地被奇怪地一分为二了）。

正如奥林匹克大道在罗马西部形成一条切线，规划者们还明智地决定将赛事主场馆置于城市的南北两侧，从而避开那些历史遗迹——不过其中有几处例外。在罗马的城墙之内，部分体育比赛于卡拉卡拉浴场和马克森提乌斯大教堂（Basilica of Maxentius）举行。马拉松大赛则从卡皮托林山脚下开始，运动员们将绕回城市中心，在罗马斗兽场旁边的君士坦丁凯旋门穿过终点线。这些安排巧妙地将人们的注意力吸引到了罗马的古代遗产以及这座城市三千多年的历史和文化上来。与此同时，也让观众们的目光不至于在丑陋的近代篇章上停留太久。

为 1960 年奥运会所准备的这幅官方地图（图 128）用亮红色突出了奥运赛场，背景则是城市的基础街道图，向南一直延伸到 EUR 区。这片曾经的法西斯乌托邦位于地图左下方，如今已是一片繁荣的居住、工业和文化中心，意大利国家档案馆和罗马文明博物馆也坐落于此——后者正收藏着吉斯蒙迪的“罗马模型”（图 26）。EUR 区里还有法西斯时期罗马最引人注目的纪念性建筑，包括会议宫（Palazzo dei Congressi）这个会议中心、万神殿和其他象征着罗马荣光的建筑，以及意大利文明宫——它更广为人知的名字叫作“方形角斗场”（Colosseo Quadrato）。这座建筑整体呈四方形，深深的拱形门洞穿凿其中，投下深邃的阴影（图 129）。这个片区原本的规划大部分来自最受墨索里尼信任的建筑师马尔切洛·皮亚琴蒂尼（Marcello Piacentini），如今在此基础上又添加了一些奥运会的建筑，包括皮耶尔·路易吉·内尔维（Pier Luigi Nervi）极具影响力的体育宫（Palazzo dello Sport）、一座自行车场馆和为水球运动准备的泳池。

在地图上，EUR 区与城市北端的意大利广场通过一条粗红线相连，这条蜿蜒至左上方的线即奥林匹克大道。其上端部分的建筑包括奥林匹克运动场（Stadio Olimpico），经改造后这里不仅被用来举办田径赛，还是开幕式和闭幕式的举办场地。其下方是一座新建的游泳场馆，右边为大理石场馆（Stadio dei Marmi），这里原本是墨索里尼广场的一部分，1960 年奥运会时

图 129
意大利文明宫，EUR。照片：Blackcat/维基共享资源，CC BY-SA 3.0: https://creativecommons.org/licenses/by-sa/3.0/legalcode

被用于曲棍球比赛。河对岸是奥运村和内尔维设计的两个竞技场中较小的一座——用于举办篮球比赛的罗马小体育宫（Palazzetto dello Sport）。附近还有弗拉米尼奥体育馆（Stadio Flaminio），这是 20 世纪初时修建的足球场。

1960 年奥运会仿佛一场世俗版的大赦年，尽管是一场暂时性的聚会，其所带来的发展却为大量短期游客带来了便利，同时也让罗马的常住居民获益匪浅。一系列的赛事只持续了两周，但城市本身却获得了长远的益处。罗马在世界观众面前树立了一个现代、时尚、活力之都的形象。这些赛事的精心策划和举办，帮助罗马以及整个意大利恢复了以往受损的形象，为意大利统一后所经历的第一个动荡的世纪系上了一只精致的蝴蝶结。

延伸阅读

Agnew, John. "The Impossible Capital: Monumental Rome under Liberal and Fascist Regimes, 1870–1943." *Geografiska Annaler. Series B, Human Geography* 80, no. 4 (1998): 229–40.

Atkinson, David, and Denis Cosgrove. "Urban Rhetoric and Embodied Identities: City, Nation, and Empire at the Vittorio Emanuele II Monument in Rome, 1870–1945." *Annals of the Association of American Geographers* 88, no. 1 (1998): 28–49.

Brennan, T. Corey. "The 1960 Rome Olympics: Spaces and Spectacle." In *Rethinking Matters Olympic: Investigations into the Socio-Cultural Study of the Modern Olympic Movement*, ed. R. K. Barney, J. Forsyth, and M. K. Heine, 17–29. London, ON: International Centre for Olympic Studies, 2010.

Costa, Frank. "Urban Planning in Rome from 1870 to the First World War." *GeoJournal* 24, no. 3 (1991): 269–76.

Ghirardo, Diane. "From Reality to Myth, Italian Fascist Architecture in Rome." *Modulus* 21 (1991): 10–33.

Kallis, Aristotle. *The Third Rome, 1922–43: The Making of the Fascist Capital*. New York: Palgrave Macmillan, 2014.

Kirk, Terry. *The Architecture of Modern Italy*. 2 vols. New York: Princeton Architectural Press, 2005.

Kirk, Terry. "Framing St. Peter's: Urban Planning in Fascist Rome." *Art Bulletin* 88, no. 4 (2006): 756–76.

Kostof, Spiro. "The Drafting of a Master Plan for 'Roma Capitale': An Exordium." *Journal of the Society of Architectural Historians* 35, no. 1 (1976): 4–20.

Kostof, Spiro. *The Third Rome, 1870–1950: Traffic and Glory*. Berkeley, CA: University Art Museum, 1973.

Maraniss, David. *Rome 1960: The Olympics that Changed the World*. New York: Simon & Schuster, 2008.

Painter, Borden W., Jr. *Mussolini's Rome: Rebuilding the Eternal City*. New York: Palgrave Macmillan, 2005.

Tocci, Walter, Italo Insolera, and Domitilla Morandi. *Avanti c'è posto: Storie e progetti del trasporto pubblico a Roma*. Rome: Donzelli, 2008.

未来的罗马将是个大都市，有着连续的中心区，
被受保护的自然环境和有规划的流通网络连接在一起。

——贝亚特里切·布鲁斯科利（Beatrice Bruscoli），建筑师

服务效率低下、治理模式混乱、丑闻接连不断，
罗马从未得到解决的交通危机将会使城市社会断裂、环境退化、经济停滞。
如今，在实现可持续的城市规划方面，罗马已经落后于其他欧洲同胞太多，
而流通性政策是其中的关键角色。

——科西马·马兰德里诺（Cosima Malandrino），城市规划师

第十章
罗马的过去、现在与将来

罗马奥勒利安城墙之内的地区自 1960 年以来就几乎没有任何形制上的变化。但在这条界限之外，各种变化又不太容易辨认：一座不断扩展的大都市，其中“扩展”才是关键词。到 2019 年时，罗马这个急剧扩张的大都市已经有超过四百万的人口。城市中心现在是且将来一直会是罗马的旅行胜地和政治中心。但真正的罗马人却越来越受到排挤，尤其是随着民宿业务的发展，这类短期租房产业尽管备受争议却回报丰厚，因此挤占了越来越多的民居。

如今，广义上的旅行业对罗马而言既是利益，又是威胁。过去的几十年间游客数量急剧增长，为罗马带来了源源不断的财富，但有时游客数量甚至突破了罗马的接待极限。与此同时，公共交通也没有达到理想状态，对汽车的使用则近乎失控。这座城市的交通问题和环境污染程度可算是欧洲最糟糕的。

就某种程度而言，罗马是自身成功的牺牲品。那么它到底能否或是否应该继续以这种方式发展下去？这座城市又该如何可持续性地向未来迈进？本章所讨论的几幅地图涉及这样一些项目，它们声称将会推进城市的发展，我们也将借此为全书落下帷幕——同时让罗马回归现实。2008 年的罗马建设总规划图和官方公共交通规划图旨在共同守护罗马的持续健康发展，但其背后的动机却常常受到质疑，如果不是它们的诚意，我们的确有理由去质疑其可行性。

我们当然可以列举出许多世纪之交以来罗马所经历的积极发展。为了让台伯河融入城市之中，人们采取了各种艺术和文化手段，做出了令人钦佩的努力。如果不算法西斯时期的建筑，罗马自古代以来再次成为前沿建筑之都。理查德·迈耶的和平祭坛博物馆在经历大肆宣传同时饱受批评后，终于在 2006 年开馆，这是古城中心的一个罕见案例。这位建筑师还主持修建了位于罗马东部托特雷斯特区（Tor Tre Teste）的千禧教堂（Jubilee Church，2003 年）。在人民广场北部的弗拉米尼奥区（Flaminio），奥运村附近还坐落有伦佐·皮亚诺（Renzo Piano）的音乐公园礼堂（Auditorium Parco della Musica，2002 年）以及扎哈·哈迪德（Zaha Hadid）的现代艺术博物馆 MAXXI（国立二十一世纪艺术博物馆，Museo nazionale delle arti del XXI secolo，2010 年）。在城市南部由法西斯规划的 EUR 区中，福克萨斯建筑设计事务所（Studio Fuksas）设计的会议中心被称作“云”。这座预算超支的建筑既被视为奇迹，也被称作愚蠢，这完全取决于你向谁询问观点。不论如何，拖延数年之后，它终于在 2016 年竣工。

与此同时，即便罗马城中心的外形变化不大，这座城市的性质却在过去的半个多世纪里产生了改变。罗马变得更加全球化。尽管并不总是受到热情欢迎，但移民还是源源不断，他们来自世界各地，包括孟加拉国、中国、菲律宾、厄立特里亚、苏丹和塞内加尔等。伊曼纽尔二世广场附近的区域就是个繁荣的多民族街区。餐馆能够提供来自世界各地的美食，所以可以轻而易举地吃到意大利面之外的东西（但你又怎会不想吃一顿美味的培根蛋面呢？）。

罗马的绿化区是个混杂之地。在 19 世纪晚期不受管束的建设热潮中，许多原属于私人庄园的花园都被改建成了公寓大楼。但那些被保存下来并向公众开放的城市绿洲，包括阿达别墅（Villa Ada）、博尔盖塞别墅以及市中心西侧的多里亚·潘菲利别墅都十分开阔怡人。然而这些城市公园的维护情况却是有好有坏。尽管近来的报道为博尔盖塞别墅公园的情况哀叹不已，但它至少保存得比罗马斗兽场附近的奥平山公园（Parco del Colle Oppio）要好。旅行网站上对此地最近的评论标题里赫然写着“非常简陋的公园”“小心”。但在某个春风怡人的夜晚，你也会在这里看到推着婴儿车的父母、踢足球的孩子，以及与别处并无二致的罗马公园和广场生活的怡人场景。

但在很多观察者看来，这座城市比以往更加脏乱、多沙，甚至在崩溃的边缘摇摇欲坠。在本文写作时，罗马最有名的街道和广场上赫然堆放着一堆堆垃圾。和奥平山公园一样，许多小型城市公园的草地同样荒草丛生、垃圾遍地，游乐园里满是涂鸦，甚至有些危险，因为地上会有玻璃碎渣，狗在此随地大小便，主人却视而不见。罗马的交通系统一团混乱，城市公交时不时就会突然起火，因而臭名昭著。

当前的市长也因城市的糟糕状况而备受指责，《纽约时报》（*New York Times*）发文宣称“罗马一片废墟”，简直是个字面意义上的垃圾场。某著名网站称“罗马十分肮脏”，并极力证明罗马是如何符合这一描述的。此外罗马还有了一个新的外号——“黑手党之都”，因为人们有理由相信这些现象背后多少有黑恶势力的操纵，他们对城市服务、运作以及整体环境都造成了恶劣影响。人们只能寄希望于罗马早日出现一位合适的领导，将这座城市从这种状况中解救出来。因为有些问题的确是系统性的，超出了任何独立机构的管理能力。肮脏与荣耀一直在这个地方势均力敌，这种情况可能会一直持续下去。

为了将罗马打造成一个可持续发展的城市，人们做出了各种努力，比如试图改善公共交通，因为和同等规模的欧洲城市相比，这里的交通情况最为糟糕。人们还呼吁对城市中心的汽车施以更大限制，为行人留出更大空间。随着罗马跻身世界最拥挤城市的前十名，这类环境治理的措施也变得非常必要。至于这些措施在多大程度上能得以施行，那就是另外一个问题了。

共享汽车和单车计划开始得到越来越多的关注，不过单车不断受损却成为一个问题，这让许多公司都不得不放弃这项风险投资。和许多其他意大利城市一样，罗马已经划定了“交通限制区”范围，但城中心的汽车数量还是远远超出预期。违章停靠的车辆堵塞了各个人行横道和广场，已经成了一个异常严峻的问题。尽管如此，行人和骑自行车的人，他们的通行及利益问题似乎在市政当局的优先名单上算不上非常紧要。

就此而言，罗马城市规划的过程一直非常紧迫而充满矛盾，因为市政当局需要在尊重罗马历史和解决现实生活问题间加以权衡。在这个过程中，罗马展现了保存与发展之间的紧张关系——这种微妙的平衡常见于大都市中，既要保留历史的荣耀，又要关联现实，并为未来铺设坦途。本章不会试图赞美罗马的现状和将来，而将总结出一些潜在的挑战。例如，这座城市是否如有些人所宣称的那样，终于开始衰落了？这是其末日的开端吗？还是说近来所发生之事只不过是罗马漫长而复杂生命中的一个篇章而已？

飞速发展城市的高速交通

我们将看到，罗马最近的总规划声称将推出一项革命性的行动计划，把罗马推入第四个千年中去。为了实现这个目标，罗马在公共交通上投入了大量资金，设计师们甚至打赌，罗马的交通系统将能够承担把罗马人带往未来以及带往城郊的重任。然而直到最近，这都是一个失败的赌约。自从墨索里尼 1930 年的改革以来，罗马的交通在很大程度上依赖于庞大的公交系统。如果所有乘客都改乘私家车或者小摩托车出行，那么随之而来的机动车拥挤问题和雾霾污染问题就会变得严重。在这种情况下，乘坐公交车显然更加可取。但它们仍堵塞着城市街道，且面临维护、拥挤和常见的机能障碍等问题。与此同时，罗马在高速交通问题上也显得捉

图 130
罗马地铁线路临时地图，2018 年。©Roma metropolitane

襟见肘，缺少几乎所有其他大城市都有的一个特征：一套能让人们在城市内部和周边，以及郊区甚至更远的地方顺畅往来，而缓解地面交通压力的全面地铁系统。

直到几年之前，罗马的地铁系统终于落成。它由两条主线构成，交汇于中央火车站，在城中只有少数几个停靠站（图 130）。原始的线路是 B 线，从 1955 年开始运营，在 1980 年和 2015 年分别进行了扩建。它的终点站分别位于城市的两端，一端在东北部的瑞比比亚站（Rebibbia）和圣山区，另一端在西南部 EUR 区边缘处的劳伦提纳站（Laurentina）。这条线在 2012 年至 2015 年间增加了北向的 B1 支线，从瑞比比亚站向外进一步拓展的部分也在图上用浅色的虚线标示了出来。另外一条主干线 A 线于 1980 年开始运行，在 2000 年时得到了进一步扩建。它连接了梵蒂冈西边的巴蒂斯蒂尼站（Battistini）和东南郊区的阿纳尼纳站（Anagnina，靠近随处可见的宜家，与西方世界的其他城市城郊地区非常相似）。

每条地铁线都在奥勒利安城墙内或沿线有停靠站。除了中央火车站，A 线在城市的东北部也有一些停靠站，包括共和国广场站（Piazza della Repubblica，尽管在本书写作时，这个站点已经因为扶梯故障导致多人受伤而关闭了好几个月）、巴尔贝里尼广场站（Piazza Barberini）、西班牙广场站（Piazza di Spagna）和人民广场站。相比之下，B 线则以更直接的方式穿越了城市中心区。在中央火车站之后，它还在加富尔大道站、罗马斗兽场站、大竞技场站、皮拉梅德站（Piramide）停靠。其中皮拉梅德站位于圣保罗门旁，后者是古时罗马最南端的城门。总体而言，这套 X 型的地铁系统基本运行正常——至少对于碰巧在站点旁边生活和工作的小部分人群来说是如此。而并无此便利的大部分人则不得不依赖公交车，或者偶尔乘坐电车。

备受期待的地铁 C 线是一条实现了全面自动化的现代线路，似乎有望实现罗马高速交通的重大突破。这条线始建于 1990 年，位于罗马东南部的部分线路也最终在 2014 和 2015 年相继开放。2018 年时，它在万众瞩目下抵达了圣乔瓦尼站（San Giovanni）：也就是奥勒利安城墙的第一站，在那里与 A 线交汇，并被纳入整个地铁网络。不过在这个范围之内，C 线的建设变得缓慢且充满争议。

由于规划困难和成本超支，这条线路的建设本就困难重重，雪上加霜的是，隧道挖掘每向前推进一米似乎都会有新的考古发现，从而中断修建工程。费德里科·费里尼在他 1972 年的电影《罗马》中似乎预见了这一情形：人们在挖掘地铁隧道时发现了精美的古代壁画，而壁画一旦与空气接触就会发生脱落。反对将 C 线引入城市中心的意见迅速指出，正因地下的冲积土壤及遍布的遗迹，所以罗马的地铁应该尽可能不进入奥勒利安城墙之内。

如果说C线最终奇迹般地（或以某种拙劣方式）完成了预计的规划（此处的地铁图将后续的延展部分以浅绿色的虚线标示），一直延伸到圣乔瓦尼站的左边——它将正好穿过城市的中心地带，与A线在罗马斗兽场站交汇，并沿维托里奥大道继续延伸：其间在威尼斯广场、新堂和圣彼得大教堂停靠。正如地铁路线图所示，其中甚至还有D线的规划——图中以橘黄色虚线表示——以及传说中的E线……但我们还是先说重要的吧。C线仍然在建设当中，近来罗马地铁系统的官方规划图更是提出了一个乌托邦式的城市未来设想：人们可以在城市中心和周边地区之间畅行无阻，一切高效简洁，各地无缝连接。不论凌乱还是美好，城区现状不会干扰现代化的进程。

这幅地图表明，地铁的建设不仅会得到资助——考虑到罗马的公共交通管理机构ATAC已经负债超过十亿欧元且最近宣告了破产，这项资助几乎是难以想象的——而且不会遇到任何阻碍。这幅拙劣的规划图将城市当作一块白板，并没有考虑那大部分都埋藏在地下的历史。简而言之，这幅地图与本书之前探讨的其他地图一样，都是理想化的产物，宏大而鲁莽的规划使其徘徊在空想的边缘。

第三个千年的总规划图：（不）可持续发展的罗马

在考虑罗马的未来这个问题时，其发展潜力显然在历史核心圈之外。这正是近年来总规划图（图131）的设计前提。这份规划图为罗马的发展提供了全新的视角，但它绝非一个特定的行动计划。自公元前753年以来，罗马容纳了太多事物，但从未涉及某种预先的规划——事实上，这座城市似乎总是在抵抗这种努力。自从1873年和1883年的总规划图以来，后续还有多个版本：1909年版、1931年版、1962年版（1967年和1974年两次修订），以及2008年版（2016年修订）。尽管大多数规划图背后的用意都是好的，但由他人执行起来总是收效甚微。每份总规划图都仿佛对实践情况充满乐观——计划已经制订，希望有人能严格执行。

和此前的版本一样，最近一个版本的规划图也不得不面对一个基本的难题：对于那些未经规划就已经开发了的地区，现在需要赋予其秩序。每份总规划图都出现在一段集中扩张的时期之后，而非为其奠定基础——因此这些计划都只不过是亡羊补牢之举。不过，2008 年的总规划图在对待罗马的基本方针上出现了重大转变。这座城市不再被当作过去历史的延续：一个向外辐射发展的中心。这种中心 - 周边的概念被一种多元模式所取代，作为“城市之一”，罗马融入了一个统一的体系之内。在这个框架下，罗马存在于城墙内的身份被最终废弃。奥勒利安城墙仍在原地，但城市本身已不再受到其物理边界的限定。

图 131
上图：《罗马总规划图》（*Piano regolatore generale*）综合图，2008 年。© Commune di Roma

图 132
对页：《罗马总规划图》战略规划区地图，2008 年。© Comune di Roma

当然，罗马多重中心之间的连接必须通过高速交通来实现——但人们并不希望这意味着汽车的增多（参见图 132 中代表铁路和地铁的紫色

Comune di Roma
PIANO REGOLATORE GENERALE
adottato con del. C.C. n.33 del 19/20 marzo 2003

Ambiti di programmazione strategica: quadro di unione
D7

- Ambito Tevere
- Ambito Mura
- Ambito Parco archeologico - monumentale dei Fori e dell' Appia antica
- Ambito Flaminio Fori Eur
- Ambito Cintura ferroviaria

Comune di Roma Dipartimento alle Politiche della Programmazione e Pianificazione del Territorio – Roma Capitale Ufficio Pianificazione e Progettazione Generale
PIANO REGOLATORE GENERALE
Direttore arch. Daniel Modigliani

scala 1: 20.000

Ambiti di programmazione strategica: quadro di unione

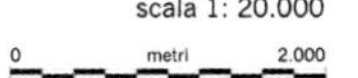

区域）。的确，这一计划的实现完全取决于正在进行中的罗马地铁的扩建，包括还处于规划状态的 D 线，以及断断续续且还在停工中的 C 线。至于交通在多大程度上是新规划图的核心，从设计前提中就能得到体现，新的开发计划只存在于现有或规划中的站点附近，而那些新的集中区域（或大都市中心区）也将围绕重要的站点建设。

对新地铁线路的依赖可能不够明智，但 2008 年的总规划图在某种程度上也是对现实的认可：罗马在奥勒利安城墙之外地区的扩张兴起于第二次世界大战之后，此后不断蚕食着周边拉齐奥（Lazio）地区的土地。外围的中心区在逐渐兴起，许多都十分肮脏且（或）孤立。因此有观点认为，如今重要的是把这些地方连接起来，对其内部和周边地区的发展加以控制。为了达到这个目的，最近的规划图也呼吁保护人口密集地区中剩下的零星绿化区和公共场地（参见图 132 中表示考古公园和公共区的绿色区域）。

最根本也最值得称赞的一点或许在于，这幅规划图提出了对整个台伯河流域进行生态保护和恢复的倡议，这条河正是所有区域生产发展的基础（参见图 132 中的水色区域）。2008 年的规划图公开强调环境保护，呼吁减少汽车数量，加强公共交通的发展，并在不同区域之间实现多重连接，这都体现了要把罗马建设成为一个能够经受住时间检验的城市的承诺。

尽管如此，这份规划也有不少地方受人讥讽。评论者声称，罗马是去中心化的，这并非因为那些应被纳入规划的原本无计划的发展区域，而是因为在大多数情况下，那些精心制订的发展计划根本唯利是图，就比如在罗马埃斯特（Romaest）、欧若马（Euroma）和罗马门（Porta di Roma）这种偏僻之地建立大型购物中心。最近的规划图提议将这类风险投资纳入城市结构，这究竟是为了罗马的长久健康发展，还是为了让那些炒房者中饱私囊？只有时间才能告诉我们，这份规划图是否只是另外一个肤浅的乌托邦设想、一份更加精于算计的贪婪项目，它会将罗马的未来推向火坑，还是引入一条可行的道路。

无论答案是什么，这份规划或任何其他规划都必须与罗马人几乎与生俱来的房地产投机倾向作斗争——这多倾向于人口密度低、公共交通服务不发达的城郊地区——而这其中的主要推动者和受益者常常与城市的管理和规划紧密相关。除了这个最主要的问题，还有许多其他问题，例如：那些相互竞争的派别和股东是否会在利益问题上达成一致，并将这份或者其他规划付诸实践？完整的城市规划从来都不是罗马的特长所在。人们能否在那些可持续问题上达成共识？分歧和争论是否会导致更加不受控制且更不稳定的发展？之后又会如何？

2012 年，已故的建筑师、政客和曾经的罗马市长候选人雷纳托·尼科利尼（Renato Nicolini）为左翼报刊《宣言报》（*Il Manifesto*）写了一篇社论，谴责罗马最新总规划的核心依旧是些贪婪而空洞的承诺。他写道，罗马的官员需要重新回归城市的核心身份，认识到其中包含着某种比物理特征更加“无形”且“复杂”的东西：也就是它的文化，“贯穿于公民的感受和归属之中。”他认为，罗马在这个全球化的时代仍然有其价值，可凭借“博物馆、纪念碑，其地貌、历史，其教养、学术研究、创造性、想象力和生活的乐趣”而与其他大城市相媲美。无论这些观点有多么模糊，如果他是对的，那罗马就有重新振作起来的理由。说到底，罗马远不止砖瓦、水泥、城墙、教堂、遗迹和遗址。我们或许无法精准勾勒出罗马这片宏伟而混乱之地，这个“美丽的赌场”，但至少可以说，这座永恒之城总将以某种方式存续下去。

延伸阅读

Bruscoli, Beatrice. “Terrain Vague: The Tiber River Valley.” *Waters of Rome* 10 (2016):1–31, http://www3.iath.virginia.edu/waters/Journal10Bruscoli_mini.pdf.

Colombo, Andrea. *Marcio su Roma: Criminalità, corruzione e fallimento della politica nella capitale*. Milan: Cairo Publishing, 2016.

Delpirou, Aurélien. “Transport and Urban Planning in Rome: An Unholy Marriage?” *Metropolitics* 4 (2012), https://www.metropolitiques.eu/Transport-and-urbanplanning-in.html.

Gemmiti, Roberta, Luca Salvati, and Silvia Ciccarelli. “Global City or Ordinary City? Rome as a Case Study.” *International Journal of Latest Trends in Finance & Economic Sciences* 2, no. 2 (2012): 91–98.

Giagni, Tommaso. "La Roma abbandonata dei centri commerciali." *L'Espresso*, June 22, 2018.

Malandrino, Cosima. "Rome's Transportation Crisis: An Overview Ahead of the Referendum." *Urban Media Lab*, October 26, 2018, https://labgov.city/theurbanmedialab/romes-transportation-crisis-an-overview-ahead-of-the-referendum/.

Marcelloni, Maurizio. *Pensare la città contemporanea: Il nuovo piano regolatore di Roma*. Rome: Laterza, 2003.

Nicolini, Renato. "Cambiamo Roma, sono pronto." *Il Manifesto*, June 28, 2012.

Salvati, Luca. "Towards a Polycentric Region? The Socioeconomic Trajectory of Rome, an 'Eternally Mediterranean' City." *Tijdschrift voor Economische en Sociale Geografie* 105, no. 3 (2014): 268–84.

致谢

我首先要感谢的是罗马城本身，它永远是个令人惊艳而又给人无限启发的主题。在个人层面上，这本书的诞生还要归功于我的儿子马尔科，他在2017年的到来促使我开启了这个“有趣的”项目，使我在照顾一个婴儿的同时得以让大脑持续运转。看着他与这本书一同成长，我感到十分欣慰。他和他的哥哥马泰奥让我始终保持理智，并在让我得到愉悦的喘息之机。

我的编辑玛丽·劳尔十分优秀，在此向她致以诚挚的感谢。她帮助我构思了整体结构，又在写作过程中提供了许多批评性的反馈意见和鼓励。也要感谢芝加哥大学出版社的制作团队最终让这本书得以面世。感谢两位匿名评审人仔细阅读了本书原稿并提出了大量建议，让本书内容得以极大充实。

感谢所有图片的提供者，他们常常不收取或只收取少量费用。大部分图片资源并非来自专业摄影或影像服务，而是来自博主、维基共享资源、视频游戏设计、知名学者/考古学家、制图家、收藏家等。我也要感谢那些大型的数据库，它们将许多收藏著作中的图像电子化，并免费分享给读者，包括大都会艺术博物馆、盖蒂研究所、哈佛大学艺术博物馆，以及无数向网络平台贡献资源的投稿者，例如archive.org和europeana.eu网站。这些个人和组织展现了开放资源在电子化时代所能提供的便利。

我将这本书献给我的丈夫尼克·卡梅勒连基（Nick Camerlenghi），他是我的驻家罗马专家，最能提供建设性参考意见的评议人及支持者，无论是在工作、生活还是爱情中，都是我携手并进的伴侣。

图书在版编目（CIP）数据

罗马三千年：地图上的城市史 / (美) 杰西卡·迈尔著；熊宸译. -- 北京：九州出版社, 2023.3

ISBN 978-7-5225-1593-9

Ⅰ. ①罗… Ⅱ. ①杰… ②熊… Ⅲ. ①城市史—研究—古罗马 Ⅳ. ①K126

中国版本图书馆 CIP 数据核字 (2022) 第 231156 号

THE ETERNAL CITY: A History of Rome in Maps
By Jessica Maier
Licensed by The University of Chicago Press, Chicago, Illinois, U.S.A.

著作权合同登记号：01-2023-0601
审图号：GS（2023）887号

罗马三千年：地图上的城市史

作　　者	[美] 杰西卡·迈尔 著　熊宸 译
责任编辑	张艳玲　周　春
封面设计	黄　海
出版发行	九州出版社
地　　址	北京市西城区阜外大街甲35号（100037）
发行电话	（010）68992190/3/5/6
网　　址	www.jiuzhoupress.com
印　　刷	北京盛通印刷股份有限公司
开　　本	889mm × 1194mm　16开
印　　张	14.75
字　　数	205千字
版　　次	2023年3月第1版
印　　次	2023年7月第1次印刷
书　　号	ISBN 978-7-5225-1593-9
定　　价	158.00元